保護と遺棄の子ども史

橋本伸也
沢山美果子
編

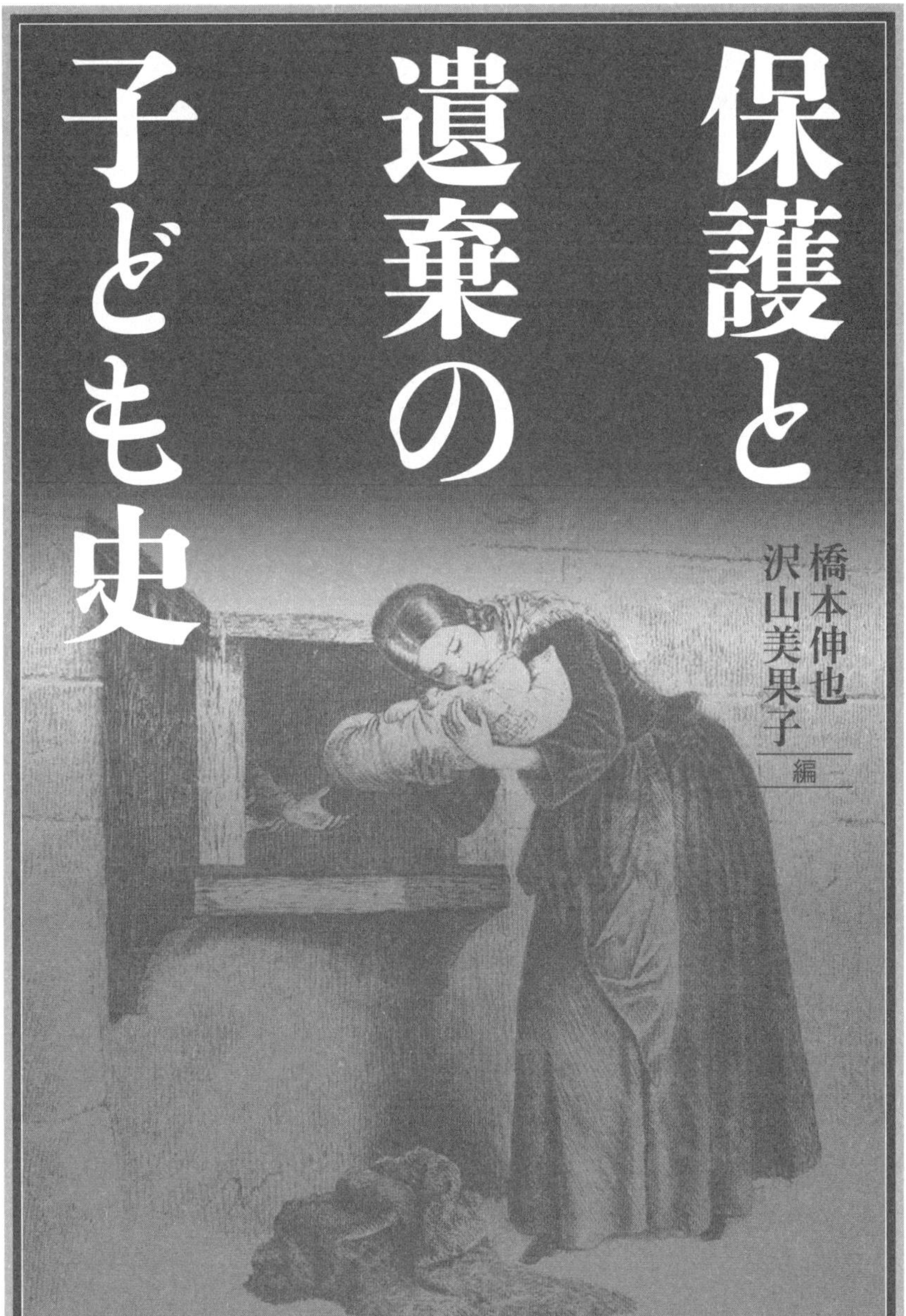

昭和堂

保護と遺棄の子ども史　◆目次◆

第Ⅱ部 「捨て子」の救済と保護・養育

序

橋本伸也

「ディマ・ヤコブレフ法」

二〇一三年一月一日、ロシア連邦法「人間の基本的権利と自由並びにロシア連邦市民の権利と自由の侵害に関与した人物への対処措置に関する件」（通称「ディマ・ヤコブレフ法」[1]）が施行された。これに先立ってアメリカ合衆国が、冷戦期の米国通商法に定められた共産圏諸国への最恵国待遇付与禁止条項の廃止に代わる措置として、ロシア国内で人権侵害に関与したロシア人の入国禁止（ビザ発給停止）を定めたセルゲイ・マグニツキー法[2]を制定したのに対抗して、ロシア市民への人権侵害に関与したアメリカ人のロシア領内への立入り禁止や資産凍結を定めたのがこの法律である。ロシアの国際的地位の回復とともに「新冷戦」の囁かれる環境下にあって、アメリカによる人権を旗印にした外交的介入への対抗策というのがもっぱらの観測である。ロシア側の牽制にもかかわらず、プーチン体制下の人権侵害を問題視する共和党議員主導でマグニツキー法制定が強行されたことを直接の契機に、ロシア側でもアメリカによる人権侵害を内外に可視化させて、これを非難する意図が込められているというわけである。

『保護と遺棄の子ども史』と題した本書の冒頭に、この主題とはおよそ無関係にみえる立法について触れたのには理由がある。じつはディマ・ヤコブレフ法には、児童の保護にかかわる条項が含まれているのである（以下、法文に関連する箇所に限って「児童」の語を使用する）。ずいぶんまわりくどい条文[3]の趣旨をまとめると、ロシアからアメリカへの養子（養女）縁組とそのための児童引渡しを、アメリカ合衆国市民による人権侵害の事例として禁止するとともに、児童の養子縁組・移送に関与する諸団体のロシア領内での活動をいっさい認めない、というものである。国際養子縁組自体はハーグ条約で国際的に規律された合法的行為であり（ただし、ロシアは日本とともに未批准）、しかもこの直前には国際養子縁組にかかわる米露協定で両国間協力が確認されたはずであるにもかかわらず、国境を越えた養子縁組が人権侵害だと断定されたのである。では両国間協定はいったい何を規定したものだったのか。

「児童の養子縁組（養女縁組）分野における協力に関するロシア連邦及びアメリカ合衆国間の協定[4]」は、二〇一一年七月に両国間で調印され、翌年七月のロシア議会の批准により発効したばかりの協定である。理念を語った協定前文は、「児童は、その人格の完全で調和的な発達の保障のために、家庭環境で、幸福と愛情と理解のある雰囲気のもとで成長しなければならない」と高らかに宣言して、愛情に満ちた家庭的環境のなかでの養育を大前提として確認する（ここに表明された情愛的な家族イデオロギーはハーグ条約に準拠したものだが、その是非について今は問わない）。さらに国際養子縁組は、孤児などの親保護下での養育が不可能ないし困難な児童に国内で代替的環境を提供できない場合にかぎって、国籍付与を含む受入国の法的保護のもとで好適な家庭環境を与えるためになされねばならないとする。協定本文では、国際養子縁組と児童移送について、野放しに近い状態にあった仲介機関や組織への厳格な法的規制と手続き適正化のための諸施策が具体的に規定され、両国間での双方向の養子縁組が児童の利益に即して円滑に行われるための条件整備が約されている。ちなみに、ロシア連邦は同趣旨の条約をイタリアやフランスとも締結しており、[5] こうした法的整備は、中国などとならぶ大規模な国際養子縁組送出国[6]でありながらハーグ条約未加盟のロシアが、二国間条約によって自国出身児童の養子縁組に際する犯罪や人権侵害の抑止と子どもの権利保障を追求したもの、とひとまずは言うことができる。

ロシア人養子縁組をめぐる紛争化

ディマ・ヤコブレフ法制定によって、施行後わずか半年も経ていない二国間協定が一方的に停止させられ、アメリカとの国際養子縁組自体が違法化させられたわけだが、一連の動向の背後にあったのは、ロシアからアメリカへの国際養子縁組には、悪徳業者による犯罪も含めて人権侵害として追及されるべき要素があるとするロシア側の認識ないし苛立ちである。同時に、人権問題化しかねない国際養子縁組をめぐる、送出側の抱える問題状況をここに看て取ることもたやすい。しばしば指摘される「新冷戦」的な米露間の政治的さや当てという重要にして本質的な性格はここでは脇に置くとして、子どもの人権侵害と保護をめぐる論点にこそ『保護と遺棄の子ども史』とディマ・ヤコブレフ法との接点はある。そこであぶり出されるのは、社会主義からの体制転換による国家的・社会的危機のなかで、毎年数千名という多数の子どもを諸外国に養子として送り出してきたロシア側の貧困や児童保護をめぐる惨状であり、世界から多数の国際養子縁組を受け入れているアメリカにおける子どもの保護と遺棄にかかわる事情である。

　ユニセフとロシア連邦統計局が協力して作成した調査報告書『ロシアの子ども二〇〇九年』によれば、二〇〇八年時点で親の保護下にない一八歳未満の子ども（親の死亡・長期失踪・親権剥奪・自活能力欠如・疾病・懲役・養育放棄・暴力などの理由により実父母の保護を受けられなくなった者）の数は総計で七〇万人以上にものぼり、うち一三万六〇〇〇名以上がなんらかの養護・福祉・教育施設で養育されていた。[7]同時点でのロシア連邦の当該年齢人口は約二六〇〇万人であったから、同一年齢集団の三パーセント弱が親による保護の圏外に置かれていたことになる。国ごとの法的・制度的枠組みや把捉状況の差異もあって粗い参考値以上たりえないが、たとえば日本におけるいわゆる「社会的養護」の対象となる児童数約四万七〇〇〇人[8]と比した場合に、この数字はいちじるしく大きい。大戦後の「崩壊社会」(第八章中野論文参照)に匹敵するほどの混乱をもたらしたソ連崩壊後の体制転換と急激な市場経済化、国内にとどまらず世界規模のものも含めて何度か襲った経済危機を要因とした極端なまでの格差拡大と貧困の激化、[9]そうしたなかでの家族崩壊や親の疾病・アルコール中毒などの理由による養育放棄などが、純然たる孤児以外にも親の保護を得られぬ莫大な数の子どもを生んだことは容易に想定されよう。これらは、しばしば指摘される、体制転換に前後して始まった出生率の急低下や平均寿命の大幅下落、その帰結としての急激な人口減少社会への転換などともなにがしかの共通性を有するものであろう。[10]そうしたなかで親の保護を受けられなくなった子どもたちのなかには、各種施設への収容や里親など後見者の保護監督とならんで、ストリートチルドレン化し、犯罪に走った例も多々見られたが、あわせて国際養子縁組受入大国であるアメリカに送られた者も少なくなかった。[11]その数は毎年数千名を数え、アメリカ側の公式統計によれば一九九九年から二〇一二年までの一三年間では合計四万五八六一名に達している。[12]ソ連崩壊後の二〇年余のあいだにアメリカに送られた総数はさらに多数に及ぶであろう。

これだけの数の養子縁組にはかなりの組織的基盤が必要であろうが、ディマ・ヤコブレフ法制定までは国際養子縁組を仲介する数十の組織が活動を繰り広げており、「孤児《オーフン》」「養子縁組《アドプション》」「ロシア」などの語でウェッブ検索すると、この種の団体のホームページが今もなお多数ヒットする。そこには「ロシア人孤児が愛情あふれる家庭を求めている」といったまことしやかな文言が、いたいけない乳幼児の画像を背景に踊っている。一見して明らかにビジネスとして仲介業が成立しているかのような様相だが、ディマ・ヤコブレフ法制定後、ロシアからカザフスタンやウクライナ、ブルガリアへと孤児供給源を変更したものもある。こうした盛況ぶりの背景には、民族や「人種」の枠を超えて養子縁組を許容し積極的にこれを求める欧米、とりわけアメリカの「家族」文化があるのだろうが（ドイツの第二次メルケル政権で副首相・経済技術相・保健相を務めたフィリップ・レスラーが、ドイツ人家族に養子縁組したベトナム系であったことを想起しておこう）、他方で、ロシアにおける児童保護施設の不足やきわめて劣悪な環境が、プッシュ要因として作動していたことも指摘しておかなくてはならないであろう。実相に立ち入る用意はないが、体制転換後の混沌から抜け出し始めたばかりのロシアの社会福祉の現状からは、そうした困難な事情を容易に想定できる。[13] ディマ・ヤコブレフ法を支持する言説のなかには、体制転換期を終結させて経済成長を遂げてきたロシアはすでに、孤児の保護・養育に際して外国人の助力を必要としないと強弁するものもみられたが、こうした発言はかえって、最近までの国内の窮状を告白したものといえなくもない。法制定に反対した福祉専門家のなかには、ロシア国内の児童保護の惨状をこそ問題視すべきだとの意見もあった。

だが、ロシアの劣悪な環境下におかれた保護施設から縁組先に送り届けられた子どもたちを待ち受けていたのは、「幸福と愛情と理解」に充ち満ちた家庭ばかりだったわけではない。むろん多くの事例は新しい家族の構築に成功して、それなりに幸福な生活を保障してくれたのだろうが、虐待や遺棄に類する事例の散見されることもしばしば囁かれており、この種の事件が報道を賑わせることもあった。とりわけ二〇〇八年夏に炎天下の自家用車内に長時間放置されたドミトリー・ヤコブレフ（養子縁組によりチェイス・ハリソンと改名。ディマ・ヤコブレフ法は彼の愛称に因む）が死亡したにもかかわらず、養父が無罪放免された事例[14]や、反抗を理由にわずか七歳の少年に航空券のみを持たせて単身モスクワに送り返したテキサスの女性の事例（二〇一〇年）[15]などが相次いで報じられると世論は沸騰し、とりわけこれをロシア人の子どもへの人権侵害として捉えるロシア側の憤激には多大のものがあった。国際養子縁組の一時停止とあわせて二国間協定締結交渉が進められたのはこれら一連の事件をきっかけとしたものであり、野放し状態の国際養子縁組斡旋に法的縛りをかけて事態収拾を図ろうとしたのである。

協定締結を機に縁組手続は再開されたが[16]、まさにその直後のディマ・ヤコブレフ法制定は、養子縁組とはさしあたり別次元の人権問題でのもつれを理由に一連の努力を無に帰させるものであったから、政治的・外交的動機によって子どもの権利を弄ぶものだとして、アメリカ側のみならずロシア国内でも幅広い批判を浴びることとなった。養子縁組で得られる（かもしれない）将来の可能性を閉ざすことについて政権内でも意見は割れており、野党指導者からは、ロシア国内の孤児院等での死亡数数千名と比べれば、アメリカでのロシア人養子の死亡数一九名は取るに足りないという暴言さえ飛び出した由である[17]。他方でプーチン大統領は、「ロシア人の子どもはロシアでこそ養育されなければならない」という常識に訴えた、しかし彼一流の民族主義的な論理でディマ・ヤコブレフ法の正当性を根拠づけた。同法をめぐる議論は二〇一三年を通じて、ロシア国内の政治の場でも対米外交交渉の場でも継続されている。そうしたなか、法制定過程ですでに養子縁組手続きの進んでいた数百名の子どもたちの処遇が、長期にわたって宙づりにされるという事態も生じた。

国際養子縁組問題から開示される論点

国際養子縁組をめぐる米露両国の論議や交渉はなお継続中であり、本稿を執筆している二〇一三年一一月時点でその帰趨について確たることを言えるわけではない。だが、いささか極端とも思われる事態の展開のなかには、「保護と遺棄の子ども史」として取り上げるべき、歴史的に見ても一般性のある論点や対象が満載されているように思われる。社会の崩壊や貧困のなかでの大量の養育放棄と子の遺棄、近世・近代の捨て子養育院における乳幼児死亡率の高さを彷彿させる保護施設の惨状、遺棄と保護を構造化する人びとの結合と紐帯、そこに介在する営利・非営利の多様なエージェント、子ども保護問題の政治化と国家責任をめぐる対立を孕んだ論議、そこで主張される国民を保護し監督し教導する主体としての国家や専門家の使命、「保護」の正当化に際して活用される家族イデオロギー、養子としての送出時の選別基準等々、本書中で主題的に論じられるいくつもの契機をこの問題のなかに読み取ることができるのである。そうしたなかから以下では、本論での議論との架橋も意識しつつ、個別的な実証研究の前提となる観点について三点ばかり考えてみたい。

まず、ハーグ国際養子縁組条約未批准に端的に示されるとおり、日本社会ではかなりの程度不可視化されている国際養子縁組が、グローバル化した国際社会では相当の規模で制度化されており、国境を超えた孤児や捨て子の移動が日常化しているという事実を確認しておきたい。国際養子縁組をめぐっては、ベビー・ファーミング（第3章中村論文）を仲介する産婆さながらにさまざまな組織や業者が活動（暗躍！？）し、途上国からの人身売買を含む犯罪的行為の隠れ蓑になっているなどの問題点がしばしば指摘されている。ハーグ条約はそうした「闇」の縮減をめざしたものだが、負の局面を多々含んだ孤児の国際移動を歴史的にどう位置づけうるのかが、重要な問いとして浮上してくるであろう。家族による保護からも、国家や社会によるそれからもこぼれ落ちた子どもたちの権利問題を長い歴史的射程のなかでどう意味づけるのか、という問題である。

ここで想起すべきなのは、孤児や捨て子などの社会的保護を要する子どもの国際移動そのものは、グローバルな人の移動の一般化した現代世界に限られた事象ではけっしてないという事実である。イギリスの有名な児童福祉団体バーナードー・ホームによる植民地カナダへの莫大な数の孤児移送はそうした代表的な事例であったし、ジム・ローチ監督の映画『オレンジと太陽』に描かれたイギリスからオーストラリアへの「児童移民」もそうであった。アメリカ国内での「孤児列車」による東部から西部への移送も、これに共通する側面を有していたと言えるだろう[18]。国際的な孤児移送はしばしば農場などでの労働力としての活用を前提としたものであったから、これらと現在の国際養子縁組とを同一視することには不適切との誹りもあろうが、歴史的には、農村などで孤児を受け入れる里親制度による生存保障が児童労働としての使役としばしば表裏一体であったことは想起しておいてよい（第5章江口論文参照）。また両者が、生まれ故郷やそこでの社会的結合との断絶や、場合によっては母語の収奪や喪失といった暴力的作用を随伴した不可逆な空間的移動としての共通性を有していることも間違いない。第8章中野論文が論ずる「故郷を失った若者たち」、すなわち、第二次世界大戦敗戦によりいわゆる東方領土などからドイツに流入した若者たちもまた、大量強制移住にともなう生活や心理の荒廃を体験していた。ナチス支配地域からのユダヤ人の子どもの保護的移送、いわゆる「キンダー・トランスポート」でも、極限状況のなかで余儀なくされたものとはいえ、空間的移動による精神的な断絶と喪失が生じており、そこに生起した人格的危機の深刻さが最近になって語られ始めていることを付言しておこう[19]。

ロシアからの国際養子縁組問題によって開示されるもう一つの論点は、保護と遺棄が善悪の二項区分に対応して截然と安定的に区別される対立的概念ではけっしてありえず、むしろ相互に折り重なり入り組んだ複雑な構造を呈しているということであり、そうした狭間にさまざまの利害を伴った多種多様なエージェントが介在しているという事実である。実の親に遺棄された子どもを収容したロシアの児童養護施設は、本来的な保護機能を貫徹できず、アメリカから差し伸べられた手に自身の保護下にあったはずの子どもたちを委ねていた。そこには当然、金品の支払いも介在したであろう。なんらかの意図や欲望のもとに保護の手を差し伸べたはずの養父母は、つねに情愛と幸福に満ちた代替的家族を演出できたわけではなく、なかには虐待やネグレクトあるいは養育放棄に走って、死去に追いやる事例さえ散見された。複雑な国際養子縁組の手続過程には、実体の定かでないものも含めて、表向きは人道目的を掲げた多種多様な組織・団体が介在しており、そこに発生しかねない人権侵害などの問題（ここでは、誘拐や人身売買に近い事態も想定しておくべきであろう）を抑止するには、個別国家による監視や規制に加えて多国間ないし二国間の国際条約などによる超国家的な規律が要請された。だが、こうした国際環境のなかで保護責任を負わされたはずの国家自体が、児童保護への十分な制度的・予算的措置を怠ってきわめて貧困な状況に放置しておきながら、子どもの権利や幸福にかかわる問題を国際政治上の手段化して弄んでいるという非難に晒されていた。私人から国家、国際機関にいたるまで多元的で多種多様なエージェントを巻き込んだこれら一連のことがらからは、「保護」と「遺棄」とが状況に応じて継起的・連続的に入れ替わったり、そもそも同じコインの二つの面であったりすることが示されているように思われる。単純な二項対立としてこの二つの概念を扱うことはできないのである。本書中の諸章においても、保護と遺棄にかかわるこうした複雑な構図がさまざまの箇所で意識されることとなろう。

今触れたエージェントの多元性もまた、国際養子縁組の事例から導き出される重要な論点である。福祉にかかわるエージェントの多元性とそれらの織りなす相互関係の可変性という論題それ自体は、「福祉の複合体」論[20]としてすでに一般化させられており、本書中にも登場する子どもの保護と遺棄のあいだに介在した多種多様な主体（それは、捨て子を拾い上げて乳を与える近隣の人びと、国家と地方権力、医療関係者などの専門職者や学者、教会やさまざまの民間団体といった広がりをもつ）に示されるとおり、この点は本書のいずれの章でも共通して明示的・暗示的な前提的枠組みとして採用されている。ちなみに、後述する本書の姉妹編『福祉国家と教育』では、「福祉の複合体」論に触発された仮設的概念として「教育の複合体」という記述モデルを提示した。しかるに、国際養子縁組の事例から示唆されるのは、一国を単位とした「福祉の複合体」モデルをさらに拡延させて、多国間条約や国際機関をも組み込んだ「複合体」を想定する必要性であり、そこから翻って、歴史的考察に際しても国境を超えた主体の設定が要請されるということである。現代的にはユニセフなどに代表される国際機関はむろんのこと、子どもの人権にかかわる数多くのＮＧＯ・ＮＰＯの有意義な（あるいは、場合によっては有害な）活動などを想起することでこのことが了解されるであろうが、アジア・アフリカ・ラテンアメリカの多くの地域にまで「保護と遺棄の子ども史」の射程を拡延させようとする際には、植民地責任論や植民地近代化論の議論を念頭におきつつ、たとえば、第7章山﨑論文がイランの女子教育機関における孤児を対象とした慈善事業を論ずるなかで着目した、キリスト教ミッショナリーによる国際的活動のような超国家的次元をも組み込んだ考察が求められることとなろう。そのことは、「視角と論点①」（岩下誠）のなかでも示唆的な形で深められている。

本書の課題と構成

本書は、比較教育社会史研究会の研究活動の成果として編まれてきた『叢書・比較教育社会史』の第一期全七巻に続く展開篇（全三巻）の二巻目として刊行されるものであり、展開篇第一巻に相当する広田照幸・橋本伸也・岩下誠編『福祉国家と教育』（昭和堂、二〇一三年）と対をなして、福祉と教育が触れあい重なりあう地点を想定しつつ、比較教育社会史として論じられるべき課題に迫ることを意図して編集されている。その際、『福祉国家と教育』が広義の「福祉国家」の形成・発展過程に着目して、主としてヨーロッパを舞台に国家・社会・教育の織りなした全体構造とその変容過程を、近世以来の長期スパンで鳥瞰的に捉えるところに課題設定したのにたいして、本書『保護と遺棄の子ども史』は、捨て子や里子、孤児、さらには出生以前までをも想定しつつ、子どもの「保護と遺棄」というきわめて鋭角的で個別具体的な行為実践の次元から攻め上るような形で、子どもをめぐる福祉や教育のあり方を読み解くことを課題とした。タイトルだけを見ると両者は、別個の遠く離れた問題関心上に成り立っているように見えるかもしれないが、実際には子どもの生存や成長・発達のありかたを規定し制約する家族・社会・国家のつくりあげた構造的連関を、相異なるベクトルと方法によるアプローチを通じて、相互補完的に明らかにしようとしたものなのである。

このような課題設定のもとに本書は、以下のような三つの部に即して議論を深めようとしている。まず「保護と遺棄の子ども史」を考えるための「水先案内」として、想定しうる論点と先行研究や概念の整理を試みるのが第Ⅰ部「問題群と研究動向」である。ついで第Ⅱ部「捨て子」の救済と保護・養育」では、「保護と遺棄」の問題を典型的・集約的に表現する事象としての捨て子とその処遇を集中的に取り上げる。これにたいして第Ⅲ部「「保護と遺棄」の射程と広がり」では、「保護と遺棄」という概念によってカバーされる範囲をできうるかぎり拡張して、その射程と議論可能性を提示することに努めている。その際、史料的分析を踏まえて個々の論点・対象について考察を加えた本論と並んでトピック的な「視角と論点」をいくつか配し、本論では扱えなかった論点や対象の開示を試みるとともに、それぞれの主題について本格的に考えるための材料の提示を行うこととした。

まず第Ⅰ部では、第1章「保護と遺棄の問題水域と可能性」（沢山美果子）が、第Ⅱ部で主題的・集中的に取り上げる捨て子問題についての日本における研究史を追いながら、それらの成果をたんに捨て子という個別事象に閉じ込めて理解するのではなくて、より幅広い一般的な適用可能性をもつ「保護されるべき子ども」の規範化問題へと読み直す試みを行っている。その際、主として日本の動向を主旋律としながらも、西洋の歴史的経験を変奏部に折り込んで、「堕胎」「間引き」から人口史や「セーフティネット史」、さらに「公共空間の歴史的変容」へといたる「保護と遺棄」の問題水域の広がりを提示しようとする。

第Ⅰ部に付した二つの「視角と論点」では、第1章を補完する形で子ども史研究の動向を追跡するとともに、「保護と遺棄」の政治的・社会的基盤をなす概念の整理を試みる。

「視角と論点①　福祉国家・戦争・グローバル化――一九九〇年代以降の子ども史研究を再考する」（岩下誠）は、日本におけるアリエス受容の問題性を指摘した上で、英語圏を中心としたその後の子ども史研究の推移を概括的に整理しているが、そこで特に留意されているのは、アリエス＝フーコー的なパラダイムを再審の対象として、これを克服してきた諸潮流の発展に着目することである。そこで取り出される論点は、世帯経済、社会福祉や医療、労働市場、戦争と難民など多岐にわたるが、最新の関心として特に指摘されるのが福祉国家史としての子ども史であり、児童労働をめぐるグローバルな視点の導入である。いずれも『福祉国家と教育』で強調された論点と通底する。[21]

他方、「視角と論点②　チャリティとポリス――近代イギリスにおける奇妙な関係」（金澤周作）では、「チャリティ」と「ポリス」の概念史を踏まえつつ、愛を連想させる前者と警察的な権力臭のまとわりつく後者というように一見対極的な両者がともに、弱者救済（ともにその裏面としての処罰）や福祉につながる含意を有しながらも、イングランドと大陸ヨーロッパにおける制度的な差異として現象したという事実が析出される。「保護と遺棄」を問題化し施策化する政治的・社会的空間の編成のされ方をあぶり出したものとして、これを言い換えることができる。

第1章で示された「捨て子」をめぐる研究の到達点を踏まえつつ、捨て子ないし捨て子処遇を中心とした諸施策について集中的に論じるのが第Ⅱ部の各章である。そこでは近世日本、近現代のイギリス・フランス・オーストリアを取り上げながら、出生期・乳児期から児童労働の担い手となりうる年齢段階までを視野に収めつつ、捨て子処遇にまつわる施設・制度、社会的結合やイデオロギーの諸相が取り出されている。

第2章「乳からみた近世日本の捨て子の養育」（沢山美果子）は、文字通り乳飲み子の命を紡ぐ糧（「命綱」）としての乳を切り口としながら、近世社会において「捨てる」「貰う」という行為によって織りなされる社会的結合の様相をあぶり出していく。江戸と大坂を舞台としたミクロ・ヒストリー的手法による捨て子処遇描写を通じて取り出されたのは、子の運命の要にあった乳それ自体の意味に加えて、労働力確保と家存続のための苦肉の策としての捨て子の養子縁組の意味であり、都市と農村をつないだ「口入屋」というエージェントの存在であるが、そこに点灯する像は、子どもの遺棄と保護を媒介として追求される、人びとの「いのちを繋ぐための営み」である。日本近世にあってその営みは、人々のいのちを守る砦としての「家」を維持・存続させるものとしてなされたものであった。

ベビー・ファーミングと呼ばれる有償「里子」請負のなかで発生した犯罪的な乳児死亡事件を象徴的出来事として冒頭に据えた第3章「近代イギリスにおける子どもの保護と養育」（中村勝美）が描いたのは、ベビー・ファーミングを必要とした乳幼児と母親の状況と、彼らのための「保護」施設・制度の概要であり、法制定に向けて下院特別委員会が取り組んだ、これらの施設・制度と母子の実態に関する調査と審議の過程である。そこには、高度の知識で武装した医師などの専門職者や、フェミニスト活動家のような社会的諸勢力が議会の動きに呼応した活動を展開している。一連の審議を通じて実現された成果は乏しいと認めつつも、こうした議論がなされたという事実こそが、二〇世紀における乳幼児保護への扉を開いたのだと本章は主張する。

続いて、第4章「統治権力としての児童保護――フランス近現代史の事例から」（岡部造史）が課題としたのは、第三共和政期前半のフランスで進展した乳幼児保護・児童労働規制・児童虐待処罰などの公権力による児童保護にかかわる諸施策を、フーコー的な意味での「統治権力」論的な観点から捉えることである。そのために、まずフランスにおける児童保護の歴史的展開を概観した上で、これらをめぐるドンズロ以来の研究史を捉え、そうした考察を踏まえて、捨て子の受け入れ方法（よく知られた「回転箱」の是非と並んで、開放型の受け入れの導入）をめぐる論争を追跡することで、統治権力の論理なるものが状況に規定された同時代性の刻印を帯びたものであったことを確認する。その先に開示されるのは、福祉をめぐる社会的連帯や、援助を受ける家族の権利という、二〇世紀的な問題群である。

一八世紀末から二〇世紀初頭までのオーストリア（ハプスブルク帝国西半部）の捨て子院を論じた第5章「近現代オーストリアにおける子どもの遺棄と保護」（江口布由子）がめざすのは、現代的な福祉制度の成立・拡充とともに姿を消すはずの捨て子院がオーストリアの場合にはしぶとく存続して、現代の児童福祉施設制度に組み込まれる過程を追跡することである。その過程では、里子として送り出される子どもたちの農村労働力としての利用が決定的な意味を有しており、一九世紀後半から二〇世紀初頭の農業近代化が、捨て子院や里親制度の社会的位置づけを一変させて、教育的機能を含んだ児童福祉とあわせて農村への労働力分配機関として機能させたことが浮き彫りにされている。子どもの保護をめぐる福祉・教育・労働のトリアーデは『福祉国家と教育』のなかでとりたてて議論されたテーマであったが、ここにもその一事例を確認することができる。

ところで、第3章から第5章までで共通して論じられたのは、二〇世紀的な福祉制度の整備や福祉国家の立ち上げに先立って、一九世紀後半から世紀転換期にかけて近世以来の救貧や捨て子院などの保護制度が批判に晒され、改革され、再定義される歴史的過程であった。現代的な福祉制度や福祉国家はまったくのゼロから立ち上げられたわけではなく、諸勢力間のイデオロギー闘争や理念論争を通じて諸施策の正統性を担保しながらも、場合によっては中世にまで遡上可能な既存の施設・制度を資源として活用し、これらを巧みにあるいは乱暴に改変し再定義して、現代的構造へと再編成していったのである。これら三つの章で描かれたのは、そうした近世から現代にまでつながる保護と遺棄にかかわる連続と非連続のダイナミクスであった。

第Ⅱ部が、「捨て子」を中心に据えた集約的な形で複数の地域の経験を論じ、いわば一点に収斂させるような議論の展開を用意したのにたいして、第Ⅲ部「「保護と遺棄」の射程と広がり」は、むしろ「保護と遺棄」の射程を外延的に確認する作業に取り組んでいる。

まず第6章「「保護／遺棄」の法的基準とその変化――ドイツを中心に」（三成美保）は、保護されるべき対象の法定と遺棄への処罰という「保護と遺棄」に不可避的に介在する選別行為の合法性にかかわる法的基準を、古典古代の十二表法や中世ゲルマン法に始まり二一世紀にまで及ぶきわめて長期的なスパンのもとに論じようとする。その際、主として扱われるのは、「子殺し」の法的正当性が判断される際の論理と基準であるが、そこで言われる「子」は通常想定される嬰児や乳幼児、あるいは堕胎の対象としての胎児にとどまるものではなく、生殖医療や出生前診断技術の操作対象としての「胚」にまで及ぶ広がりを有している。医療やバイオテクノロジーの異常なまでの発達によってもたらされた、「保護と遺棄の子ども史」にとって極限的なまでに拡張された論題の提起である。

本書の多くの章の論じたのがヨーロッパ諸国と日本における「保護と遺棄」であったのにたいして、第7章「慈善行為と孤児の救済――近代イランの女性による教育活動」（山﨑和美）が扱うのは、イスラーム世界の一角をなすイランである。近隣のオスマン帝国やアラブ世界、あるいはロシア帝国内部のイスラーム地域とならんで、イスラームの伝統的秩序・規範と折り合いをつけながら欧米に触発された近代化改革に取り組むイラン社会で女性解放運動が活動のための場として選びとったのは女性の教育、とりわけ孤児となった少女たちへの教育機会の提供であった。公的空間への女性の参加を達成する際に、ワクフ（寄進）などとして知られる慈善を重んずるイスラームの伝統的規範の枠組みを前提とした孤児の教育機会保障が絶好の戦略拠点になったというのである。

第8章「「瓦礫の子どもたち」・「故郷を失った若者たち」――占領下ドイツにおける児童保護」（中野智世）と第9章「戦時期日本における「児童保護」の変容――人口政策との関連を中心に」（高岡裕之）はともに、戦争にまつわる子どもの「保護と遺棄」を論じている。第8章が扱ったのは第二次大戦後の占領下にあったドイツ、第9章は戦時下の日本で、政策的にも社会的にも問題化した子どもや若者をめぐる保護的処遇のあり方である。いずれも戦争責任を負った敗戦国のドイツと日本が戦中戦後に取り組んだ乳幼児や児童・青少年保護に分け入ろうとするものである。

第8章が扱うのは、大戦後、連合国による分割占領下に置かれたドイツの「崩壊社会」で取り組まれた、「瓦礫の子どもたち」あるいは「故郷を失った若者たち」と呼ばれた子どもや青少年を対象とした支援や保護のための措置である。その際、イギリス占領下におかれたデュッセルドルフというひとつの都市に焦点を絞って、ここで取り組まれた支援事業を史料の許す範囲で悉皆的に提示することがめざされている。取りあげられた事業は生存保障のための物資支援や学校給食から戦争孤児への保護・後見、さらには「崩壊社会」につきものの非行や浮浪、犯罪に手を染める若者への矯正教育的措置や自立支援にいたる広がりを有している。第4章で採用された統治権力論的観点から社会統制的機能を摘出する方法にたいして、本章ではむしろ意識的に、危機的状況下において生存保障をはじめとした保護的・福祉的施策の果たした現実的な機能とその意味に力点をおいた分析が試みられている。

第8章に付した「視角と論点③　両次世界大戦期ドイツの戦争障害者をめぐる保護と教育」（北村陽子）が紹介するのは、両次大戦期のドイツで取りくまれた「戦争障害者」にたいする保護と職業訓練などの教育的措置である。戦場で障害を負って退役した兵士という、子どもならざる成人を対象とした「保護」と「教育」ではあるが、戦時下で展開される「保護と遺棄」の実相とその性格を考える際には避けて通ることのできない重要な主題であろう。そして、末尾に示された「生存保障すらしない「支援」」のすぐ先に待ち受けているのは、国家による「棄民」であったはずである。戦争体制への動員を求める国家は、国民の安全と保護のための支援を声高に標榜するとはいえ、その実質の空虚さからは、いまこの現在にまで通底する事態を読み取ることができる。

これにたいして第9章は、日本の児童保護政策が戦時期に転換させられる様態を、従来指摘された人的資源論ではなく、むしろ「大東亜共栄圏」とも結びついて極度にイデオロギー化されたかたちで登場した「民族＝人口政策」と関連づけて論じようとする。その際に注目されるのは、日中戦争下の人口問題の変容を土台に「時局」とも結びついて進行した官制上の改革や具体的施策をめぐる政策的展開に加えて、それらに関与する学術団体やとりわけ産婦人科医・小児科医といった専門職者の「合理的」で「啓蒙」的な専門知に基づく関与である。大政翼賛会を舞台としながら、人口問題への対応をつなぎ目として協働し積極的に癒着する国家と専門職社会との運動をそこに確認することができる。

戦時下における「保護と遺棄」問題をめぐる最後の対象として取り上げられたのは、障害児とその家族である。「視角と論点④　総力戦体制下における障害児家族の保育と育児」（河合隆平）は、総力戦体制下で流布された人的資源論を逆手に、国家による「異常児」への積極的保護と教育の必要を弁証しようとした恩賜財団愛育会・愛育研究所の活動と、そこに子の生存への望みを感じ取った障害児の母親たちの切ないほどの姿を描く。ここで理論的根拠に設定された人的資源論は、第9章が批判し克服しようとした枠組みであり、実は両者は論争的関係にあるといえる。それは、総力戦体制を正統化する複合的なイデオロギーの構造分析とならんで、個々の施策を支える基盤となった人々・集団とその立場の具体的な検証を通じて、さらに発展的に論究されるべき課題として残されている。

以上九つの章と四つの「視角と論点」によって提示された対象と論点は、もとより「保護と遺棄の子ども史」として取り上げられるべき領域のごく一部を論じたものにすぎない。この序の前半部分で紹介した国際養子縁組も、本格的に論じられるべくして手つかずのままに残されているもののひとつであろうが、それ以外にもたとえば「視角と論点①」と、より本格的には『福祉国家と教育』の最終章で岩下誠の提起した児童労働問題は、本来「保護と遺棄の子ども史」のなかでももっと本格的に追求されるべき重要な論題であった。一九世紀を通じて先進諸国で不可視化させられていった児童労働は、巨視的に見ると実際にはけっして消失したわけではなく、従属地域への空間的移転を介して温存されており、現在にいたるまで深刻な状況をもたらしているからである。

さらに、第Ⅲ部で重視した戦争の契機にかかわって触れておくならば、「最悪の形態の児童労働」とも言われることのある「子ども兵士」になることを強いられ、暫定的な生存保障と引き替えに暴力と殺戮の主体的担い手にさせられた子どもや若者のことも忘れてはならない。子ども兵士使用が国際刑事裁判所ローマ条約で戦争犯罪として規定され、さらにシエラレオネ特別裁判所などの場でその実相が暴かれたことから、国際人道法などの分野では一定の関心を集めているとはいえ、[22] 子ども兵士問題を子ども史や教育史の文脈で主題化する作業はほとんど進んでいない[23]。だが、ロシア帝国におけるユダヤ人「カントニスト」[24]の例を取り出すまでもなく、少年兵は歴史上多様に存在してきたのであって、彼らの生と死は「保護と遺棄の子ども史」として取り上げられるべき内容を備えているはずのものである。むろん同様のことは、性的搾取の対象とされた男女の年少者についても指摘しうるであろう。アリエス的言説が支配的ななかで家族史と情愛の枠組みに閉じ込められてきた子ども史を、「保護と遺棄」を切り口により広範で複雑な社会的連関のなかへと再投入した際に浮上するのは、ややもすると中産階級的家族を範型化しがちの微温的歴史像では抜けおちてしまいかねない、こうした深刻な問題群なのである。

注

（1）法文は以下を参照。Федеральный закон от 28 декабря 2012 г. N 272-ФЗ "О мерах воздействия на лиц, причастных к нарушениям основополагающих прав и свобод человека, прав и свобод граждан Российской Федерации" // Российская Газета. 29 декабря 2012 г.

(http://www.rg.ru/2012/12/29/zakon-dok.html：二〇一四年三月三一日最終閲覧)．また、以下の紹介・解説がある。小泉悠「【ロシア】米露の養子縁組等を禁じるヤコヴレフ法の成立」『外国の立法』第二五四号―二、二〇一三年二月（http://dl.ndl.go.jp/view/download/digidepo_7544689_po_02540208.pdf?contentNo=1：二〇一四年三月三一日最終閲覧）。

（2）Russia and Moldova Jackson-Vanik Repeal and Sergei Magnitsky Rule of Law Accountability Act of 2012（https://www.govtrack.us/congress/bills/112/hr6156/text：二〇一四年三月一四日最終閲覧）．

（3）関連条文は以下の通り。

第四条　第一項　アメリカ合衆国市民への養子縁組（養女縁組）のためのロシア連邦市民である児童の引渡し並びに、上述の児童の養子縁組（養女縁組）を希望するアメリカ合衆国市民への養子縁組（養女縁組）のためのロシア連邦市民である児童の選考及び引渡しを目的とした機関及び組織の活動のロシア連邦領内での実行は禁じられる。

第二項　本条第一項で定められたアメリカ合衆国市民への養子縁組（養女縁組）のためのロシア連邦市民である児童の引渡しの禁止と関連して、二〇一一年七月一三日にワシントンで調印された児童の養子縁組（養女縁組）分野における協力に関するロシア連邦及びアメリカ合衆国間の協定を、ロシア連邦側では停止することとする。

（4）協定全文は、ロシア連邦教育科学省の設けた養子縁組に関する以下のサイトを参照。Соглашение между Российской Федерацией и Соединенными Штатами Америки о сотрудничестве в области усыновления (удочерения) детей (http://www.usynovite.ru/documents/international/usa/). また、以下の紹介・解説がある。小泉悠「【ロシア】ロシア人養子に関する米露協定」『外国の立法』第二五三号―一、二〇一二年一〇月（http://www.ndl.go.jp/jp/data/publication/legis/#no253-1：二〇一四年三月三一日最終閲覧）。

（5）Договор между Российской Федерацией и Французской Республикой о сотрудничестве в области усыновления (удочерения) детей. Договор между Российской Федерацией и Итальянской Республикой о сотрудничестве в области усыновления (удочерения) детей (http://www.usynovite.ru/documents/international/：二〇一四年三月三一日最終閲覧)．

（6）ロシアからの国際養子縁組件数は、体制転換後激増して二〇〇四年に最大値の九四一九名に達したが、その後は減少に転じ、二〇一二年は二六〇四件である（http://www.usynovite.ru/statistics/2012/4/：二〇一四年三月三一日最終閲覧）。受け入れ数はアメリカ合衆国、イタリア、スペインが多く、フランスがそれらに次ぐ。

（7）Дети в России 2009. Статистический сборник. ЮНИСЕФ, Росстат. М., 2009. С.106-108. 他方、教育科学省が二〇一一年の数値として示したところでは、親の保護下にない児童数は六五万四三五五名であった（http://www.usynovite.ru/statistics/2011/2/：二〇一四年三月三一日最終閲覧）。

（8）厚生労働省「社会的養護の現状について（参考資料）」（平成二五年三月）（http://www.mhlw.go.jp/bunya/kodomo/syakaiteki_yougo/dl/yougo_genjou_01.pdf）を参照。ちなみに、ロシア連邦の総人口は一億四〇〇〇万人強で、日本のそれよりも少し多い程度である。

（9）ロシアにおける貧困については武田友加『現代ロシアの貧困研究』東京大学出版会、二〇一一年、が詳細なデータと分析を与えてくれる。そこでは、他年齢集団と比した子どもの貧困リスクの高さが指摘されている（同書一〇九～一一〇頁）。

（10）二〇〇〇年代中頃までに人口急減は一段落して横ばいにあるものの、再度の減少が予測されている。体制転換後ロシアの人口動態と出生率等については、たとえば以下を参照。田畑朋子「ロシアの人口問題——少子化対策として導入された『母親資本』の影響」『昭和女子大学女性文化研究所紀要』第三七号、二〇一〇年。同「ロシアの出生率の改善要因」『ロシア・東欧研究』第三九号、二〇一〇年。本書の校正段階で出版された雲和広『ロシア人口の歴史と現在』岩波書店、二〇一四年、も低出生率について論じている。

（11）遺棄された子どもをめぐる聞き取り調査を含むフィールドワーク研究として、以下のものがある。Fujimura, K. Clementine et al., *Russia's Abandoned Children*, Praeger, Westport-London, 2005. 同書中には、アメリカへの送出に際して、健常児を国内に留めようとするロシア政府の意向で、障がい児の養子縁組がより容易になっているという興味深い記述もあるが（pp.132-133）、十分な確証が示されているわけではない。

（12）アメリカ国務省領事局の国際養子縁組に関するホームページに掲載された統計を参照（http://adoption.state.gov/about_us/statistics.php：二〇一四年三月三一日最終閲覧）。

（13）高橋一彦「ポスト社会主義時代の福祉事情」高田実・中野智世編『近代ヨーロッパの探究 一五 福祉』ミネルヴァ書房、二〇一二年、三六八～三六九頁、参照。

(14) Ellen Barry, Russian Furor Over U.S. Adoptions Follows American's Acquittal in Boy's Death, *The New York Times (Europe)*, January 3, 2009 (http://www.nytimes.com/2009/01/04/world/europe/04adopt.html?_r=0：二〇一四年三月三一日最終閲覧).

(15) Clifford J. Levy, Russia Calls for Halt on U.S. Adoptions, *The New York Times (Europe)*, April 9, 2010 (http://www.nytimes.com/2010/04/10/world/europe/10russia.html?pagewanted=all：二〇一四年三月三一日最終閲覧).

(16) 協定成立まもない二〇一二年秋に養子とされた三歳児がその三ヵ月後、ディマ・ヤコブレフ法施行直後の二〇一三年一月に自宅の浴槽で不審死を遂げた事件もアメリカ世論をおおいに騒がせた。Ellen Barry, After Adopted Boy Dies in U.S., Russian Officials Accuse Texas Woman, *The New York Times (Europe)*, February 19, 2013 (http://www.nytimes.com/2013/02/20/world/europe/adopted-boys-death-in-us-stirs-outrage-in-russia.html?ref=us：二〇一四年三月三一日最終閲覧). その後も、養子縁組したロシア出身幼児の親の過失による（あるいは故意の疑いのある）死亡事故のニュースは後を絶たない。

(17) 小泉「【ロシア】米露の養子縁組等を禁じるヤコブレフ法の成立」参照。

(18) 岩下誠「新自由主義時代の教育社会史のあり方を考える」広田照幸・橋本伸也・岩下誠編『福祉国家と教育』昭和堂、二〇一三年、三一三〜三一四頁。田中きく代「ニューヨーク児童援助協会「孤児列車事業」にみる連帯と改革——その研究動向と展望」『関西学院史学』第三三号、二〇〇六年、他。

(19) たとえば、ヴェラ・ギッシング（木畑和子訳）『キンダートランスポートの少女』未来社、二〇〇八年、を参照。

(20)「福祉の複合体」論をめぐってはさしあたり、高田実「「福祉の複合体」の国際比較史」高田・中野編『福祉』所収、を参照。

(21)「視角と論点①」でも触れられているが、本書とも共通する問題関心にたって古代に始まるより長期的で俯瞰的な視野から子ども史の包括的叙述をめざしたヒュー・カニンガムによるモノグラフの翻訳が、本書編集の最終段階で刊行された。北本正章訳『概説・子ども観の社会史——ヨーロッパとアメリカにおける教育・福祉・国家』（新曜社、二〇一三年。原著は Cunningham, Hugh, *Children and Childhood in Western Society since 1500*, 2nd Ed., Pearson Education Limited, 2005）である。同書は、アリエス以来もっぱら家族史や狭い意味での教育史の枠組みのなかに閉じ込められ、子どもへの情愛の有無の問題として論じられがちであった子ども史の視野をいちじるしく拡大して、労働や科学技術、社会政策、権利論などを含むより幅広い社会的連関のなかに据えなおす試みである。多岐にわたる論点をバランス良く配列した同書中では、本書各章で取り上げられた個別的論点の多くが扱われており、「保護と遺棄」をめぐるより深い理解が期待されよう。

（22）Cf., Grover, Sonja C., *Child Soldier Victims of Genocidal Forcible Transfer: Exonerating Grave Conflict-related International Crimes*, Springer, 2012. 稲角光恵「子ども兵士に関する戦争犯罪——ノーマン事件管轄権判決（シエラレオネ特別裁判所）」『金沢法学』第四八巻第一号、二〇〇五年。坂本一也「戦争犯罪としての子ども兵士の使用——ICCにおけるLubanga事件判決の分析から」『岐阜大学教育学部研究報告・人文科学』第六一巻第二号、二〇一三年。

（23）ある意味例外的ともいえる先駆的事例として、逸見勝亮による以下の論考を挙げることができる。逸見勝亮「少年兵士素描」『日本の教育史学』第三三輯、一九九〇年。同「自衛隊生徒の発足——一九五五年の少年兵」『日本の教育史学』第四五輯、二〇〇二年。

（24）兵役開始年齢を一二歳から二五歳と定めたユダヤ人兵役法により、幼少期から三一年もの長期に及ぶ兵役を強いられたユダヤ人少年兵士をさす。これは、ユダヤ人に対する兵営的な訓練レジムに基づく「軍事的矯正システム」として構想されたものであった。橋本伸也『帝国・身分・学校——帝制期ロシアにおける教育の社会文化史』名古屋大学出版会、二〇一〇年、四〇二頁。

第Ⅰ部　問題群と研究動向

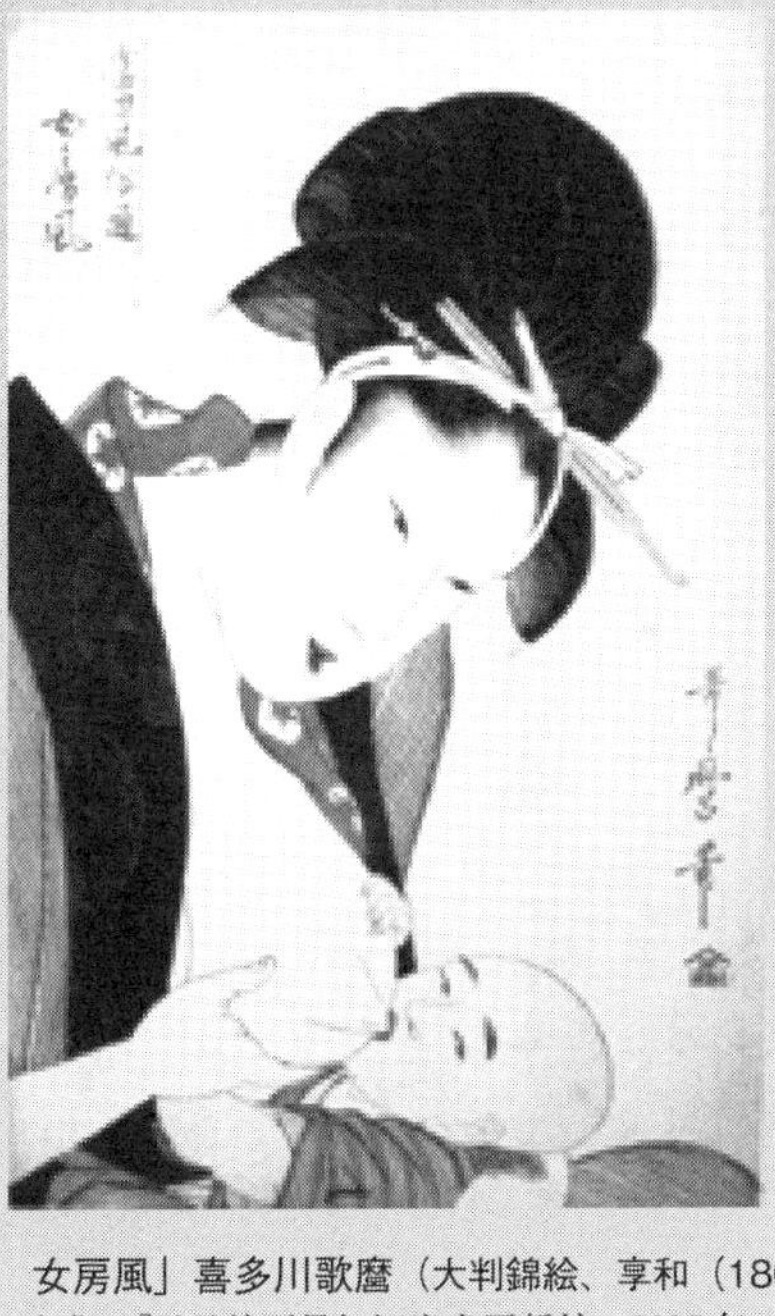

「当世風俗通　女房風」喜多川歌麿（大判錦絵、享和（1801 ～ 03 頃））
出典：『母子絵百景』河出書房新社、2007 年

第1章　保護と遺棄の問題水域と可能性

沢山美果子

はじめに

本章の目的は、「子どもの保護と遺棄」に焦点を合わせることで、どのような問題水域と可能性が開かれるのかを探ることにある。とはいえ、それは簡単なことではない。なぜなら、「子どもの保護と遺棄」のあり方や保護と遺棄の関係性、また何を保護とし遺棄とするかをめぐる規範や法的基準は、国や時代、地域、社会階層によっても異なるからである。その意味で「保護と遺棄」は、歴史的に可変的な概念であり、保護と遺棄の境界も流動的である。のみならず「子どもの保護と遺棄」という問題は、子どもの生と死や社会の死生観、子ども観、家族のありかた、そして、人々はいのちをどのように繋いできたかという歴史の根幹に関わる。それゆえ、その全体像を捉えることは容易ではない。

本書の第Ⅱ部・第Ⅲ部では、国と時代によりさまざまな様相をみせる、この「子どもの保護と遺棄」という問題への比較史的アプローチを試みる。子どもの保護、養育とその裏面に存在した遺棄の問題について、とくに第Ⅱ部では捨て子に焦点を合わせ、さらに第Ⅲ部では保護・遺棄の法的基準の歴史的変遷や生殖管理、児童保護の制度化、そして総力戦体制下の児童保護、占領期の戦災孤児の問題にまで射程を広げ、日本、西欧、非西欧諸国を対象とした比較史的アプローチと分析枠組みの構築を試みる。

その試みに先立つ第Ⅰ部の目的は、「子どもの保護と遺棄」に視点を据えることで、どのような問題水域と可能性が浮かび上がるのかを提示し、第Ⅱ部以降への水先案内の役割をつとめることにある。とはいえ、日本近世の、しかも限定された地域の遺棄された子どもである「捨て子」の問題に取り組んできた私に、さまざまな国、時代の保護と遺棄を取り上げた第Ⅱ部以降への水先案内人がつとまるとも思えない。

そこでここでは、近世日本の捨て子というごく微視的な世界から何がみえるのか、そして、どこまでその射程を広げることができるのか、日本における捨て子史研究の展開と私が今まで取り組んできた捨て子研究に即して考えてみたい。そのことで、限定された視点からではあるが、「保護と遺棄」という視点が切り拓く問題水域と可能性への接近を試みる。

第一節　保護と遺棄の問題水域――捨て子研究の可能性

保護と遺棄の視点からの捨て子への着目

日本において「子どもの保護と遺棄」への視点が提示されたのは、一九三〇年代半ばのことである。その視点を提示したのは、日本の近代社会の現実を、既存の学問体系に属さない民間学としての民俗学の視点から批判的に捉え直そうとした柳田國男と有賀喜左衛門である。

柳田國男は、一九三五年に愛育会機関誌『愛育』に書いた「小児生存権の歴史」のなかで、近代社会における母性愛という価値の規範化が、皮肉にも、母子心中を正当化している現実を批判したのであった。とともに、「子どもが生まれた時これを遺棄する習慣」があった前近代社会には、「子どもを生かす、子どもの生存を承認すると云ふこと」が大きな意味を持っていたとする。(1) 柳田の提起は、子どもの保護が価値化される近代社会が、母子心中の美名のもとに究極の遺棄ともいえる子殺しを生んだこと、他方、間引きという子どもの遺棄がなされた前近代社会は、子どもの生存の承認を重視した社会であったという「子どもの保護と遺棄」のパラドックスを指摘するものであった。

もう一人の論者、「捨子の風習には社会経済的な背景があって、日本の生活組織を知る興味ある問題」と考えていた有賀喜左衛門は、一九三三年から翌年の三四年まで『法律新聞』に「捨子の話」を連載する。有賀はそのなかで、親の子どもへの愛情は、社会的規範によって、その表れ方が異なることを指摘し、江戸時代の捨て子を理解するには「今日の考え方から推し測って愛情の有無を問題にすべきではな」く、捨て子を受け入れる社会の生活とその生活意識を知らねばならないとする。その上で有賀は、近代社会は子どもの愛情を価値化する一方で捨て子を受け入れる余地をなくしたこと、それに対し、子を扶養する、いいかえれば子どもの保護に対する親の義務の弱い社会である江戸時代には捨て子を受け入れる余地があり、捨て子は親に代わって子どもを育ててくれる人を見つける手段であったとする。(2)

柳田と有賀の指摘は、近代社会と前近代社会の保護と遺棄の矛盾に満ちた関係性を、子どもの生存の保障と、生存保障の場、とくに家族と共同体の歴史的変化という視点から捉え直すことで、近代社会が抱え込んだ問題を抉り出そうとするものであった。(3) と同時にその提起は、前近代社会から近代社会への変化は、遺棄から保護へという単線的変化では捉えられないことの指摘でもあった。

一九三〇年代半ばのほぼ同時期に、柳田は母子心中と子どもの生存権の視点から、有賀は捨て子と親の扶養義務の視点からというように、取り上げた対象も視点も異なるものの、ともに近代批判の観点から、近代社会のなかでの家族、とりわけ母親によって「保護される子ども」という親と子の規範化がもたらした問題を指摘したのであった。この一九三〇年代という時期は、一九三八年に母子保護法が制定されたことに象徴されるように、母親の膝下をもっともよい養育環境とする「母子一体の観念」にもとづく「子どもの保護」が国策として位置づけられていく時期であったことに注意をしておきたい。[4]こうした時代背景のなかに柳田と有賀の論をおいてみると き、両者の提起は、近代国家による国策としての「子どもの保護」の規範化を、前近代を視野に入れた歴史的視点から、また保護と遺棄の関係性に着目することで批判しようとするものであったことがみえてくる。

「子どもの保護と遺棄」の視点の可能性

戦後いちはやく捨て子の問題を取り上げたのも、同じく民俗学者の宮本常一である。宮本は、一九五九年に刊行された『日本残酷物語Ⅰ』のなかで、「日陰の子どもたち」として捨て子をとりあげている。柳田は、間引きも一種の遺棄と捉えたが、宮本は、「間引きと堕胎」という嬰児殺しと、「親に子どもを養育する能力がない場合のせっぱつまった手段」としての捨て子とを区別する。さらに江戸時代の捨て子の多さの理由を、将来の労働力として捨て子の養育を引き受ける、捨て子の「受け入れ態勢があったこと」に求めている。[5]こうした宮本の指摘は、子どもを遺棄する捨て子という行為は、親に代わる保護者を求めてのものであったという遺棄と保護の関係性と、その背後にあった、子どもを労働力として求める社会的経済的背景を浮き彫りにするものであった。

この『日本残酷物語Ⅰ』に付された解説によれば、この書が刊行された昭和三〇年代初めの時期は、「高度経済成長がある具体的な形を伴って現実に力を及ぼし始め」た時期だが、「眼前の事実」に対する問題意識は、「同じ民俗学者の中の柳田國男直系と言われる人たちよりも、宮本たちのほうが、はるかによりナイーブで正直なもの」だったという[6]。宮本が捨て子を取り上げた背景には、明示的には示されていないものの、敗戦後から一九六〇年代初頭までの戦災孤児や浮浪児の姿という「眼前の事実」があったといえよう。この時期は、「主に戦災や食料難を含む生活難などの社会構造や社会変動自体によってもたらされた」浮浪児や孤児など、闇市や駅の地下道といった家庭の「外側」に遺棄された子どもたちが保護されるべき対象として着目された時代であった。しかし、高度経済成長期以降、一九六〇年代初頭から一九八〇年代後半までの時期になると、「家庭の危機」や「家庭崩壊」、「育児放棄」、「母性愛の欠如」といった言葉を伴いつつ、再び「家庭」の母による「子どもの保護」が声高に叫ばれていく[7]。

このように、柳田、有賀、宮本といった民俗学者による「子どもの保護と遺棄」の視点の提起は、総力戦体制の前と後の、いずれも「子どもの保護と遺棄」が問題化した時期になされたものであった。これら三者の提起は、子どもの遺棄を許容する前近代社会は、子どもを労働力として受け入れる社会であったこと、他方「保護されるべき子ども」（フィリップ・アリエス）という近代的子ども観が規範化される近代社会は「遺棄される子ども」である捨て子を、保護からの逸脱として許容しない社会であると同時に、母子心中という究極の子どもの遺棄を正当化する、矛盾に満ちた社会であることを鋭く指摘するものであった。そのことはまた、「子どもの保護と遺棄」という子どもの保護と遺棄の関係性を問う視点は、歴史のなかにある家族と子どもの関係や捨て子の問題を、その社会的背景のなかで動的に捉える可能性を孕むことを示す。

捨て子史研究の意味

その後、再び捨て子への着目がなされるのは一九八〇年代以降のことである。その背景には、アリエスの研究[8]

の受容を契機とする社会史研究の隆盛と、子ども史への関心の高まりがあった。こうした経緯ともあいまって日本での捨て子史研究は、日本史研究よりも西洋史研究が先行する。古代ローマ、一五世紀イタリア、一八世紀フランス、パリの捨て子を扱った捨て子史研究[9]では、捨て子に光をあてる意味として次の点があげられている。

一つは、捨て子や捨て子をする人々といった周縁的存在に焦点を合わせることは、眼に触れにくい社会の実態や他の史料からは把握しにくい人々、たとえば下層民、未婚の母、産婆などの姿を明らかにするとともに、社会が周縁的存在をどのように位置づけようとしていたかという側面から時代を描き出すことができるという点である。

二つには、家族のなかで保護された子どもに比べ、遺棄された捨て子の史料は豊富であり、それらの捨て子史料を通し、保護された普通の子どもの社会的地位を推測する手がかりや、その時代、社会の生活意識、親の子どもへの心性について、従来の解釈を検討し直す手がかりを与えてくれる点である。ただし、西洋の捨て子史料は捨て子院の数量的データが主であったこともあり、数量的把握にもとづく捨て子の実態についての研究に比し、捨て子についての心性史の側からの検討はまだ充分にはなされていない[10]。

これら西洋の捨て子史研究では、日本との比較の視点も提示された。古代ローマの嬰児遺棄を扱った本村凌二は、西洋と日本の「対照はあまりにも際立っているために、われわれには無視できない論点であるように思われる」[11]と述べている。本村は注記のなかで、日本の間引きの実態を扱った文献として、高橋梵仙の『堕胎・間引きの研究』[12]、千葉徳爾・大津忠男の『間引きと水子』[13]を挙げ、日本では、とくに近世の伝承のなかで嬰児殺害（間引き）の事例が圧倒的に多く、嬰児遺棄の事例はあまり知られていないことに思い至ると述べる。また日本では当事者による間引きに関する史料は、ほとんどないのに対し、中世後期のポルトガル人宣教師の報告書や近世の役人、学者の著作には、間引きの実情を記したものがあるとし、イエズス会宣教師、ルイス・フロイスの「ヨーロッパでは嬰児が生まれてから殺されるということは滅多に、というよりはほとんど全くない。日本の女性は、育てていくことができないと思うと、みんな喉の上に足をのせて殺してしまう」[14]という言葉を取り上げている。

では、近代以前の西洋では嬰児遺棄、日本では嬰児殺害という違いがあるとしたら、そこには、どのような子ども観、生命観、宗教観、家族観の違いがあるのだろうか。西洋の捨て子史研究は、こうした日本との比較の視点をも提示するものであった。そこからは「子どもの保護と遺棄」という視点から西洋と日本の捨て子を比較するにあたって、子どもが育つ場としての家族や共同体のあり方を検討の遡上に乗せるべきことがみえてくる。なぜなら、捨て子を許容する家族は、家名と家産の維持、継承のために、血縁関係にない子どもを養子として迎え、あるいは養子に出すことを忌避しない家族であるのに対し、捨て子を忌避する家族は、何よりも親と子の血縁関係を重視し、他人に子どもを託すことを倫理的に許さない家族であるからである。「子どもの保護と遺棄」という視点は、こうした家族意識の歴史的変容をも課題とすることを求める。

日本における捨て子史研究の展開

一九八〇年代半ばになると、日本史研究の分野でも捨て子史研究が登場する。フロイスは中世の日本では嬰児遺棄ではなく嬰児殺害とした。しかし、中世にも捨て子はあった。そのことが、日本中世史のなかで、時代に生きる子ども像を明らかにする子ども史[15]、中世都市の重要な側面として捨て子を取り上げる都市史[16]、そして女性の置かれた立場や疎外された性の視点から捨て子を描く女性史[17]など、多様な視点から明らかにされることとなった。そこでは、日本中世にも捨て子があったこと、しかも子を他界に帰す行為であった中世前期の捨て子に対し、中世後期の室町期以降は、捨て子が拾われることを期待し、捨て子に所持品を付ける行為がみられるようになるという、捨てる側の意識の変化が指摘されている[18]。しかし拾われることを期待したとしても、中世の捨て子の多くは死を意味していた[19]。

次いで登場したのが近世の捨て子についての研究である。その先鞭をつけたのは、生類憐み令の重要な局面として捨て子取り締まりを扱った塚本学[20]、そして捨て子禁令を受け止めた近世京都の町のありかたを検討した菅原憲二の研究[21]である。両者の研究は、捨て子そのものを対象としたものではないが、日本近世の捨て子研究が展開する契機となったことは間違いない。

その後、両者の研究に学びつつ、捨て子をめぐる記録に母親たちの思いと捨て子の実相を探った子ども史からの研究[22]や、捨て子をめぐる事件に近世女性の置かれた位置を読み取ろうとする女性史研究[23]が登場することとなる。さらに、日本近世の捨て子研究は、地域に残された捨て子史料の発掘をもとに、捨てる親の心性や捨て子に対する幕府や藩、町、村の対応、捨て子養育のシステム、捨て子の実像を、その背後にあった「家」や共同体、世間といった社会空間のなかで細やかに描き出す研究を蓄積していくこととなる[24]。

ところで、徳川綱吉が一六八七年（貞享四年）正月に発布した生類憐み令は、生産年齢にある男性を中心とする「ひと」からみての「生類」を対象とするものであり、捨て子も「憐み」の対象とされた[25]。さらに同年四月には、捨て子があった場の者が、介抱・養育し、望む者があれば養子にするようにという幕法が出され、捨て子養育は、藩、町、村という重層する場での捨て子救済システムのなかでなされることとなる[26]。

しかし、捨てられた場での養育を命じる生類憐み令のもとで捨て子は、拾われることを前提とした、世間という公共空間に子どもを委ねる行為へと変容していく[27]。豊かな家の軒先や道路、寺社などへの捨て子は、親からすれば世間に子の未来を預けたようなものだった[28]。近世社会の世間は、「袖振り合うも他生の縁」という言葉で表現されるような、日ごろは「無縁」な人々が縁を結ぶ世界であり[29]、捨て子の未来は、いわば近世の公共空間ともいえる世間に委ねられたのである。その際、捨て子に手紙やモノを添える捨て子の作法は、地方では一九一〇年代まで続いたとされる[30]。だとしたら、近代日本における「公共」のあり方は、一九一〇年代あたりが転換点なのだろうか。そこでは、近世以来の公共のあり方は、「新しい関係のもとでどのように変質して受け継がれたのか、または地下に伏流したのか」、前近代的あり方から近代的あり方への転換という単線的な形ではない、その重層的な転換の過程が明らかにされねばならないという課題が浮き彫りとなる[31]。

ところで近世の捨て子は、飢饉などの非日常の場合だけでなく、日常のなかにあった。人々のなかに「家」の維持・存続への願いが強まり子どものいのちが重視されるなかで捨て子は、「家」の維持・存続と子どものいのちとの間に生まれる矛盾を解消する出生抑制策の一つとしての性格を持つようになる。またそこには、生活難や「家」の維持・存続のためになされる捨て子に対しては許容的な社会的土壌があった。そのことは、近世に広く流布した「子を棄つる藪はあれと身を棄つる藪はなし」という諺、あるいは狂言集『軽筆鳥羽車』（一七二〇年）の夫婦で子どもを捨てる図像に添えられた「かわゆ（可愛）けれど　身にはかゑられぬ」という言葉書きからもうかがえる[32]。

しかし、近代以降「近代家族」と母性愛によって「保護される子ども」という子ども観が規範化していくなかで、柳田や有賀が指摘したように、捨て子は、どんな理由があるにせよ、倫理的に許されないものとなり、かわって我が子を他人には託せないとして子どもを道連れにする母子心中が母性愛の発露として美化されていく[33]。

捨て子史研究が提起した問題水域

では、「保護される子ども」という子ども観の規範化と、その一方で「遺棄される子ども」である捨て子をそこからの逸脱とする逸脱規範の形成は、どのような交錯関係のなかでなされていったのだろうか[34]。

子どもの保護や児童保護に関する従来の研究では、近代家族としての「家庭」を規範とする近代的秩序として

「児童保護」という子どもへの関与が創り出され、下層、無産階級の家族を統合していったという側面のみが取り上げられることが多かった。しかし、「保護される子ども」の規範化と、そこからの逸脱として「遺棄される子ども」を捉える逸脱規範の形成との関係は、そう単純なものではない。とするなら、保護と遺棄との交錯する関係の解明が課題となる。

世間に子を委ねるという意味での捨て子が、地方によっては近代以降も続いていたという歴史的事実は、近世の藩、町、村という重層的な場での捨て子救済システムから近代の児童院などの公的施設への展開という側面のみならず、近世から近代への公共空間の歴史的展開やその質的転換の過程の解明を課題として浮かびあがらせる。

この問題を考えるうえで、一九九〇年代以降のセーフティネット史が提起してきたセーフティネットという視角や、歴史的視点から「福祉」の重層的構成を明らかにしようとしてきた「福祉の複合体論」[35]は、重要な論点を提供する。セーフティネット史の研究史整理をおこなった倉敷伸子は、「社会に別個に存在する様々な組織や機能」をセーフティネットとして意味づける視角は、社会が「原理を異にする幾つもの層」によって重層的に構成されていることを明らかにすると同時に、「正史の視界の周縁に生きた人々の存在」に歴史上の「場」を与え、「新たな歴史像の可能性が切り拓かれていった」とする[36]。

セーフティネット史に関するこの倉敷の指摘に学ぶなら、「子どもの保護と遺棄」という問題についても、国家や公権力、「家庭」による子どもの保護や管理・統制のみならず、公私の中間に位置していた町、村の共同体、民間の団体、捨て子を仲介した人々など、さまざまな実際の保護の担い手相互の緊張関係やせめぎあい、そして世間という公共空間の歴史的変容が明らかにされねばならないだろう。

また、「子どもの保護と遺棄」という視点は、近世から近代への子育てをめぐる男と女の関係の歴史的変容に接近する手がかりを与えてくれる。近世社会にあって捨て子に責任をもったのは、捨て子を発見した「家」と町、村の共同体であった。たとえ捨て子を見つけたのが女であり、「家」の責任者である家長が留守であったとしても、女自身が捨て子を届け出ることはできず、届け出は共同体の男たちの手でなされたのである。[37] もっとも、女たちが捨て子の養育に関与しなかったかというと、そうではない。捨て子が乳児の場合にまずなされたことは、乳のある女を捜すことであり、乳は捨て子の命綱であった。近世社会には、「人乳」「女の乳」「母の乳」という言葉はあるが、私たちになじみ深い「母乳」の語はない。そのことは、捨て子はもちろん、乳児たちも、実の母以外の乳を貰っていのちを繋いだことを象徴的に物語る。

しかし、「近代家族」規範のもとでは、育児に責任を持つのは女、しかも実母とされ、乳は母と結び付けられ「母乳」「実母哺乳」が母性愛の象徴とされていく。「子どもの保護と遺棄」に焦点を合わせることは、前近代の生みの母に特定されない乳のネットワークをはじめとする子育てをめぐる地域のネットワークによる養育から近代の母乳養育へ、保護の担い手が「家庭」の母、しかも血をわけた実の母に閉ざされたものとなっていくという変化を、ジェンダーと乳幼児のいのちという視点から問い直すことを求める。

「子どもの保護と遺棄」の射程の広がり

ところで、乳幼児のいのちの問題について、宗門改め帳にもとづく精緻な数量的データを積み重ねてきた歴史人口学は、近世日本の出生率は、ヨーロッパのなかでも低い水準にある近代以前のイギリスよりさらに低位であったこと、[38] また間引きの頻度は、従来考えられていたほど高くなく、家族の状況に合わせたさまざまな出生抑制の手段がとられていたことを明らかにしつつある。[39] 他方、近世の捨て子研究からは、堕胎・間引きのみならず、捨て子も、「家」の維持・存続をはかるための子どものやり取りという、一つの出生抑制の手段としての意味を持っていたこと、その背後には、出産による母親の死亡率や乳児死亡率の高さがあったことが明らかとなりつつある。

では、家の維持・存続と子どものいのちとの矛盾を孕んだ関係のなかでなされた堕胎・間引き、捨て子という人々の出生抑制をめぐるさまざまな選択の背後には、どのような子どものいのちをめぐる観念があったのか。それは、アリエスの指摘するような前近代の「無関心」とも、また民俗学や旧来の歴史学が、間引きを合理化する「伝統的心性」としてあげてきた「七歳までは神のうち」[40]という子ども観とも異なっていた。捨て子史研究や近年の堕胎・間引き、子ども史研究は、前近代の堕胎・間引き、捨て子の境界は、現代のような意味で画然とは区別されないことや、そこには罪の意識やモラルの葛藤があったことを示唆する。[41]

堕胎・間引き、捨て子の背後には、子どものいのちの序列化と選別があった。家の維持・存続という視点から重視されたのは、労働能力と生殖能力であり、双子や虚弱な早産児、障害児は、遺棄の対象とされた。[42]捨て子の問題は、これら保護と遺棄の背後にあった出生抑制の諸相と子どものいのちの序列化や選別といった性と生殖の問題へと、その射程を広げることを求めるものである。

このように「子どもの保護と遺棄」という視点、その一つの具体相としての捨て子をめぐる研究の展開からは、町、村、藩の捨て子養育をめぐるセーフティネットと捨て子がゆだねられた世間という公共空間の歴史的変容、捨て子が生み出される社会的背景と家族のライフサイクル上の危機との関係、遺棄の諸相としての堕胎・間引き、捨て子という選択と、その背後にあったいのちをめぐる観念との関係、さらに近世の捨て子養育システムから近代の施設による棄児養育への歴史的変容と世間という公共空間との関係へといった研究への展開の可能性がみえてくる。

そこでさらに、「保護と遺棄の子ども史」の視点と枠組みをめぐって、日本の捨て子史研究の成果に加え、西洋の捨て子史研究の成果も可能な限り踏まえつつ[43]考えてみることにしよう。

第二節　「保護と遺棄の子ども史」の可能性

ヨーロッパの捨て子院の歴史的展開

日本では、近世末、一九世紀初頭に、町、村、世間が捨て子に対応できない状況が広がるなかで、ロシアの「幼院」をモデルとした津山の育子院のような捨て子院の構想が出されるにいたる。[44]それに対しヨーロッパの捨て子院の歴史は古い。すでに一四～一五世紀には、従来の慈善病院から専門分化し、捨て子受け入れに特化した施設としての捨て子院が、フランドルとイタリアで出現している。[45]この捨て子院の最大の特徴は、回転箱が設置され、母親が匿名で子どもを預けることができる点にあった。さらに、一八世紀末にオーストリアやロシアに創設された捨て子院では、回転箱が撤去される一方で産院が併設され、捨て子院に預けるには産院で出産しなければならなくなった。また、これらヨーロッパの施設をモデルとしたオスマン帝国の捨て子院では、まず産院が創設され、附属施設として捨て子院が創設されている。

このように、ヨーロッパの捨て子院の目的は、子殺しを防止することで子どものいのちを保護すること、そして婚外子を産んだ母親の名誉を守ることにあった。ただし、母と子を救う捨て子院設置の時期とその内容は、右に記したように国によって異なる。しかしそこには、日本の近世から近代への展開と共通する点も多い。

注目すべきことは、捨て子院の設置が、近代になるにしたがい女の身体を介したいのちの管理という性格を持つようになっていった点である。一八世紀に捨て子院が創設されたオーストリアやロシアでは、捨て子院に預けるためには産院出産が必要条件とされた。それは、女の身体を介した子どものいのちへの介入策でもあった。日本近世の捨て子防止策も同様に、妊娠、出産を管理することによって捨て子を防止しようとするものであり、一六九五（元禄八）年、一六九六（元禄九）年には、都市下層民の捨て子防止のため、下層民は妊娠から産後、子どもが乳幼児期に至るまで地主大屋に届け出なければならないとされた。こうした女の身体を介した子どものいのちへの介入策は、人口増加政策として、とくに東北、北関東といった人口減少地域の諸藩の妊娠・出産管理政策に引き継がれていく[46]。

その意味で捨て子の保護という問題は、支配権力による女の身体を介したいのちの管理、さらには近代国家による人口増強政策と性・生殖の管理につながる側面を持っており、近代的な政治権力による生といのちの支配という面から考える必要があろう。

さらに「保護と遺棄」という視点から考えなければならないことは、捨てるという親の行為を、イコール遺棄として捉えてよいのかという問題である。日本近世の捨て子は単なる遺棄ではなく、子どもの養育を世間に託す行為であった。ヨーロッパの捨て子院も、子どものいのちを文字通り「遺棄」するための施設ではなかった。捨て子院は、貧困層の「子減らし」という人口調節機能、また現金・お乳を媒介とした「子どもの一時預かり」のための都市と農村のネットワークの一地点という側面を持っていたのである[47]。

その意味で、保護と遺棄の全体構造を把握するには、都市・農村双方を射程に入れ[48]、都市と農村の捨てる、貰うというネットワークの一拠点としての捨て子、捨て子院の歴史的変容を探る必要があろう。日本近世の捨て子についても、都市下層内部での子どものやりとりだけでなく、都市と農村の捨て子をめぐるネットワークや、「家」の維持・存続のための将来の労働力需要の問題とも関わらせて考える必要がある[49]。

さらに捨て子院の歴史的変容に眼をむけると、捨て子院が大型化する一八世紀のフランス、一九世紀のオーストリアなどでは、捨て子院から捨て子を預かる里親は、捨て子院からの給付金以外に現金収入の道がないような農村でももっとも貧困な階層となり、捨て子の死亡率の高さが問題となる[50]。日本近世の津山の育子院構想でも同様に、捨て子を貰うのは「家筋宜しき者」ではないことが指摘されている。

そうしたなか、同時代の批判者は、捨て子院は児童保護どころか、子殺し施設になっていると批判し、一九世紀末には、母乳保育と実の母による育児が重視されるに至る。その過程はまた、家族とともに子どもを保護する機能を担っていた中間集団が解体し、子どもの保護が家族に一元化していく過程、実の親と子の純血主義が制度化されていく過程でもあった。

では、その歴史的プロセスのなかで、捨て子院という「保護主体」である国家、教会と捨てる側の「未婚の母」や貧困層などの社会的弱者との間で、また、その背後にあった、子どものいのちをめぐる観念や支配層の人口増加政策、そして近代的医療の間で、どのようなせめぎあいが起きてくるのか。社会のなかでのそれぞれの主体の機能の変容と分離の問題も含めて検討する必要がある。

「保護と遺棄」の全体構造

最後に、「保護と遺棄」の全体構造と、その歴史的変遷を明らかにするには、どのような視点と枠組みが求められるのか、考えてみたい。「保護と遺棄」の全体構造を明らかにするには、国家、教会、藩といった政治権力と、遺棄する社会的弱者といった二項対立的枠組みでは不十分である。それは今まで述べてきたことからも明らかだろう。支配する側とされる側の間に存在していた町や村の共同体、キリスト教による捨て子養育院や各種の民間団体といった中間団体の役割、そして世間という公共空間の歴史的変容のプロセスを視野に入れる必要がある。

さらに、「保護と遺棄」という視点は、近世から近代への展開をめぐって、従来の社会事業史や児童問題史が展開してきたような、日本であれば近世の町、村による捨て子養育から近代的施設での棄児養育へ、ヨーロッパであれば教会などによる捨て子院から近代国家による近代的児童保護へという、前近代と近代の断絶のみでは捉えられないことを浮かびあがらせる。それだけではない。近代以降の「近代家族」の規範化と「保護される子ども像」の下層社会への浸透と「遺棄される子ども」の忌避、あるいは社会福祉政策によって国民国家に回収される人々、といった単線的で一元的な社会福祉史の枠組みの問い直しを求めるものでもある。

そこでは、一つには子どもの保護の場であり、いのちを繋ぐ場としての家族、二つには子どもの置かれた位置の社会的経済的背景、とりわけ児童労働のあり様、三つには子どものいのちをめぐる心性、この三つの位相の歴史的変化を架橋することが求められる。

おわりに

今まで、「子どもの保護と遺棄」に焦点を合わせることで、どのような問題水域と可能性が浮かび上がるのか、そして「子どもの保護と遺棄」の全体構造を明らかにするために、どのような視点と枠組みが求められるのかを考えてきた。

「子どもの保護と遺棄」という視点からはさらに、日本内部、ヨーロッパ内部の違いも浮かびあがる。同じヨーロッパでも、プロテスタント諸国には捨て子院があまり存在しないが、カトリック諸国には大量の捨て子が捨て子院に収容されている。また捨て子院の少ないイギリスの場合は、出生数、婚外子とも少なく、その背後には母乳育や晩婚といった子どもの数を少なくする出生抑制の慣行や習俗があった(51)。

日本近世においても、捨て子の多い西南日本と捨て子よりも堕胎・間引きが問題とされた東北日本という違い、あるいは浄土真宗が盛んな地域では間引きより捨て子が、しかも嬰児殺に近い、拾われることを前提としない捨て子が多い(52)といった違いが指摘できる。さらに、捨て子は都市の問題であり、農村では間引きという都市と農村の違いを指摘した近世の間引き教諭書もある(53)。

では、なぜ、このような違いが生まれるのか。そのことを明らかにするためには、その背後にあった宗教観や生命観、そして出生抑制のありかたといった性と生殖をめぐる問題をも射程に入れる必要がある。いわば「子どもの保護と遺棄」は、その具体的なテーマの一つである「捨て子」についてみただけでも、豊かな鉱脈への入り口となる。その意味で、具体的なテーマと地域に即し、歴史具体的なモノグラフを積み上げていくとともに、「保護と遺棄」の問題を構造的かつ動的に、そこに生きた一人ひとりの子どもに焦点を合わせて捉えるための視点と枠組みを鍛えていく必要がある。本書の第Ⅱ部以降は、そのための模索の道程を示す。

注

（1）柳田國男「赤子塚の話」『定本柳田國男集』筑摩書房、第一二巻、一九六三年、同「小児生存権の歴史」『定本柳田國男集』筑摩書房、第一五巻、一九六三年。
（2）有賀喜左衛門「捨子の話」「棄児を通じてみたる関東地方の生活の今昔」『有賀喜左衛門著作集』未来社、Ⅶ巻、一九六九年。
（3）両者の主張については、沢山美果子『近代家族と子育て』吉川弘文館、二〇一三年、一五六〜一五八頁を参照されたい。
（4）加藤田恵子「児童保護事業調査」社会事業調査会編『戦前日本の社会事業調査』勁草書房、一九八三年。
（5）宮本常一「日陰の子どもたち」宮本常一・山本周五郎・楫西光速・山代巴監修『日本残酷物語Ⅰ　貧しき人々のむれ』平凡社ライブラリー、一九九五年。
（6）大月隆寛「解説――かつて『残酷』と名づけられてしまった現実」宮本他監修『日本残酷物語Ⅰ』一九九五年、五三五頁。

（7）土屋敦は、社会的養護に関する児童問題の時期区分を、第Ⅰ期（敗戦後から一九六〇年代初頭まで）、第Ⅱ期（一九六〇年代初頭から一九八〇年代後半まで）、第Ⅲ期（一九九〇年代初頭から現在まで）の三期に分け、第Ⅰ期は「戦災孤児、浮浪児、不良児、捨児など」が対象とされた時期としている。『はじき出された子どもたち――社会的養護児童と「家庭」概念の歴史社会学』（勁草書房、二〇一四年、二一～二二頁）。宮本の「日陰の子どもたち」は、Ⅰ期の時期に書かれており、戦後、保護されるべき対象とされた戦災孤児、浮浪児、捨児を意識したものと考えられる。
（8）Ph・アリエス（杉山光信・恵美子訳）『〈子供〉の誕生』みすず書房、一九八〇年。
（9）捨て子研究の持つ意味については、本村凌二『薄闇のローマ世界――嬰児遺棄と奴隷制』東京大学出版会、一九九三年、高橋友子『捨て子たちのルネッサンス――一五世紀イタリアの捨児養育院と都市・農村』名古屋大学出版会、二〇〇〇年、藤田苑子『フランソワとマルグリット――一八世紀フランスの未婚の母と子どもたち』同文館出版、一九九四年、二宮宏之「七千人の捨児――一八世紀のパリ考現学」『全体を見る眼と歴史家たち』平凡社ライブラリー、一九九五年、などを参考に整理した。
（10）二宮「七千人の捨児」、三二五頁。
（11）本村『薄闇のローマ世界』一七二頁。
（12）高橋梵仙『堕胎・間引きの研究』中央社会事業会、一九三九年。
（13）千葉徳爾・大津忠男『間引きと水子』農山漁村文化協会、一九八三年。
（14）ルイス・フロイス（岡田章雄訳注）『ヨーロッパ文化と日本文化』岩波文庫、二〇一二年、五一頁。
（15）大喜直彦「中世の捨子」『日本歴史』六一五号、一九九九年。
（16）西山良平「平安京の病者と孤児」『都市平安京』京都大学学術出版会、二〇〇四年。
（17）細川涼一「中世の捨て子と女性」『女の中世』日本エディタースクール出版部、一九八九年。
（18）大喜「中世の捨子」。
（19）そのことを指摘した研究として大喜「中世の捨子」、西山「平安京の病者と孤児」、細川「中世の捨て子と女性」がある。
（20）塚本学『生類をめぐる政治』平凡社、一九八三年。
（21）菅原憲二「近世京都の町と捨て子」『歴史評論』四二二号、一九八五年。

(22) 立浪澄子「加賀藩における捨子」『富山女子短期大学紀要』第二七輯、一九九二年、同「近世捨子史考――加賀藩の事例を中心に」福田光子編『女と男の時空――日本女性史再考Ⅳ　爛熟する女と男――近世』藤原書店、一九九五年。
(23) 妻鹿淳子『犯科帳のなかの女たち――岡山藩の記録から』平凡社、一九九五年。
(24) 小堀一正『近世大坂と知識人社会』清文堂出版、一九九六年。菊地勇夫「近世飢饉下の捨て子・子殺し――東北地方を事例に」『キリスト教文化研究所年報』第三四号、二〇〇一年、一九九六年、沢山美果子「近世後期の捨子の実態――岡山城下町を中心に」『順正短期大学研究紀要』第二八号、一九九九年、同「天保飢饉下の捨子――津山藩領内における」『順正短期大学研究紀要』第三〇号、二〇〇二年（沢山美果子『性と生殖の近世』勁草書房、二〇〇五年、所収）、三木えり子「近世後期小野藩における捨子と地域社会」『歴史と神戸』第四一巻第三号、二〇〇二年、井上隆明「近世後期福岡藩の捨子――町方を中心に」『福岡大学大学院論集』第三四巻第一号、二〇〇二年、川本英紀「捨て子の置手紙と『氏・筋・由緒』――近世後期小倉藩を事例として」『部落解放史福岡』第一一六号、二〇〇四年、中野達哉「江戸の大名屋敷と捨子」江戸東京近郊地域史研究会編『地域史・江戸東京』岩田書院、二〇〇八年、海原亮「都市大坂の捨子養育仕法――『年々諸用留』の事例から」『住友史料館報』第四〇号、二〇〇九年などがある。
(25) 塚本『生類をめぐる政治』二三四頁。
(26) 倉地克直『全集 日本の歴史 一一　徳川社会のゆらぎ』小学館、二〇〇八年、二一一～二一三頁。
(27) 沢山『性と生殖の近世』二三六～二三八頁。
(28) 倉地『徳川社会のゆらぎ』二七四頁。
(29) 倉地『徳川社会のゆらぎ』二六六頁。
(30) 小松裕「捨て子の『作法』」『全集 日本の歴史 一四　いのちと帝国日本』小学館、二〇〇九年。
(31) 倉地克直「江戸時代史からの感想(二、三)」『岡山地方史研究』第一二〇号、二〇一〇年。
(32) 沢山美果子『江戸の捨て子たち――その肖像』吉川弘文館、二〇〇八年、六八頁。
(33) 沢山『近代家族と子育て』一四六～一五六頁。
(34) 前掲注7の土屋『はじき出された子どもたち』は、近代以降の「家庭」という言葉に代表される家族規範、育児規範の形成と捨て子などの遺棄される子どもが生み出されることに対する逸脱規範の形成との関係、さらにはそうした児童への公的な保護の論理は「保護されるべき子ども」という近代的子ども観の変遷とのいかなる交錯関係のなかで形成されてきたのかを追究しようとした興味深い研究である。そこで示された視点は、「子どもの保護と遺棄」の問題を考える上でも示唆的である。

(35)「福祉の複合体」論については、高田実「「福祉の複合体」の国際比較史」高田実・中野智世編『近代ヨーロッパの探究 一五 福祉』ミネルヴァ書房、二〇一二年を参照されたい。

(36) 倉敷伸子「セーフティネット史研究の現在」横浜国立大学経済学会『エコノミア』第五四巻第二号、二〇〇三年。

(37) 沢山美果子「史料紹介　備中国後月郡下出部村の捨て子」『岡山地方史研究』第一一七号、二〇〇九年。

(38) 斎藤修『比較史の遠近法』NTT出版、一九九七年、一三三頁。

(39) この点の整理については、落合恵美子「序章　徳川日本のライフコース」落合恵美子編『徳川日本のライフコース――歴史人口学との対話』ミネルヴァ書房、二〇〇六年、七～八頁、沢山美果子「妊娠・出産・子育て」木下太志・浜野潔編『人類史のなかの人口と家族』晃洋書房、二〇〇三年、六四～七〇頁を参照されたい。

(40)「七歳までは神のうち」で説明する旧来の民俗学、歴史学の問題点については、柴田純『日本幼児史――子どもへのまなざし』吉川弘文館、二〇一三年を参照されたい。

(41) 落合恵美子「近世末における間引きと出産――人間の生産をめぐる体制変動」脇田晴子他編『ジェンダーの日本史 上』東京大学出版会、一九九四年、四三七頁、また研究史整理については、小山静子編『論集 現代日本の教育史 四　子ども・家族と教育』日本図書センター、二〇一三年、四九二～四九三頁。

(42) 沢山美果子「近世後期の『家』と女の身体・子どもの『いのち』」『七隈史学』第一二号、二〇一〇年、七～九頁。

(43) 西洋史の捨て子史研究の成果については、ここではおもに、江口布由子「ヨーロッパにおける『保護と遺棄』をめぐる研究状況――捨て子院を中心に」日本学術振興会科学研究費補助金（挑戦的萌芽研究）『『子ども』の保護・養育と遺棄をめぐる学際的比較研究　中間報告書』二〇一一年によっている。

(44) 江戸時代の西欧の「幼院」情報の受容を研究した湯川嘉津美は、津山の育子院構想は、その内容の類似性からして、桂川甫周の『北槎聞略』（一七九四〔寛政六〕年）や大槻玄沢の『環海異聞』（一八〇七〔文化四〕年）の情報であった可能性が高いとしている（湯川嘉津美『日本幼稚園成立史の研究』風間書房、二〇〇一年）。この二著は、ロシア漂流民、大黒屋光太夫や津太夫の見聞をもとに書かれたものであり、「幼院」とは、サンクトペテルブルグとモスクワの「養育院」である。このロシアの「養育院」については、高橋一彦「コラム九　捨児養育院」（高田実・中野智世編『近代ヨーロッパの誕生　一五　福祉』ミネルヴァ書房、二〇一二年、三六四〜三六五頁）がある。

（45）沢山『江戸の捨て子たち』一四三〜一四九頁。

（46）沢山「近世後期の『家』と女の身体・子どもの『いのち』」。

（47）江口布由子「ヨーロッパにおける『保護と遺棄』をめぐる研究状況」。

（48）高岡裕之は「医療問題の社会的成立――第一次世界大戦後の医療と社会」『歴史科学』第一三一号、一九九三年において、近代社会全体を見渡すことのできるパースペクティブを獲得するためには、都市・農村双方を射程に入れた視角が必要であると指摘している。

（49）沢山美果子「都市と農村の関係からみた近世大坂の捨て子たち」『文化共生学研究』第一一号、二〇一二年。

（50）江口「ヨーロッパにおける『保護と遺棄』をめぐる研究状況」。

（51）中村勝美「『保護と遺棄』をめぐる研究動向――ヨーロッパ（イングランド）を中心に」前掲注43、中間報告書。

（52）立浪「加賀藩における捨て子」。

（53）沢山美果子「堕胎・間引きから捨子まで――出生をめぐる生命観の変容」落合編『徳川日本のライフコース』五一頁。

【視角と論点①】

福祉国家・戦争・グローバル化——一九九〇年代以降の子ども史研究を再考する

はじめに

「子ども」という対象が、教育史や児童文学史といった個別ディシプリンを越えて歴史学一般が取り組むべき重要なテーマであると見なされ研究が進展するようになったのは、フィリップ・アリエスの『〈子供〉の誕生』が世に問われてからのことである。アリエスの研究が、心性への注目や図像史料の扱い方をはじめ、方法的な部分でも革新的な側面を持っていたことは確かである。しかし、アリエスの研究が大きなインパクトを持ったのは、そうした歴史研究の方法上の問題にとどまらない理由がある。アリエスの著作は「近代的子ども期」が形成される歴史的経緯を明らかにすると同時に、「大人／子ども」という近代社会の編成原理と子どもの処遇をめぐる保護主義的な枠組みを歴史的に相対化しようとする知的潮流を支えるものとして受容されたのであり、フランスではなく、まずアメリカで、パーソンズ流の構造機能主義に批判的な家族研究の分野で評価されたという逸話も、そうした社会的文脈を無視しては考えられない。

日本においてもアリエスは同様の文脈で受容されたと言えるが、刊行後二〇年を経た一九八〇年になってようやく日本語に翻訳されたという時期的なズレは、その後の研究動向に少なくない影響と問題点を生じさせたように思われる。第一に、八〇年代以降の子ども史の展開を十分に把握できない状況が形成されてしまった。『〈子供〉の誕生』を起点として七〇年代にアリエス路線の研究が蓄積されたことは確かだが、八〇年代には実証研究の進展によりアリエス説への批判と修正が行われ、九〇年代以降は両者を総合するとともに新たな子ども史研究の枠組みが提示されてきた。しかし八〇年代に主としてアリエス路線の研究の受容に傾斜した日本においては、こうしたアリエス批判以降の知見が部分的にしか共有されなかったという点は否めない。このことは、「子ども期は歴史的および社会的な構築物である」という抽象的なテーゼを超えた歴史的事実と実態に関する知見がいまだ十分に摂取されていないということを意味する。

これと関連して第二に、時代区分の問題が挙げられる。一七世紀を分水嶺とする「伝統（中世）／（広義の）近代」というアリエス的な時代区分に対して、八〇年代の研究は中世から一九世紀までの連続性を主張し、九〇年代以降の研究は前世紀転換点を、すなわち「（狭義の）近代／現代」の区分を重視し、新たな子ども史の画期としている。すなわち、一七世紀から現在までを連続的な「近代」として一色に塗りつぶすラフな理解が棄却されると同時に、アリエスがそうであったように、現在の家族や教育をめぐる問題を「（広義の）近代」の問題に還元するという思考が再審されている。前述したように、日本において八〇年代以降の子ども史研究は一部の専門領域を超えて知見が共有されているとは言いがたい状況であるが、これは単に時代区分の見直しがなされていないという歴史認識上の問題にとどまらず、現在をどの時代の延長線上に位置づけるかという実践的な課題を問い直す契機が見失われていることを意味する。

第三に、アリエス路線の研究に対する偏重は、アリエス自身の弱点であった西ヨーロッパ中産階級男子中心史観という問題点をそのまま継承してしまっている。アリエスと同様に、近代家族批判、近代学校教育批判の多くが、近代家族、近代学校教育を希求しながらそれがかなわなかった労働者階級子弟や女子を視角から外している。しかし問題はそれだけではない。西ヨーロッパにおける児童労働の減少と学校教育の普及が周辺地域における児童労働の増加によって成り立っていたということ、また現在の先進諸国の長期にわたる学校教育と児童福祉の拡充が第三世界の児童労働の存続によって支えられているということを考慮に入れるならば、はたして近代家族批判、近代学校教育批判はこうしたグローバルな社会経済的視点、あるいはグローバルな公正という観点を組み込んだ上でなされているのだろうかという疑問が生じる。子どもをめぐる保護主義的な処遇を擁護するのであれ批判するのであれ、そもそもそうした選択が可能であるという事態が何によって可能になっているのか、という構造的な視点が欠如していると言わざるを得ないのではないだろうか。

以上をふまえるならば、八〇年代以降の子ども史研究の展開を検討することは、研究の実証的な到達点を確認すると同時に、いま子どもという存在をどのように論じたらよいのかという現代的な課題を明らかにすることでもある。以下では、九〇年代における子ども史研究の展開を概観し、さらに近年の新たな研究動向の一部を取り上げ、新たな子ども史の潮流が、子どもの処遇をめぐる現代的な問題に対してどのような歴史的・理論的意義を持っているのかを考察したい。

子ども史研究の新たな潮流

コリン・ヘイウッドをはじめ多くの論者が指摘しているように、現在は「中世の子ども期の不在／近代における子ども期の発見」というアリエス・テーゼは実証的にほぼ否定され、単一の「ザ・子ども期の発見」に代わって、複数形の「子ども期の発見」が論じられる状況になっている。しかし、古代、中世、近世にもそれぞれの子ども期が「発見され」存在していたとするならば、総体として子ども史の時代区分はどのようになされるべきなのであろうか。

この点に関して、ハリー・ヘンドリックの総括は示唆に富む。ヘンドリックによれば、一九世紀末から二〇世紀初頭にかけての時期が、九〇年代になって新たな子ども史の画期として位置づけられるようになってきたという。より具体的に言い換えるならば、一七世紀を「近代的な子ども期」の誕生時期として把握してきた七〇年代の「断絶説」と、それを批判して中世から一九世紀までの子ども期の遍在を主張する八〇年代の「連続説」の双方に対して、一九世紀末から二〇世紀初頭の「現代の子ども期」の社会的構築を子ども史上の画期とするという論点のシフトがなされ、新たな定説としてのコンセンサスを得るようになった、ということである。こうした新たな時代区分が提唱される背景には、子ども期の社会的構築に関して、「社会的・政治的・経済的要因」を改めて重視するという観点が存在する。アリエス以降の子ども期をめぐる論争は、「親の子どもに対する愛情の有無」を検証するという家族史中心的なアプローチをめぐるものであったが、九〇年代以降の子ども史研究には、こうした傾向を批判し、社会経済的な要因を子ども史に再導入しようとする方向性が認められる。

その第一の流れは、世帯経済史研究である。一九八〇年という早い段階でのサーヴェイにおいて、マイケル・アンダーソンは家族史を人口動態研究、感情研究、世帯経済研究の三種類に分け、それぞれの成果と問題点を指摘した。アンダーソンによれば、家族構造の歴史的連続性を主張する人口動態研究は、家族行動を社会経済的状況から切り離して扱う傾向がある。他方で家族の心性を扱う感情研究は、資本主義の進展や新しい家族理念が登場した結果として家族の変化がもたらされたとするが、これらの要因が実際の家族の行動をどのように変化させたかについて実証できていない。両者に共通して欠如しているのは社会経済的な視点であり、世帯経済研究は社会経済的条件が家族に与える影響と、そのような条件のもとで選択される家族戦略が家族行動の意味や規範を生み出す側面を照射することによって、人口動態研究と感情研究を架橋することができるとアンダーソンは主張した。こうして世帯経済史研究は、一九世紀における家族の子どもに対する処遇の変化とその意味を、家族を取り巻く社会経済的条件――とりわけ労働市場――から明らかにしようとした。工業化が伝統的な家族の紐帯を破壊し、労働者階級家族を解体したとするそれまでの通説に対して、アンダーソンは、工業化の影響によって、労働者階級家族は子どもたちを長く手元に置いておくようになり、家族内部の関係はむしろ緊密なものになったことを明らかにした。クラーク・ナーディネリは、一九世紀の児童労働の増減を、家族の戦略として理解した。工業化の初期段階では、児童労働は世帯の収入を増加させることで子ども自身の福利にも貢献するものであり、それが一九世紀後半に減少するのは、重化学工業の発展によって児童労働の経済的価値が弱まり教育投資の収益性が高まったからである。これらの研究は、子どもに対する家族の処遇のあり方や心性を、労働市場との関係から説明しようとする潮流を代表するものである。

家族史中心のアプローチから脱却しようとする第二の潮流は、国家や慈善団体といった、家族と子どもを取り巻く世俗の社会制度との関係から子ども史を描こうとする社会福祉史研究である。ナーディネリら世帯経済史の成果を踏まえながらも、工業化のみならず文化的・制度的要因による労働市場の形成や規制という観点から西ヨーロッパにおける児童労働の衰退を説明しようとするヒュー・カニンガムの児童労働史研究が、そうした潮流に位置づけられるだろう。また医療社会史の領域でも、学校給食や学校医療検診の導入などに見られる「子どもの医療化」の画期として一九世紀末から二〇世紀初頭の教育政策および児童福祉政策を位置づけようとする研究が蓄積されてきた。ロジャー・クーターが編集したアンソロジーは、医療史と子ども史を架橋しようとする上記の試みの到達点のひとつである。編者であるクーターが総括しているように、一八八〇年代には児童保健や児童福祉はいまだ医療化されておらず、子どもの理念をめぐるさまざまな関心の対象であったが、一九二〇年代には、それらは医療化されただけではなく、保健と福祉における国家の役割を伸張させる強力な論拠となった。医療社会史から得られた知見においても、前世紀転換点が子どもの処遇をめぐるひとつの画期をなしており、その変動は親や家族の心性の変化ではなく、より広範な社会変動と連動して把握されていることが確認できる。

労働市場や医療制度といった家族以外の社会制度と子どもの福利の関係を問うこうした視点からすれば、社会制度としての学校についても、アリエス＝フーコー的な規律訓練権力装置という理解の仕方が再審されることになる。ジョナサン・ローズによるオーラルヒストリー研究は、官僚主義的で権威主義的な公立学校に対する労働者階級の忌避、憎悪、抵抗といった従来の見解とはまったく異なる生徒の経験を明らかにしている。公立学校の教師は正規のカリキュラムにしばしば独自の改善や変更を加えて生徒の知的好奇心を刺激したり、図書館や新聞など、他の知的資源へのアクセスを学ばせたりしていた。

また、暖房や照明などを含めて公立学校が提供した学習環境や共感的な教師の存在は、困難な家庭状況を抱えた子どもにとって保護膜としての場を提供した。公立学校で厳しい体罰が行われたのは確かであるが、生徒にとってそれは「厳しいけれど公正（strict but just）」なものであった。総じて大部分の子どもは学校生活に喜びを感じていたのであり、男子に比べて教育機会が制限されていた女子にとってはとくにそうであったとローズは結論付けている。かつて公教育と対抗するものとして労働者階級の独学を研究していたデイヴィド・ヴィンセントも、ヨーロッパにおけるリテラシーの大衆化を論じた最近の著作では、クラブや労働組合など学校以外の教育機会に比較的開かれていた男子の場合とは異なって、女子にとっては学校が男子と同じスキルや経験をすることが可能な唯一の機会であったとし、フェミニズムによる解釈のように、教育が持つジェンダー化の機能を過度に強調すると、このような平等の側面が看過されてしまうと指摘している。このような指摘は、学校教育が家庭とは異なる「子ども期」を提供したこと、またそこでの子ども期がどう経験されるかは、個々の子どもの家庭状況や離学後の教育機会の有無によって異なりうるということを照射する点で重要なものである。

最近のさらなる動向

一九九〇年代以降の研究が、社会経済的な視角を再導入し、女子と労働者階級まで含めた子ども期の社会的構築および全般的普及の画期として前世紀転換点を位置づけていることを確認した。言い換えるならば、これは心性史・家族史的アプローチと中産階級男子中心史観というアリエス的な枠組みから脱却し、労働市場と福祉国家との関係を主たる軸として、いわば福祉国家形成史の一環として子ども史を書き換えていこうとする試みであると言える。こうした視点は一定のコンセンサスを得てきているように思われるが、近年ではこうした視角を踏まえた上で、研究の更なる進展が見られる。

まず二〇〇〇年代に入って、子ども史の包括的な研究（運動）が進展している。二〇〇一年に発足した「子ども史・若者史学会」の機関紙として、『子ども史と若者史（Journal of History of Childhood and Youth: JHCY）』が創刊されたこと（二〇〇二年）が挙げられよう。通史としては、カニンガムやピーター・スターンズの単著に加えて、『子どもと家族の文化史』全六巻が、エリザベス・フォイスターとジェームズ・マーテンの監修で編まれた。事典としてはポーラ・ファス編『歴史と社会における子どもと子ども期』全三巻が刊行され、総合的な子ども史研究の新たなスタンダードとなりつつある。また、個別領域の研究においても注目すべき展開が生じている。一九九〇年代から二〇〇〇年代の子ども史研究を牽引した児童労働史に関しては、クリストッフェル・リーテンとエリーゼ・ファン・ネーデルフェーン・メールケルク編『世界における児童労働の歴史――一六五〇年から二〇〇〇年』が、現時点での研究の到達点をなす。注目されるもうひとつの領域は、戦争と子どもに関する研究であり、マーテン編のアンソロジーや、タラ・ザーラによる第二次世界大戦後の子ども難民研究が、子ども史研究の新しい地平を切り開こうとしている。

こうした最近の研究の特徴のひとつは、二〇世紀の本格的な検討に着手し始めているということである。子ども史の画期として前世紀転換点への注目が高まってきたと先に述べたが、現在では二〇世紀中葉以降の時期が子ども史の対象に組み込まれてきていると言える。もっともそこでは、前世紀転換点から始まる「子ども期の全般的普及」が直線的に進むという歴史像が描かれるわけではない。ザーラによれば、身体的健康のみならず精神衛生が児童福祉のうえで重要であるという理念の普及は、第二次大戦後、親と生き別れた子どもたちの処遇をめぐる国連機関や人道主義者たちと各国政府とのあいだの葛藤と調整を経てもたらされたものであったが、「子どもの最善の利益のため」というレトリックの背後では――子どもの意向を無視して帰属先のネイションを確定し、里親と引き離して強制送還する等――現実の子どもの福利への考慮ではなく、戦後のヨーロッパ復興と各国のナショナリズムの再強化という政治的論理が優越していたという。そもそも二度の世界大戦を中心として、「子どもの世紀」であったはずの二〇世紀は、それ以前の世紀とは比較にならないほどの数の子どもを戦争に動員した世紀でもあった。二〇世紀における子ども期の全般的普及という事態は、こうした視点から大幅に修正されるだけでなく、「子ども期の拡大／子ども期の剥奪」という両側面が歴史的に関連しつつ展開する過程が、今後ますます明らかにされていくであろう。

第二に、グローバルな視点の導入が挙げられる。スターンズの通史ではアジアや共産圏への言及が見られるが、より重要なものとして、児童労働史研究の展開を挙げておきたい。かつての児童労働史研究で重要なテーマだったのは、「西ヨーロッパにおける児童労働の衰退」がいかに生じたか、ということであった。しかしリーテン＝メールケルクのアンソロジーにおいて問われているのは、児童労働の衰退ないし減少ではなく、児童労働の「不均衡な存続」である。グローバル経済という視点に立つならば、一九世紀における西ヨーロッパ＝中核地域の工業化と児童労働の減少は、周辺・半周辺地域における児童労働の増加を惹起した。同時に、植民地は本国の孤児や浮浪児を福祉の名の下に送り出し、労働に従事させる場でもあった。こうした事実は、ナーディネリのように、西ヨーロッパの児童労働の減少を経済成長と第二次産業革命による児童労働の価値の減少という一国内部の社会経済的な要因に帰す説明に対して根本的な修正を迫るものである。仮に児童労働が工業化と経済成長を主たる要因として減少したのだとしても、中核地域での児童労働の減少が周辺や半周辺での児童労働の存続や増加と結びついていたのだとすれば、一国史的な観点からのみ児童労働の増加や減少を論じることには大きな限界があることになるからである。ここでも、一方での子ども期の拡張と他方での子ども期の剥奪は、切り離せない一体の過程であることが示唆されるのであろう。

おわりに

最後に再び日本の状況を振り返るならば、アリエスの受容がポストモダン的な近代教育批判の流れのうえでなされたことは不幸な事態であったと言わなければならない。アリエスをはじめとする七〇年代の家族史、子ども史研究を最も熱心に受容した領域として教育学と家族社会学を挙げることができるが、その背景には、このふたつの学問領域において、八〇年代に既存のパラダイムへの異議申し立てが開始されたことがあった。家族と学校を——民主化されていれば、という条件下においてではあるが——自明でかつ望ましい社会化のエージェントとして想定してきた既存のパラダイムに対して、新しい世代の研究者たちは家族と学校そのものに対する懐疑と批判の目を向けたのであり、アリエスはこうしたポストモダン的な文脈にきわめて適合的な言説資源として投入されたと言えよう。しかしそれは研究の恣意的、選択的な摂取という問題と同時に、現状認識の歪みを伴った。近代家族、近代教育の歴史的および社会的構築とその抑圧性というアリエスの命題を受容した論者たちの多くは、そうした議論を無媒介に同時代と接続させ、「近代家族の終焉」「近代学校教育の限界」として当時の（そして現在の）家族問題や教育問題を解釈するという視点を提示した（している）。しかしこうした解釈はきわめて一面的なものである。各種統計調査は「家族の危機」「学校教育の危機」という一般的なイメージが妥当していないということを示している。確かに「日本の家族について」あるいは「日本の学校について」問われる質問では否定的な回答が多数を占めるが、「自分の家族」「自分の子育て」「自分の子どもが通っている学校」について問われた場合、むしろ肯定的な評価がきわめて高い割合で現れる、というのがこの種の調査の共通した特徴である（つまりほとんどのひとびとは「自分の家庭、自分の学校については大丈夫だが、日本社会全体は危機的状況になっているに違いない」と思っているわけである。付言すればこうした誤認の構造は、少年犯罪や治安の評価についても当てはまる）。これは、一般に喧伝される現在の「家族の危機」「教育の危機」がひとびとの生活実感を反映したものであるというよりは、実質的な根拠を欠いたままマスコミ等のメディアによって構築されたイメージに負うところが大きいということを意味していよう。

問題は、アリエス路線の子ども史研究が、このようなマスコミ主導の危機イメージを歴史的、実証的に検証するというよりもむしろ、そうしたイメージに無批判に追従し、いたずらに危機を煽るような文脈で利用されたということである。八〇年代におそらくは自覚的に選択されたのであろうこの戦略は、しかし同時代に政策レベルで進行していた新自由主義への転換を認識できなかったばかりか、現在に至っても、危機を煽って改革を唱える新自由主義（と新保守主義）への対抗軸となりえず、むしろ——意図せざる結果であろうが——それに棹差すような役割すら演じてしまっている。アリエスに依拠した

「子どもの解放」という八〇年代的な課題設定は、学問的な基盤を失っているだけでなく、新自由主義と新保守主義へと回収されることによって、国内的にもグローバルにも政治的に無力化している。九〇年代以降の子ども史研究の成果が示唆しているのは、「保護か権利か」という子どもの処遇をめぐる問題が、一国内部あるいは先進国内部の狭義の教育問題としてではなく、グローバルな社会経済的構造の問題として検討されなければならないということである。

（岩下　誠）

参考文献

P. Aries, *L'enfant et la vie familiale sous l'arcient régime*, Plon, 1960［Ph・アリエス（杉山光信・杉山恵美子訳）『〈子供〉の誕生――アンシャン・レジーム期の子供と家族生活』みすず書房、一九八〇年］.

C. Heywood, Centuries of Childhood: An Anniversary - and an Epitaph?, *Journal of the History of Childhood and Youth*, Vol. 3, No. 3, 2010.

J. J. H. Dekker, B. Kruithof, F. Simon and B. Vanobbergen, Discoveries of childhood in history: an introduction, *Paedagogica Historica*, Vol. 48, No. 1, 2012.

H. Hendrick, *Children, childhood and English society 1880-1990*, Cambridge University Press, 1997.

M. Anderson, *Family Structure in Nineteenth Century Lancashire*, Cambridge University Press, 1971.

――, *Approaches to the History of Western Family, 1500-1914*, Macmillan Press, 1980［M・アンダーソン（北本正章訳）『家族の構造・機能・感情――家族史研究の新展開』海鳴社、一九八八年］.

C. Nardinelli, *Child Labour and the Industrial Revolution*, Bloomington, 1990［C・ナーディネリ（森本真美訳）『子どもたちと産業革命』平凡社、一九九八年］.

H. Cunningham, *The Children of the Poor: Representation of Childhood since the Seventeenth Century*, Blackwell, 1991.

――, The Decline of Child Labour: Labour Markets and Family Economies in Europe and North America since 1830, *Economic History Review*, LIII, 3 (2000).

――, *Children and Childhood in Western Society Since 1500*, 2nd Edition, Longman, 2005.

R. Cooter ed., *In the Name of Child: Health and Welfare, 1880-1940*, Routledge, 1992.

J. Rose, *The Intellectual Life of the British Working Classes*, Yale University Press, 2002.

D. Vincent, *The Rise of Mass Literacy: Reading and Writing in Modern Europe*, Polity Press, 2000〔D・ヴィンセント（北本正章監訳）『マス・リテラシーの時代――近代ヨーロッパにおける読み書きの普及と教育』新曜社、二〇一一年〕.

P. N. Stearns, *Childhood in World History*, Routledge, 2006.

E. Foyster and J. Marten ed., *A Cultural History of Childhood and Family*: Volumes 1-6, Berg Publishers, 2010.

P. S. Fass ed., *Encyclopedia of Children and Childhood: In History and Society* volumes 1-3, Macmillan Library Reference, 2003.

K. Lieten and E. van Nederveen Meerkerk ed., *Child Labour's Global Past, 1650-2000*, Peter Lang, 2011.

J. Marten ed., *Children and War: A Historical Anthology*, New York University Press, 2002.

T. Zahra, *The Lost Children: Reconstructing Europe's Families after World War II*, Harvard University Press, 2011.

【視角と論点②】

チャリティとポリス——近代イギリスにおける奇妙な関係

はじめに——慈善と警察

本稿では、一見何の関係もなさそうな二つの概念を扱う。「チャリティ」と「ポリス」である。現在、「チャリティ」と聞いて想起されるのは、キリスト教の教えにある慈善、あるいは日本の文脈でいうところのボランティア活動であり、「ポリス」はもちろん警察ということになるだろう。慈善と警察——これほどイメージのかけ離れたものを想像するのは難しい。実際、定評ある辞書における両語の異質さは際立っている。イギリスを代表する『オックスフォード英語辞典OED』(CD-ROM ver.4.0)に従って整理してみたい。

【チャリティ charity】

①キリスト教的な愛(人が神・隣人・同胞に抱く愛)

②(キリスト教的な含意のない)愛、親切、愛情、自発的善意

③寛大さ

④他者ないし貧者への善行

⑤施しもの

【ポリス police】

①政策

②文明、市民的機構

③規制、規律、共同体統制、民政、法執行、公共秩序

④公共の秩序と安全を維持することを目的とする政府機関
⑤文民警察（官）

チャリティが、キリスト教に強く影響されて、愛の行為、すなわち弱者への善行を指すことは右の諸定義から明らかであろう。他方、ポリスの意味はやや複雑である。政策や文明という意味はさておき、いわゆる警察の先駆的形態を指す④と近代以降の警察を指す⑤のほかに、現代の読者には理解しにくい③の意味が含まれているのである。本稿では、ポリスが持つこの「規制、規律……公共秩序」の側面に注目しながら、この概念とチャリティの意外な関係を確認してみたい。

近世ヨーロッパの救貧とポリツァイ

右ではポリスの「規制、規律……公共秩序」的な意味が理解しにくいと述べたが、じつはポリスは、とくに大陸ヨーロッパの近世・近代史の特質のひとつとして、ひじょうに重視されてきた概念である。ドイツ語では「ポリツァイ Polizei」というが、まずはこの語の歴史的変遷をおさえてみよう。ところで、イングランドにおける③や④の意味での「ポリス」の初出は、先の『オックスフォード英語辞典』によれば、一七一四年であり、このときもそれ以降も、もっぱらフランスやドイツやスコットランドなどに見られる非イングランド的な、そして否定的な事象として言及されてきた。一八世紀後半になってもその傾向は変わらず、一八世紀末から一九世紀初頭にかけて、いわゆる警察の前史が展開して⑤の意味が定着してくるまでは、ポリスはほとんど外国語であったといってよいのである。

イギリスとは対照的に、ドイツにおけるポリツァイの歴史は古く、社会に根付いた概念だった。ドイツの「政治的・社会的語彙の歴史辞典」たる『歴史的基礎概念』によれば、ギリシア語のポリテイア、ラテン語のポリティアに由来するポリツァイの初出は一五世紀後半のいくつかの法規の中であった。そして、近世期を通じて、ポリツァイには二つの意味が込められた。すなわち、ⓐ共同体の良き秩序が保たれている状態、そして、ⓑ共同体の良き秩序を回復・維持するための法規、である（一八世紀半ばになると、あるべき「良き秩序」とは何かを考究する「ポリツァイ学」も出現した）。したがって、共同体の「良き秩序」を脅かしかねない問題——華美な衣服や奢侈品、道徳的・宗教的規範を逸脱した行動や言動、不適切な度量衡、買い占め、暴利、騒乱、浮浪など——が、ポリツァイ令と呼ばれる法規の規制対象になった。アンシャン・レジーム期のフランスでも事情は似ていた。武器の携行から穀物の流通まで、「ポリス」の名の下にさまざまな規制が行われた。さて、本稿にとって重要な点は、ここに「買い占め」や「浮浪」が挙がっていることから容易に想起できるように、ポリツァイには弱者救済的・福祉的な意味合いがあったという事実である。

ここで、ドイツ近世・近代史上の救貧と福祉の歴史を、ポリツァイにも言及しつつ論じたフローマン（二〇〇九年）に従って、ポリツァイのチャリティ的側面、あるいはチャリティのポリツァイ的側面を考えるための視座を得たい。フローマンによる研究史の整理にしたがえば、ポリツァイの救貧機能はまず、「社会規律」として理解された。一四七八年のニュルンベルク物乞い条例にあるごとく、「施しを違法にあるいはその必要性もなく受け取る者は重大な明々白々な行為により有罪」とみなされるようになった。つまり、都市当局や領邦君主は、物乞いや浮浪者といった周縁的弱者を処罰でもって排除することによって域内秩序を保とうとするようになったという解釈である。これに対し、宗教改革期の新旧諸教会や世俗当局が実施した積極的な救済の提供など、その受け手を自己規律化していく力の遍在に着目し、排除よりも統合を強調する「社会的統御」論もあらわれた。要するに、チャリティをその構成要素とする救貧には、排除から統合まで、換言すれば、処罰から救援まで、広い振幅をもったポリツァイ傾向が備わっており、実際の現場でそのあらわれ方は多様であった。

一八世紀イギリスのフィランスロピとポリス

それでは、そもそもポリツァイ=ポリス概念が遅くまで英語に入らず、一八世紀になっても主に外来の、異質かつ否定的な意味を持つ語として理解されてきたイギリスで、チャリティはどのような機能を持っていたのであろうか。そこにポリツァイ的な要素はあったのだろうか。

イギリス近代が一方で活発なチャリティ実践で、他方で近代警察の故地として知られていることを思えば、この問いは歴史学的に重要だといえないだろうか。

一八世紀についてこの問題を考える際に導きの糸となるのは、ドナ・T・アンドルーの『フィランスロピとポリス――一八世紀におけるロンドンのチャリティ』（一九八九年）である。彼女は、チャリティと互換的だがそれより広義のフィランスロピという語を「公共善を増進しようとする性向」と定義しているように、明らかにチャリティ／フィランスロピに先述のポリツァイと似通った要素を認めている。そして、一七世紀末に誕生しその後爆発的に増大したロンドンの結社型（募金立）のチャリティ団体群の目的や実践を精査して、それらの希求した社会像を究明しようとした。アンドルーによると、一八世紀のロンドンにおいて、ポリスという語は「磨き上げられた polished」という語と結び付けられ、「市民的秩序、文明的な社会、洗練のプロセス」の維持を指し、合意された「社会編成、社会道徳、社会通念」だったというのである。本稿との関連で言えば、大陸ヨーロッパ系の統治や統制を連想させる否定的な意味合いを極力希釈化して、「洗練され商売上手な人びと polite and commercial people」の住まうイギリスにふさわしいものに領有＝横領《アプロプリアシオン》したということになろうか。冒頭の「ポリス」の辞書的定義でみた「②文明、市民的機構」である。

アンドルーが注目したのは、一八世紀の中葉に相次いで設立された一群の孤児院、捨て子養育院、産科病院、性病患者用の病院、「悔悛」した娼婦用の更生施設である。これらの施設叢生の背景には共通して、労働可能人口を増やして国富増進を図るという、重商主義の時代に寄り添った意図が見える。労働不能貧民を放置すれば、各教区の税負担で運営される公的救貧の対象者となってしまいかねない。そのような人々を、チャリティの力で共同体の重荷ではなく有用な人材に作りかえていくことが、こうした施設を物心両面で支えた無数の人々によって合意され、意識的に追求されたというのである。

先述のフローマンの研究史整理に引き付けるなら、このアンドルーの一八世紀フィランスロピ／ポリス論は、処罰と排除を強調する「社会規律」ではなく、明らかに、援助と統合を強調する「社会的統御」に傾いた解釈である。彼女の議論にあまり顔を出さない一六世紀末以来の公的救貧の機能も、ここに属するように思われる。また、面白いことに、彼女の展望では一八世紀末以降、イギリスのチャリティはそれまで共有していた国益への貢献志向、すなわちポリス的傾向を弱め、貧者個々人の道徳改良に基づく自助促進に邁進するようになる。一見「社会規律」像への接近のようだが、一九世紀への展望の中に近世的ポリスの入る余地はない。むしろイギリス史の文脈に即して考えるならば、この変化は「社会的統御」から「社会規律」へというよりも、共同体成員の生存を秩序のメルクマールとする「モラル・エコノミー」から、介入なき市場の働きこそ秩序であるとする「ポリティカル・エコノミー」への変化を反映しているように思われる。

さて、このようにアンドルーはフィランスロピ／チャリティとポリスを明白に関連付けて議論を展開しているが、じつは一八世紀の各種チャリティ組織が「ポリス」という言葉を用いて自己主張している例は、管見の範囲では決して多くない（アンドルーの著書の中でさえ、船員養成の海洋協会や娼婦更生のマグダレン・ホスピタルの設立者ジョナス・ハンウェイの著述を除けばあまり出てこない）。たしかに彼女の挙げたチャリティ群には国富増進の意図を看取することができ、一九世紀には、彼女の言うとおり個人の道徳改良を目的とするチャリティが増えたように見えるので、ここに一つの路線は認めてよいのだが、当時のチャリティには、この図式に収まらない多種多様なかたち、目的、担い手があった。また、たしかに一八世紀のチャリティ組織は、頻繁にその目的に「共同体community」への貢献を謳うのだが、それは一九世紀でも同じであったし、そこにポリツァイ的な、作られ維持される一つの「良き秩序」という含意は乏しい。むしろ、近世イングランドで彫琢された「有機的社会秩序のなかでの相互依存関係」を意味する「コモンウェルス」概念に近いだろう。

重要なのは、一八世紀以降の比較的自由な商業社会のイギリスにおいて、教区レベルの救貧法行政も、多様なチャリティも、そこに不在のポリツァイとは出会うべくもなかったということである。むしろ、不在のポリツァイの場を占めたのが救貧法行政やチャリティだったのではないだろうか。したがって、救貧法行政によって目指される「共同体」は各教区の域内に完結し、また、チャリティの「共同体」は当局による教導を必要とせず、一本化される必要もなかった。「モラル・エコノミー」の一八世紀においても、「ポリティカル・エコノミー」の一九世紀においても、目的の数だけ異なる「共同体」が目指されたのである。

では、一九世紀において、ますます活況を呈するチャリティと、狭義の治安維持に特化した近代警察は、別々の道を歩み、出会うことはなかったのだろうか。

一九世紀イギリスの慈善と近代警察

一七九八年、商船などからの窃盗や「役得」と称する持ち去りの被害に悩む西インド利害の主導によって、半官半民の取締組織として「マリン・ポリス」（二年後からテムズ河川警察と改称）が設立された。これを先例とし、また一九世紀初頭にアイルランドの首都ダブリンで導入された警察の実践も参照して、一八二九年にイギリスではじめての国家警察、ロンドン首都警察が誕生した。それまで、地域の治安維持は大陸の専制的で統制的なポリス／ポリツァイを反面教師にして、共同体と私人によって担われていた。近代警察誕生の思想上・実践上の最大の貢献者と言ってよいパトリック・カフーンも、一八〇〇年の時点においてさえ、その著作の中で警察（＝ポリス）を「新しい科学」と書いていたことからすれば、これが画期的な変化であったことはわかるだろう。とはいえ、革新的な警察組織の全国展開とあるべき文民警察の立場が固まってくるのには紆余曲折と長い時間を要した。銃武装をせず、軍隊との類縁を感じさせない制服を身にまとった警察は、次第に社会的に受容され、犯罪予防と犯人捜査・逮捕を行う近代警察として今の姿に近づいていく。警察は、近世のポリツァイが含んでいた救貧や福祉の機能をまったく持たない機構になる。

一方、チャリティの規模は一八世紀と比べても大幅に拡大した。イギリスにおける富の総量が増し、しかも格差が拡大したこと、そして一八三四年に改訂されたいわゆる新救貧法があからさまな給付抑制方針を掲げたこと、次々に新しい「悲惨」が発見されたこと、こうした事情が重なったためであろう。ヴィクトリア時代のイギリスではチャリティの存在感はいかなる時代よりも増した。

このように、近代警察とチャリティの道程はまったく異なるように見える。しかし、不在のポリツァイの場を占めたのがチャリティだとすると、このチャリティの中から、近代警察の発展に刺激されるように、きわめて近世的なポリツァイ機能を帯びたものが現れて、近代警察と奇妙な関係を取り結ぶことになる。最後にこのエピソードを紹介してみたい。

一八一八年、ロンドンのレッド・ライオン・スクエアに物乞い撲滅協会なるチャリティ団体が設立された。この組織は、首都にはびこる無数の物乞いのうち、「救済に値する」かわいそうな者を選り分けて救済し、このふるいから落ちた「救済に値しない」物乞いへの「非選別的な」施しを停止することによって、職業的物乞いの撲滅を図った。また、頻繁に富裕者のもとに送りつけられた「無心の手紙」の真偽を審査する部局を設け、毎年数千通を鑑定して、ニセの手紙の書き手による金銭詐取の予防にも尽力した。

本稿との関わりで興味深いのは、一民間組織にすぎない同協会には、制定法の定める特別首都警察巡査として、固有の「巡査《コンスタブル》」が置かれていたという事実である。一八八九年一月一二日付の『エコー』紙によると、この政府公認のボランティア巡査は、「物乞いや通りで乞食をしている子どもの逮捕と、職業物乞いにつかわれている不運な子どもの救出」を任務としている。この時点で「七〇年以上も」——すなわち首都警察誕生の前からということである——続けられていて、発足以来「少なくとも六万四四〇〇件の物乞いを有罪判決に導いた」という。首都警察のバッジを持ったチャリティ団体の物乞い取締巡査が、近世の浮浪者取締ポリツァイよろしく、治安維持の一端を担っていたのである。同じ『エコー』の記事にも次のようにある。「一般に、往来から物乞いを一掃する責任は警察だけにあると考えられているが、決してそうではない。一私的団体——物乞い撲滅協会——が、物乞いの撲滅に果たす役割は、警察自体と同じくらいに重要なのである。」

おわりに——チャリティとポリス

イメージ的にも辞書的にも一見無関係に思えるチャリティとポリスを結ぶ歴史を、一五世紀末に起源するヨーロッパにおけるポリツァイと救貧の関係から説き起こし、その文脈の中にイギリスの一八、一九世紀を置きなおしてみたことによって、さまざまな微妙に異なる語で表される両者の関係の歩みが見えてきた。ドイツやフランスでは救貧がポリツァイを、ポリツァイが救貧を担っていたということ、しかしイギリスでは、一八～一九世紀においてチャリティが、救貧法行政とともに、ポリツァイ不在の場を占めることで大陸とは異なる特徴を帯びていたこと、しかもヴィクトリア時代には、あるチャリティ組織が近代警察の職掌を分有するという例もあったことなど、その経路は一直線ではないが、チャリティとポリスはたしかに因縁浅からぬ関係を保ち続けたということができよう。

（金澤周作）

参考文献

D. T. Andrew, *Philanthropy and police: London charity in the eighteenth century*, Princeton University Press, 1989.

L. Frohman, *Poor relief and welfare in Germany from the Reformation to World War I*, Cambridge University Press, 2009.

金澤周作『チャリティとイギリス近代』京都大学学術出版会、二〇〇八年。

高田実・中野智世編『近代ヨーロッパの探究 一五 福祉』ミネルヴァ書房、二〇一二年

林田敏子『イギリス近代警察の誕生――ヴィクトリア朝ボビーの社会史』昭和堂、二〇〇二年。

林田敏子・大日方純夫編『近代ヨーロッパの探究 一三 警察』ミネルヴァ書房、二〇一二年。

第II部 「捨て子」の救済と保護・養育

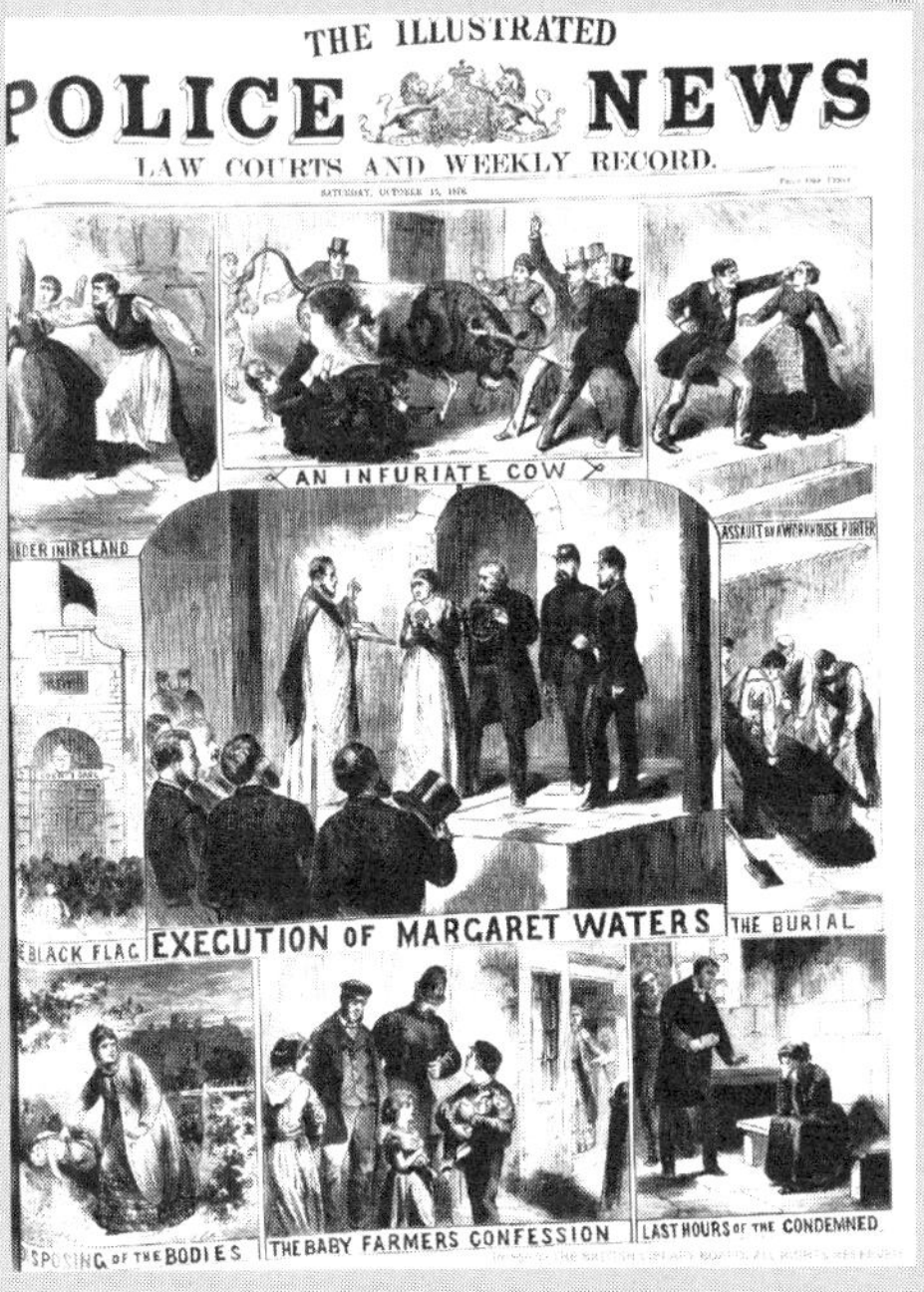

ウォーターズ事件を報道する新聞記事
（出典）The Illustrated Police News, October 15, 1870.

第2章　乳からみた近世日本の捨て子の養育

沢山美果子

はじめに

一七七五（安永四）年四月一四日の四つ時（午後一〇時頃）、岡山藩の本屋敷、大名小路の内蔵頭《くらのかみ》の屋敷表御門の南の方に、絹の着物三枚と太織襦袢を着せた女の子が捨てられていた。捨て子には、「息女子」の名は鎰《いつ》、金子一両添えると上書した紙に包んだ金子、「安永三年午九月十日昼九時出生」と上書きし、産髪、臍の緒を入れた守袋、「香紙」に包まれた餅と白雪が添えられ、傍らに守脇差が置かれていた。(1) 絹の着物と守脇差、「息女子」という言葉から、捨て子は身分の高い者の娘と思われる。

しかし、捨てた親が誰なのか、また身分も高いと思われる娘がなぜ捨てられたのかはわからない。注目したいのは、生後七ヵ月の捨て子に乳の代用品が添えられていたことである。白雪は、砕いて湯に溶かし乳の代用としても用いられた干菓子(2)である。

捨て子たちの多くは鎰のような乳児であった。そのため、発見後まずなされたのは、乳を与えることであった。近世の捨て子史料には、そのことが「乳付け」「乳給させ」「乳手当」といった言葉で表現されている。乳は捨て子の命綱であった。では、誰が乳を与えたのかといえば、言うまでもなく乳のある（「乳持」）女性である。他方、捨て子を貰う側の大事な条件も乳があることだった。いわば乳は捨て子養育の要に位置し、捨て子のいのちは乳によって保障された。そこでは誰の乳かは問題ではなかったのである。ちなみに近世社会には第1章でもふれたように「人乳」や「女の乳」「母の乳」という言葉はあるが、「母乳」という言葉はみられない。

乳が、民衆にとってはもちろん、人口の再生産をはかる藩にとっても重要な位置を占めていたことは、妊娠・出産管理政策に取り組んだ仙台藩や支藩の一関藩に残された史料群からも見て取れる。仙台藩の「赤子養育御手当願案当」には、家族構成を記す際、女房については、「肩書」に年齢、また「病身」や「乳不足」であればそのことを記すようにとある。[3]ここからは「乳不足」は養育困難をもたらすとの認識が藩の側にあったことが見て取れる。他方実際に農民から出された赤子養育手当願にも、出産により妻を失った極貧者の夫が、近所はもちろん、近村まで昼も夜も貰い乳をしている様子が記される。[4]また一関藩の武士の育子手当願からは、妻が病死し乳がないことや子沢山による乳不足が願を出す大きな理由であったことが知れる。[5]

一関藩では、家中のなかでも生活が苦しく産婦の乳が出ない場合は、乳が出ないか吟味したうえで、産まれた子が三歳になるまで、乳母を頼む手当が支給された。また仙台藩領内では、「乳不足之者」へ「乳泉散」という催乳薬が、村の支配層である肝入層を通して配布され、[6]「乳泉散」を「施薬」するため、「乳不足之女共」を調べるようにとの達しが大肝入に出されている。[7]仙台藩では捨て子についても、捨て子の親が発見されない場合は、年二両あまりの「乳代」支給を条件に養育希望者を募っている。[8]

近世社会にあって赤子や捨て子のいのちを保障するうえで欠かせないのが、女の身体から分泌される乳であった。本章の課題は、女の身体と子どものいのちの結節点にある乳と捨て子養育に焦点を合わせることで、近世社会における捨てる、貰うという遺棄と保護の関係の歴史性を、具体的な人々の生活に即して探ることにある。

第一節では、近世社会の子どもの保護と遺棄の関係を考えるにあたり、なぜ乳と捨て子に焦点を合わせるのか、また、どのような場で考えるのか、本章の視点と場を明確にする。そのためにまず、生類憐み政策の捨て子禁令の展開のなかで書かれた井原西鶴の作品を通して、乳と捨て子養育に焦点を合わせる意味を明らかにする。その上で江戸の大名屋敷と大坂の町という具体的な場で考える意味を提示する。第二節では、江戸の大名屋敷の捨て子事例を、第三節では、大坂の捨て子事例をとりあげ、捨て子発見から貰い親決定に至る捨て子養育のプロセスに即し、乳をキーワードに分析する。最後に、江戸と大坂の捨て子事例から見えてきた、捨てる、貰う関係を通し、近世社会の子どもの保護と遺棄の関係の歴史性を明らかにすることで結論にかえる。

第一節　乳と捨て子養育——視点と場

生類憐み政策と西鶴本

一六八七（貞享四）年に本格化し、一六九三（元禄六）年、一六九四（元禄七）年に強化される生類憐み政策のなかで重要な位置を占めたのが捨て子禁令である。この生類憐み政策の展開と西鶴本の関係に着目した塚本学は、生類憐み政策本格化以前の、平気で子を捨てる『好色一代男』と、本格化以後の、妻を失っても子を捨てず男手一つで子を育てる『西鶴織留』との境は、「まさに生類憐み政策の本格化によったのではないか」[9]と指摘する。その上で、この二つの作品の違いは「象徴的」であり、「捨て子を悪とする見方が、幕府の捨て子禁令を機会として、およそ元禄期～一七世紀末に、強まり広がっていったことは疑いない」と結論づける。[10]

その際塚本が、その裏付けとするのは、生類憐み政策本格化以前の西鶴本、『諸艶大鑑』『本朝二十不孝』『男色大鑑』『武道伝来記』には捨て子の記事が散見するが、以後では『西鶴織留』のみ、しかもそれは捨て子否定の話だという点である。

確かに、西鶴本には、塚本が指摘するように生類憐み政策の捨て子禁令の影響が色濃い。しかしそこには、生類憐み政策により、捨て子が許される社会から捨て子が悪とされる社会へ、言いかえれば、子どもの遺棄が許容される社会から子どもの遺棄を悪とし保護すべきとする社会への変化という単線的な理解だけではこぼれ落ちてしまう、人々の養育困難の様や捨て子をめぐる葛藤などがリアルに描かれている。

では西鶴本では、乳と捨て子養育の問題は、どのように描かれているのだろうか。西鶴本のなかでも、赤子にとっての乳の重要性と、そのことがもたらす乳の商品化との矛盾を描いた『世間胸算用』（一六九二〔元禄五〕年）と『西鶴織留』（一六九四〔元禄七〕年）を取り上げ、近世社会における保護と遺棄の問題を考えるうえで、乳と捨て子養育に焦点を合わせることの意味を明らかにする。

西鶴本にみる乳と捨て子

『世間胸算用』と『西鶴織留』は、いずれも生類憐み政策が本格化した時期の作品だが、じつはそれ以前の作品にも乳と捨て子の関係に触れたものがある。『本朝二十不孝』（一六八六～七〔貞享三～四〕年）の「木陰の袖口」には、「いまだ乳房を忘れぬ一子」を残し妻に死なれた男の乳飲み子を育てる苦労と、捨て子を思いとどまるまでの葛藤、そして、乳のある後家が「我子かはらず」育ててくれることになる顛末が描かれる。ここには、乳の代用品である「摺粉・地黄煎」を与えあやしても泣き止まぬ乳飲み子を前にした「子といふ者なくてあらなん」（子どもなどはいっそなければよい）という男の嘆き、「子をすつれども身をすつる藪はなし」（わが身の苦しい時にはかわいい子も藪に捨てる）と諺[11]にあるように子どもを捨てようかと揺れ動く男の葛藤、そして男と子どもを救ったのは実子を亡くし乳のある（ちかき比に子をうしなひ、其乳のあがりもやらず有）後家であり、その乳を与える動機は「人間一人たすくる思ひ」にあったことが描き出される。

同じく『西鶴織留』の「二　時花笠《はやりかさ》の被物《かづき》」[12]にも、乳飲み子を残し妻に死なれた男の「貧にて乳のなき子をそだて」る困難が描かれる。男には持参金を持たせて養子に出すだけの金もない。かといって、子どもを自分だと思い「捨て給るな」と「息引取」まで願った亡妻の遺言を思い出し、子どもを捨てることもできない。だが、乳の代用品の「摺粉」[13]では埒があかないため、男は近所の乳の出る女を尋ねまわり貰い乳をしている。昼間は人も浮世の義理で乳をくれる。しかし「寝よとの鐘」（亥の刻（午後一〇時頃））が鳴り、次第に更けてゆく夜は、「もはやお休みなされましたか」などと気兼ねしつつ回らねばならない。そのうえ、貰い乳の礼などさまざまな心労もあり、男は赤子を抱いて難波橋の上からひと思いに飛び込んで死ぬかと嘆く。貧困層にとって乳がないことは養育困難をもたらすものであった。

乳と捨て子にふれたもう一つの作品『世間胸算用』の「三　小判は寝姿の夢」[14]は、生活のために妻が乳のみ子を残し乳母奉公に出る話である。ここでは、乳母奉公に出る妻が、「捨るはむごい事」と、子どもを捨てないよう頼む場面が描かれ、乳がない場合の選択肢の一つが捨て子だったことがうかがえる。また赤子が夜中に泣き止まない時、隣の「かかたち」が、男に乳の代用品を用いること（摺粉にぢわうせんを入れて、焼きかへし、竹の菅にて飲ます事）を教えている。このように西鶴の三つの作品にはいずれも、乳の代用品の「摺粉」が登場する。

この話で興味深いのは、口入屋の「嬶《かか》」の言葉である。老婆は、飯炊きだと半季の給金が三二匁だが、乳母奉公は、前金でそっくり八五匁貰えるうえ、四季のお仕着せも貰えると述べている。乳母奉公は、身一つで奉公が可能なうえ給金も良かった。近世風俗史の書物『守貞謾稿』の「乳母」の項目には、「三都とも乳母のみ給料のほかに服および諸費を与ふ」[15]とあるが、老婆の言葉は、こうした近世社会の乳母奉公の実情を写しだす。

西鶴がリアルに描き出したように、捨て子の背後には、母を亡くした、あるいは母の乳母奉公により「乳ばなれしはかはゆや」（「小判は寐姿《かわいそうだ》の夢」）と乳離れを余儀なくされる乳のない子と、子を亡くし乳のある母がいたのである。西鶴本は、乳と捨て子養育に焦点を合わせることは、近世社会の保護と遺棄の関係性を、具体的な子どものいのちをめぐる問題として、また一人ひとりの具体的な生活のなかでの子どもの養育をめぐる選択の問題として捉えるための重要な手がかりとなることを示唆する。

江戸の大名屋敷と都市大坂の捨て子記録

本章では、保護と遺棄の関係を、江戸の大名屋敷と大坂の町という二つの場で考察する。手がかりとするのは、江戸の萩藩毛利家の江戸屋敷に捨てられた捨て子の記録、そして大坂の有力町人で長堀茂左衛門町（現、中央区島之内一丁目）に銅吹所を開設した住友家、主として大坂御池《みいけ》通五丁目、六丁目（現、西区北堀江三丁目、四丁目）の人別帳をはじめ多数の町方文書を有する小林家に残された捨て子の記録[16]である。その意図は、江戸と大坂という二つの都市の、武家地と町場という二つの性質の異なる地域の捨て子史料を、地域差や階層差、都市と農村の関係にも留意しつつ分析することで、保護と遺棄の関係を重層的に捉えることにある。

ところでこれらの捨て子史料を用いた研究に、中野達哉[17]、小堀一正[18]、海原亮[19]の研究がある。もっとも、いずれの研究も捨て子そのものに焦点を合わせたものではない。中野の研究は「大名屋敷に捨てられた捨子への対処過程の分析から、武家屋敷が果たした社会機能について考え、捨て子の存在により形成された新たな社会関係を捉えることを目的」とする。しかし捨て子そのものの解明を意図したものではないとはいえ、中野の研究は、武家屋敷での捨て子の対処方法、捨て子をめぐる人的結合、町人が捨て子を養子にすることのメリットを史料に即しきめ細かく分析したものとなっている。

これに対し、都市大坂を対象としたのが小堀、海原の研究である。小堀は、捨て子を、「近世の経済のなかから生みだされ、都市生活とともに必然的に発生した現象」と捉え、そこに「近世庶民」の「影」を描き出そうとする。また海原は、「都市大坂の社会構造」において「確固たる地位を占めるに至った」住友家が、「都市社会の構成員」として果たした役割を、捨て子養育を素材に考察する。

小堀、海原の研究も、捨て子そのものを考察の目的としたものではない。しかし両者とも、都市大坂の捨て子養育をめぐる法令の変遷、捨て子の発見、介抱、貰い親の決定、仲介者の役割、捨て子養育をめぐる町と町人の負担など、捨て子養育の問題を、そのプロセスと担い手に即してきめ細かく分析している。本章では、これらの研究成果にも学びつつ、捨て子史料を、捨て子の発見から貰い親の決定へという遺棄から保護へのプロセスに即し、捨て子の命綱ともいえる乳をキーワードに読み解くことで、近世社会の保護と遺棄の関係の歴史性を探る。

第二節　萩藩毛利家江戸屋敷の捨て子たちと乳

捨て子と乳をめぐる困難

最初に取り上げるのは、萩藩毛利家江戸屋敷の捨て子記録である。萩藩江戸屋敷は、外桜田に上屋敷（現、千代田区霞が関一丁目）、増上寺の北、御成門近くの宇田川町に中屋敷（現、港区新橋六丁目）、麻布龍土《りゅうど》町に下屋敷（現、港区赤坂九丁目、六本木七丁目）があった。毛利家の当主の中心的な生活の場は下屋敷であり、捨て子記録にはしばしば「麻布屋敷」として登場する。[20]

ここで取り上げるのは、「公儀事」に記載された、一六九五（元禄八）年から一八〇九（文化六）年まで一一四年間に萩藩から幕府に届け出た二八件の捨て子処理の記録である。「公儀事」は、藩が公儀（幕府）との間で交わした一六五九（万治二）年から一八三一（天保二）年までの記録の控えだが、捨て子の処置に関する記録は、生類憐み令が出された一六八七（貞享四）年以降の元禄期から文化期までに限られている。

これら二八件の捨て子記録の内訳を、まず見ておこう。捨て子の性別は男子九件、女子一九件と女子が多い。また捨て子の年齢は、臍の緒を付けた赤子（二件）や「近日出生」（一件）など、出産直後に捨てられた捨て子をはじめ、二五件が生後一年未満の乳児である。発見された時間は、一件を除きすべて夜、その多くは、辻番によって発見されている。

表２-１に、これら二八件の捨て子記録のなかで、捨て子に乳を与えたことと、捨て子を貰い受ける理由がともに記された事例（九件）、そのいずれかが記された事例（一三件）の計二二件を示した。捨て子たちは発見後すぐ乳を与えられている。しかし夜中のため、乳のある女性を見つけられず、西鶴本にも登場する摺粉を飲ませた記録もある。乳を与えた記録で目をひくのは、「幸」いという言葉である。一七一〇（宝永七）年（事例４）、一七一一（正徳元）年（事例５）の二つの事例では、「幸」い屋敷内に乳持ちの女がいたため乳を給させたとある。乳のある女性が屋敷内にいることは、まさしく「幸」いなことであった。事例からは、乳がないため乳の代用品を与えたことをはじめ、乳のある女を探すのに苦慮した様子が見て取れる。

屋敷内に乳のある女がいない場合は、他の屋敷で探す手配がなされた。一六八五年（元禄八）七月二〇日の暁に、上屋敷西裏門脇のごみ溜めの前で発見された生後四〜五ヵ月の女の捨て子の場合がそれにあたる（事例１）。上屋敷には乳のある者が一人もいなかったため、下屋敷その他で、乳のある女を探すよう申し付けた結果、矢倉付の太兵衛夫婦に養育が仰せつけられている。屋敷内で乳を飲ませた者の多くは屋敷内でも末端に位置する者（「家来末」）である（事例15、17、18、19）。それは、屋敷内でも身分の低い者のなかから乳のある者を探したのか、それとも「家来末」の者に、たまたま乳のある女が多かったのかは不明である。

では、どの大名屋敷内にも乳のある女性がいない場合はどうしたか。その場合は、屋敷内の百姓（事例24）や大名屋敷周辺の町方の者で乳のある者、あるいは乳持ち奉公をしている者（事例２、３、９、11、14、16、18、19、20、25）を呼び寄せ乳を飲ませている。しかし、その場合にも多くの困難を伴った。例えば、一七六二（宝暦一二）年九月一一日の夜五時（午後八時）過ぎに上屋敷の門の外の石壇の上に捨てられていた当歳（数えで一歳未満）の女の捨て子の場合は、町方の洗濯屋善六の妻に乳があるのというので家に連れ帰らせたものの、結局、子どもが二人いるうえ乳も少ないというので捨て子の乳養を断られている（事例20）。

乳代の記録

捨て子記録には、乳代も記録されている。乳代として支給されたのは、鳥目（銭）一貫文（実質九六〇文）であった。これが現在の価値ではいくらぐらいになるのか厳密に示すのは難しいが、だいたい二万四〇〇〇円ほどにあたる[21]。ときには、乳代をめぐってもめることもあった。一七〇一（元禄一四）年、二〇日ほど捨て子を預かった町方の万右衛門の場合は、相場の一〇〇疋（鳥目一貫文）の三倍にあたる三〇〇疋の礼金を要求しもめたあげく、行方不明となっている（事例３）。この事例は、乳代を生活の糧とするような者に捨て子が預けられたことを示す。

では、捨て子たちは粗末に扱われたかというと、必ずしもそうではない。そのことは二つの事例から明らかになる。一つは、一七二一（享保六）年六月二日に捨てられた生後四〇～五〇日の女の捨て子の場合である。貰いたいと申し出たのは桜田兼房町の大工、孫左衛門夫婦（事例11）である。最初に乳を与えたのが、孫左衛門の妻であった。江戸の『浅草寺日記』にも、乳を与えた捨て子が「妻之手を一向相放し不申候」ため「甚だ不便（不憫）」に思い、捨て子を貰い受けた事例がある[22]。この夫婦の場合も、乳を与えたことが捨て子を貰い受ける動機

与えた女性たち、捨て子を貰った者たち

乳料	備考	貰い主への引き渡し日	貰い主	貰請けた理由
	上屋敷に乳持一人もなし。下屋敷その他乳持探すよう申し付け。	7月23日	家来大工同前の者、京橋銀座三丁目大工町左衛門	乳はあるが子なし。
	ざるに入れ袷帷子などを敷き捨て子。			
	万右衛門、12月27日から正月11日まで20日ほど預かり乳など給させたとして金300疋の礼金ねだり、もめた後行方不明。		伊奈半十郎代官所武蔵国草花村五郎左衛門	子どもが一人いるが女子なので養子にしたい。
		10月8日	新肴町万屋久左衛門	子どもがいたが死に、妹は幸に乳が沢山ある。
		10月27日	麻布龍土町藤家七郎兵衛	
		2月23日	南鍋町一丁目舛屋一郎兵衛店万屋善兵衛	子どもがいないので。
万屋久左衛門の妻に金100疋	表絹・裏晒の胸当をし、両面絹白無垢綿入を着ている。金入の守袋を下げ、古小袖に包む。	5月22日	麻布龍土町伊勢屋理兵衛店八百屋伝右衛門	子どもがいないので。
		7月11日	赤坂伝馬町万や清右衛門	子どもがいないので。
	乳持ちの孫左衛門夫婦が貰いたい願いを出す。			
源五右衛門妻へ鳥目1貫文		2月28日	麻布龍土町杉屋六兵衛店多葉粉屋善六	去冬子に離れ不仕合、妻にはまだ乳があるが子に離れてから妻の乳は乏しい。しかし、請人の久兵衛の妻の乳が沢山あるので助けるという。
16日の晩より乳付け養育した源五右衛門妻へ鳥目1貫文	下着破れ、絹袷、上着木綿嶋破れ綿入着せる。			

表２－１　毛利家江戸屋敷で捨て子に乳を

Np.	和暦	西暦	月日・刻限	発見場所	捨て子の年齢	性別	乳を与えた者
1	元禄８年	1695	7月20日暁	上屋敷西裏門の脇、ごみ溜前	4～5ヵ月	女	麻布下屋敷矢倉付の太兵衛夫婦に養育仰せ付ける。
2	元禄14年	1701	10月25日夜5時前	麻布屋敷本門石橋の上（下屋敷）	4～5月頃出生	女	乳持が、幸い近所の町に帰っていたため雇い、早速乳給さす。
3	元禄14年	1701	12月26日夜4つ半時	下屋敷おまた様門脇	当歳（近日出生）	男	新七町万右衛門と申す者の女に預け乳給さす。
4	宝永7年	1710	12月11日夜5半時	桜田上屋敷西門前	当歳	女	幸い屋敷内に乳持ちの女がいたため乳給さす。
5	正徳元年	1711	6月21日夜4つ時	桜田屋敷西門前（上屋敷）	当歳	女	幸い屋敷内に乳持ちの女がいたため乳給さす。
6	正徳三年	1713	10月6日夜6半時過	西長屋下桜田屋敷（上屋敷）	50～60日已前出生	女	
7	正徳三年	1713	10月23日夜5時前	麻布屋敷本文前石橋の上（下屋敷）	60～70日已前出生	男	
8	正徳四年	1714	2月20日夜6半時	西長屋門下の門近く（桜田屋敷＝上屋敷）	30～40日已前出生	女	
9	正徳5年	1715	5月20日夜6半時過	上屋敷中の門脇（桜田屋敷裏門前）	40～50日以前出生	男	夜中なので急に乳持ちを見つけることは難しく、乳があるまでは摺粉など飲ます。麻布屋敷にいる矢倉付の市郎左衛門妻を上屋敷に呼び寄せ乳呑ます。しかし、この者も幼年の子どもがいるので21日の晩、麻布屋敷に引っ越させ、市郎左衛門小屋で養育させる。引越の際は、雨天だったので、市郎左衛門の妻が女の捨て子を抱き、籠に乗せてこさせる。5月22日に麻布霞町万屋久左衛門妻を屋敷に呼び寄せ乳呑ます。
10	享保4年	1719	7月10日暮6時過	上屋敷中の門脇	60日以前出生	男	屋敷内妻子持、福永忠左衛門の所で乳など給させる
11	享保6年	1721	6月2日夜5時過	上屋敷向い、板倉近江守門前、請場の内	40～50日前出生	女	内藤遊久左衛門方で摺粉給さす。桜田兼房町大工孫左衛門妻を頼み、風呂屋で乳呑ます。
12	享保21年	1736	2月18日夜5つ前	麻布屋敷後矢部源太郎屋敷の脇、御請場の内（下屋敷）	30～40日前出生	女	矢倉付源五右衛門妻が乳持ちなので養育仰せつけ。
13	元文2年	1737	11月16日暮6時過	麻布屋敷、遠山殿屋敷境（下屋敷）	二歳ばかり	女	矢倉付源五右衛門妻乳付け。

四郎右衛門妻へ養育料鳥目1貫文、乳持ちの者に古金100疋遣わす。	下着古絹破れ綿入上着絹花色古綿入、紋所丸之内にかしの葉付きの衣類、木綿古つぎに包み、その上を紙帳の破れで包む。	3月晦日	笄橋長谷寺町大屋権兵衛店糠商売幸八	去冬当歳子に離れ不仕合、まだ乳沢山ある。
太右衛門妻に鳥目1貫文				
	絹着物を着せ、産髪・臍の緒を紙包にして内に延享元年10月22日誕生、名は鉄五郎とあり、紅緒口一つ添える。			
	木綿着物下着に絹綿入まで着せる。そのほかに添えていたものはない。			
		閏正月10日	飯倉六丁目忠兵衛店紅花屋平兵衛	実子なく実子にしたい。
		2月2日	麻布龍土町家持三河屋平蔵	実子なく実子にしたい。
		6月24日	桜田備前町家主惣七店平野屋万吉	男子一人あり、この男子の妻にしたい。
百姓へ金200疋		5月21日	西久保神谷町家主神村屋与五兵衛	実子なく実子にしたい。
	岸嶋のつぎはぎの着物着せ、破れ着物に包む。			

14	元文3年	1738	3月5日 夜9時	麻布屋敷下溝（下屋敷）	近日誕生（臍の緒付）	女	蔵元付四郎右衛門妻、3月5日より20日まで養育、21日より月中、麻布前町乳持の者養育。
15	元文3年	1738	9月4日 夜中	麻布屋敷請場の内清水谷の前深谷文三郎殿長屋前（下屋敷）	当歳	女	家来末の者に乳持の者がおり乳を呑ます。
16	元文4年	1739	8月6日 夜中	麻布屋敷谷御門深尾文三郎門前（下屋敷）	近日出生（臍の緒付）	女	麻布龍土町和泉屋喜兵衛店太右衛門妻、乳持なので、7～12日まで乳給さす。
17	延享5年	1748	4月11日 夜	麻布屋敷花房三十郎殿境目より10間ほどのうち請場、坂壁際溝（下屋敷）	当歳	女	家来末の乳持の者の乳を呑ます。
18	寛延元年	1748	10月10日 夜5時前	桜田屋敷新門石壇（上屋敷）	延享元年（1744）10月22日出生、数え年5歳？	男	麻布屋敷末の者に乳持がいるので早速呼び寄せ、乳呑ます。乳持は乳が少なく断ったため、他を捜し、井御掃除町万屋清兵衛妻の乳呑ます。
19	寛延元年	1748	10月25日 夜5時前	桜田屋敷西長屋の下板倉周防守殿裏門通りの溝際（上屋敷）	当歳	男	乳持につけ介抱、麻布屋敷末の者妻子持ちの小屋に置き、市兵衛町より乳持雇い介抱。
20	宝暦12年	1762	9月11日 夜5時過	上屋敷中の門外石壇	当歳	女	屋敷内に入れ介抱。麻布屋敷末の者に乳持の者がないため、近辺で乳持の者を捜したところ、洗濯屋善六の妻が乳持ちだというので、善六を呼び寄せ、預かり乳を呑ますよう申し聞かせ、善六方へ連れ帰る。しかし、善六は子どもが二人おり、そのうえ乳も少ないので、他で預かってくれるよう12日に断ってきた。
21	天明4年	1784	閏正月6日 夜中5時過	麻布下屋敷清水坂脇	当歳	女	
22	天明4年	1784	2月朔日 夜中6時半過	桜田屋敷西長屋通の下（上屋敷）	当歳	女	
23	天明7年	1787	6月20日夜	麻布屋敷請場の内（下屋敷）	当歳	女	
24	寛政5年	1793	5月14日 昼時	武州荏原郡若林村志村又左衛門殿知行所の内、御抱屋敷門前	当歳	男	屋敷内百姓次郎左衛門妻に乳があるため預ける。
25	寛政11年	1799	2月6日夜	虎門中屋敷廻場内三浦志摩守屋敷脇南角	当歳	男	万屋万吉方の乳持に預け乳呑ます。

となったのだろう。

二つ目の事例は、一七一五（正徳五）年五月二〇日に、上屋敷中の門脇に夜六半時（午後七時）過ぎに捨てられた生後四〇～五〇日の女の捨て子の場合である（事例9）。表絹、裏晒の胸当てをし、両面絹白無垢の綿入れを着せられた捨て子は、「金入」りの守袋を下げ、古小袖に包んで捨てられていた。着衣や守袋から、豊かな家の子どもであることがうかがえる。この場合は、夜でもあり、急に乳のある女を探すのは難しく、捨て子に摺粉などを飲ませた後、麻布屋敷（下屋敷）の矢倉付の市郎左衛門の妻を上屋敷に呼び寄せ乳を飲ませている。しかし、この妻には幼い子どもがいたため、翌二一日の晩には、麻布屋敷に向かわせている。この晩は、雨だった。そのため、捨て子は市郎左衛門の妻に抱かれ籠にのせられ麻布屋敷にむかっている。さらに二二日には、麻布屋敷近くの霞町、万屋久左衛門の妻を屋敷に呼び寄せ、乳を飲ませている。

記録からは、捨て子が発見されたあと、捨て子のいのちを守るために乳の確保をめぐるさまざまな苦労があったことが見て取れる。捨て子の貰い主を探すことが急がれたのも、そのためだろう。捨て子が発見されてから貰い主に引き渡されるまでの期間は短い。捨て子が発見された日と貰い主へ引き渡された日が明確な事例二四件のうち、翌日に貰い主に引き渡された三件、一〇日以内の一六件、一五日以内の三件で全体の九二パーセントを占め、二六日以内にはすべての捨て子が貰い主に引き渡されている。では、貰い主となったのは、どのような人々だったのか。また貰い受けた理由はどこにあったのだろう。

捨て子はなぜ貰われたか

捨て子事例二八件のうち、捨て子の発見場所が鍋島家の請場であったため鍋島家に引き渡された二件、介抱中に捨て子が死亡した一件の計三件を除く二五件は、捨て子を貰い受けた人物の名前が明記されている。居住地、名前肩書（表２‐２）からわかるように、貰い主の大半は大名屋敷周辺に住む町人、しかも店借層を中心とした都市下層の人々であった。また貰い主の斡旋をしたのは、大名屋敷に出入りする町人たちである[23]。斡旋人がいたことや、大名屋敷に近い町で貰い主を探したことが捨て子の迅速な引取りにつながったのだろう。捨て子の迅速な引取りは、その多くが乳児であった捨て子たちのいのちを守ることにも寄与したものと思われる。

では、町人たちが捨て子を貰い受けた理由はどこにあったのだろう。貰い主を決めるにあたっては「慥成《たしかなる》もの」か否かが吟味された。また、捨て子の多くは、乳の確保をはじめ養育に手のかかる当歳の乳児だったためだろう。捨て子の請状にはしばしば、念入りに育て、幼少の期間が長いけれども粗末に人にやるようなことはしない（「随分念を入養育可仕候、尤幼少之内長候共麁抹ニ人ニ遣申間鋪候」正徳四年二月二三日、南鍋町壱丁目舛屋一郎兵衛店　万屋善兵衛、請状）と記される。

では、養育に手のかかる乳児の捨て子を、なぜ人々は貰い受けたのだろう。中野は、貰い主の動機として二点あげている。一つは、労働力の確保を直接目的とするというよりも、生業を確保しているものの、子に恵まれない人々が、捨て子の引き取りにより家の存続を図ったのではないかという点、もう一つは、捨て子に添えられる添え金のみならず、捨て子を引き取ることで大名家から下付される門札により、大名屋敷への自由な出入りが認められる点の二点である。中野は、二点のうち、とくに後者に注目し、「江戸の武家屋敷では、添金や門札などを付け、捨子への付加価値をつけて捨子を養子に出すことにより捨子に対処し」、そのことで「新たな社会関係が形成されていった」ことに着目する。

中野は一点めについては推測にとどめている。しかし具体的な事例に即してみると、捨て子を貰うことで「家」の存続が図られたことが明らかとなる。捨て子を貰い受けた理由が明記された事例一二件（表２‐１）をみると、貰われたのはいずれも、臍の緒付の新生児をはじめ生後五ヵ月までの乳児である。そのうち一〇件は実子がない、

表2－2　貰主の居住地、名前肩書き

No.	居住地（現在地）	名前肩書き	備考
1	京橋銀座三丁目（中央区銀座三丁目）	大工門左衛門	
2	武蔵国草花村（あきる野）	五郎左衛門	
3	新シ橋の外備前町（？）	万屋長兵衛	中屋敷周辺
4	麹町（千代田区）	万屋五郎兵衛	
5	新肴町（中央区銀座三丁目）	万屋久左衛門	
6	麻布龍土町（港区赤坂九丁目、六本木七丁目）	藤屋七郎兵衛	下屋敷周辺
7	南鍋町一丁目（中央区銀座五丁目）	舛屋一郎兵衛店方万屋善兵衛	
8	麻布龍土町（港区赤坂九丁目、六本木七丁目）	伊勢屋利兵衛店八百屋伝右衛門	下屋敷周辺
9	赤坂伝馬町（港区元赤坂一丁目）	万屋請八	
10	桜田兼房町（港区新橋二丁目）	竹屋弥太郎店大工孫左衛門	上屋敷周辺
11	麻布龍土町（港区赤坂九丁目、六本木七丁目）	指物屋六兵衛店菊屋長兵衛	下屋敷周辺
12	麻布龍土町（港区赤坂九丁目、六本木七丁目）	杉屋六兵衛店多葉粉屋善六	下屋敷周辺
13	麻布広尾（港区南麻布四～五丁目）	紙蝋燭たはこ屋大屋清兵衛	下屋敷周辺
14	竿橋長谷寺町門前（？）	大屋清兵衛	
15	木挽町四丁目西応寺町（中央区銀座五丁目）	家主与左衛門店万商売万屋勘助	
16	麻布桜田町（港区元麻布三丁目、西麻布三～四丁目、六本木六丁目）	大屋又市店万屋太兵衛	下屋敷周辺
17	麹町九丁目横丁（千代田区麹町五丁目）	大屋又市店万屋太兵衛	
18	麹町九丁目横丁（千代田区麹町五丁目）	大屋正兵衛店木挽棟梁小浜屋五郎右衛門	
19	芝中門前町一丁目（港区）	源蔵店大工棟梁吉河屋新助	
20	桜田善右衛門丁（港区西新橋一丁目）	福島屋仁左衛門方万商売周防屋政右衛門	上屋敷周辺
21	数寄屋町三丁目（中央区八重洲一丁目、日本橋二丁目）	屋ね屋三左衛門店大工惣左衛門	
22	飯倉六丁目（港区麻布台一～二丁目）	忠兵衛店紅粉屋平兵衛	
23	麻布龍土町（港区赤坂九丁目、六本木七丁目）	家持三河屋平蔵	下屋敷周辺
24	桜田備前町（港区西新橋一丁目）	惣七店家主平野屋万吉	上屋敷周辺
25	西久保神谷町（中央区虎ノ門五丁目）	家主野村屋与五兵衛	
26	銀座四丁目（中央区銀座四丁目）	家主文七店龍仕水商売松本屋弥七	

あるいは当歳の子どもを亡くしたなど、子どもがない事例（事例1、6、8、9、10、12、14、21、22、24）である。残る二件は実子がいる事例だが、うち一件は、実子が女子なので男子の捨て子を養子にしたい（事例3）、一件は女の捨て子を貰い実子の男子の妻にしたい（事例23）とある。事例からは、捨て子を貰い受ける理由が、「家」の存続にあったことが見て取れる。

新生児はもちろん乳児は、文字通り、養育して労働力となるまで「幼少之内」が長く、その生育には多くの手間暇がかかる。しかし、将来のそうした手間暇がかかったとしても、「家」を存続させる将来の労働力として貰い受けたのだろう。その意味で、労働力の確保と「家」の存続とは二律背反的な関係ではなかった。

捨て子を貰い受けるに当たって重視されたのは「慥成もの」であることだった。それと並んで重視されたのが、乳があることであった。子どもを亡くした貰い親の場合には、乳が沢山あること、あるいは、乳が足りないが請人の妻の乳や妹の乳があるので助けてもらえることが記されている。そこからは、〝乳のネットワーク[24]〟とでも名付けられるような赤子のいのちをめぐるセーフティネットの存在がみてとれる。

では、都市大坂の捨て子についてはどのようなことが見て取れるだろう。次に、大坂の捨て子記録の分析へとすすみたい。

第三節　都市大坂の捨て子たちと乳

捨て子はなぜ捨てられたか

都市大坂の捨て子記録としてここで取り上げるのは、小林家文書の、一七八二（天明二）年から一八六三（文久三）年まで八一年間の二〇件、住友家文書の、一七三八（元文三）年から一八五三（嘉永六）年まで一一五年間の五三件の捨て子記録である。これらは、毛利家文書の捨て子記録よりも、およそ四〇年から八七年遅い時期の記録ということになる。

都市大坂では、捨て子が発見された場合、捨て子の養子先を探す責任、捨て子の貰い主に与える養育料や捨て子に着せる着物などの費用はすべて町の負担とされた。また、もし貰われた捨て子が病気、死亡の場合は町内に届けること、その際、捨て子をされた家は軒親として、町は元町として死亡の確認や奉行所への届け出、埋葬まですべての責任を負わねばならなかった[25]。その意味で捨て子は、町にとって大きな負担であった。

捨て子の素性について一六九二（元禄五）年一一月朔日の町触に「大方ハ在〻又ハ町はつれ非人之子[26]」とある。また『大阪市史』では、この町触に加え、元禄七年、十年の町触、口達を根拠に「非人が其児女を非人籍より脱して平民と為さんと欲したること其の一因なりといふ[27]」と指摘している。大坂では、捨て子は非人の子という認識があった。とはいえ、それが実態なのか、また、捨て子たちはなぜ捨てられたのか、残念ながら捨てた理由が明らかになる事例、まして捨てた親が判明した事例は少ない。しかし、住友家文書には、捨て子をした親の手紙から捨てた理由がわかる事例が一件、捨てた親が判明した事例が一件ある。興味深いことに、二件とも、捨てた理由は乳に関係している。

その一つは、一七六〇（宝暦一〇）年、「赤地金ら雲龍もやう」の守袋のなかに、お守り三つ、産髪と臍の緒、生まれた日（「宝暦九巳卯九月二廿五午割〔刻〕」）と名前を書いた「来由書」、そして「口上」と記した書付を添えて捨てられた数え年二歳の、しげという名の女の捨て子の事例である[28]。書付の日付は「今月今日」とある。捨てることは決意したものの、いつ捨てるかは決めていない段階で書かれたのだろう。

書付には、捨てる理由として「母ニはなれ」たことがあげられ、里子に出そうにも浪人もののためできず、娘がいては「出世之さまたげ」となるので、この子を捨てて奉公し再び「かめい」（家名）を起こしたいと記されていた。「母にはなれ」の意味するものが、離別か死別かはわからない。しかし、いずれにしても、母に離れ、乳を失ったことが養育困難をもたらしたのだろう。さらに書付には、「あはれふびんと思召シ」、取り上げてくだされば「人間壱人」を救うことになると書かれていた。この文言は、西鶴の『本朝二十不孝』の「人間ひとりたすくる」という後家の言葉を思い起こさせる。書付のねらいは、拾う側の同情をひくことにあった。とすれば、そこには、捨て子もやむなしと納得させる理由が記されていたと解釈するのが自然だろう。「人間壱人」を救うための捨て子、そして家名を起こすための捨て子は許されるという判断が書き手の側にはあった。言い換えれば、そこには子どもの生存と「家」の維持・存続のための捨て子には許容的な社会の状況があったと言えよう[29]。

もう一つの事例は、それから約六〇年ほどのちの一八三二（天保三）年九月二〇日の暮六つ時（午後六時）、住友吉次郎の居宅軒先に常珍町（現、南区千年町）山田屋国三郎の借家に住む河内屋源七、女房きよが、二月に生まれた生後七ヵ月になる女の子を捨てた事例である[30]。この事例では、捨て子発見の翌日の九月二一日に実の両親が名乗り出ている。口上書によれば、源七は「指物職渡世」であったが、五月頃、夫婦とも病気になり、きよの乳が出なくなってしまったとある。そのため「難渋困難」に陥り夫婦で相談のうえ捨てたものの何とも「不憫」に思い捨てたことを申し出たのであった。その結果、源七は「所払い」、きよは町預けの処分となっている。しかし町は、「難渋者」であるとして、源七に銭二貫文を与えている。銭二貫文は、江戸の大名屋敷で乳を与えた者たちに与えられた乳料の約二倍の額、今でいえば四万八〇〇〇円ほどにあたる。

源七ときよが赤子を捨てた直接の理由は、きよの乳が出なくなったことにあった。借家住まいの都市下層民にとって乳が出ないことは、すぐさま養育困難をもたらすものだったのだろう。またこの事例からは、難渋や乳が出ないがゆえの捨て子に対して町の側は寛容であったこともみてとれる。

表2-3 乳を与えた女性たち（住友家文書）

No.	和暦	西暦	月日・刻限	発見場所	捨て子の年齢	性別	乳を与えた者	乳料	備考	出典
1	明和8年	1771	8月4日 夜5つ半ころ	鰻谷筋軒下	当歳	男	乳持之方へ当分預ケ置候入用、8月5日より19日迄	銀53匁8分5		年々諸用留8番
2	天明2年	1782	8月13日 夜4つ時過	鰻谷筋本宅裏尻軒下	二歳	女	いし	銀8匁6分	丹波屋いしは「出入方」	年々諸用留8番
							袖	銀3匁		
3	天明3年	1783	2月2日 夜4つ時前	東堀蔵軒下	二歳	男	世話人、丹波屋いし	銀8匁6分	袖・さとへ4匁3分、貰ひ乳料4匁3分	年々諸用留8番
							袖・さと、貰ひ乳料	銀4匁3分		
4	天明3年	1783	9月25日 夜5つ時	居宅駒之内	当歳	男	貰乳料	銀4匁3分		年々諸用留8番
							世話人、丹波屋いし	銀8匁6分		
							丹波屋いし・同人娘	銀4匁3分		
5	天明4年	1784	9月20日 夜前4つ時	本家居宅前西駒除之際	当歳	女	下役喜兵衛女房	銀2匁		年々諸用留8番

捨て子と乳持ち、口入屋

住友家の捨て子記録には、捨て子に乳を与えた人々の名と支払われた乳料が記された事例もある（表2-3）。その一人「世話人、丹波屋いし」の名は、一七八二（天明二）年から一七八三（天明三）年までの捨て子三人の事例すべてに登場する。「丹波屋いし」は、文字通り捨て子への貰い乳を「世話」する人物だったと思われる。いしが受け取った心付は、貰い乳料の二倍である。乳を与えた人物として名前が記されているのは袖、さと、いし娘、下役喜兵衛女房。そのほかに、名前の記されない「乳持」「貰ひ乳料」という記述があるが、それらは、乳持ち奉公人に支払われた乳代をさすのだろう。

ところで住友家に近い菊屋町（現、中央区心斎橋）に残された「宗旨人別帳」には多くの乳持ち奉公人の名が記されている。一例だけ挙げておこう[31]。一七六四（明和一）年、和泉屋吉兵衛の事例である。吉兵衛の家族は、女房浅、子植松、娘まつの四人家族。その他に、下人喜兵衛、源七、下女はや、乳母まさ、同つねがいる。この一七六四年の宗旨人別帳には、「閏十二月女房浅病死」と「亀三郎出生」、そして「閏十二月、乳母くの抱ル」の三つが並んで記載される。おそらく、浅の病死は亀三郎を出産したことによるものであり、そのため乳母くのが雇われたのだろう。吉兵衛の宗旨人別帳からは、「三月まき暇出ス」「三月乳母くに抱ル」「五月暇《ママ》母その抱ル」「九月乳母くれ暇出ス」「中十月まき抱ル」というように、頻繁に乳母を雇い、暇を出していることがみてとれる。このように乳母を頻繁に雇い暇を出す事例は菊屋町宗旨人別帳には数多くみられる。

都市大坂には乳持ち奉公人も、またいしのような「世話人」もおり、捨て子が発見された場合の乳持ち奉公人の確保は、江戸大名屋敷に比べ容易だったようだ。しかし、その乳料は、すべて町の負担となったのであり、乳の確保は容易だったとしても、捨て子が町の負担であることに変わりはなかった。そのため町にとって、捨て子の貰い主を探すことは重要な課題であった。この貰い主を探す役割を担っていたのが口入屋である。

住友家文書に一九世紀初頭の文政期以降しばしば登場する明石屋喜（貴）兵衛なる人物がそれである。明石屋は、その肩書に「口入」と記され「口入口銭銀」が支払われていることから、捨て子の貰い親探しを請け負う口入屋であったことがわかる。明石屋喜兵衛は、小林家文書の捨て子事例にも登場する。小林家文書によれば、明石屋は、備後町五丁目栴檀木南西角（現、中央区備後町）に住み、口入屋として幅広く活躍した人物のようである。

ところで、捨て子発見から貰い親が決まるまでの過程をめぐって、海原は二つの注目すべき指摘をしている。一つは、大坂でも乳を与えることをはじめ当座の養育者に捨て子を預ける措置がとられたが、時代が下るにつれ、永続的な貰い親が決まるまでに多くの日数を必要とするようになったことである[32]。捨て子発見から貰い親が決まるまでの日数は、とくに一八三三年（天保期）以降長期化し、一ヵ月から二ヵ月となっていく。二つには、捨て子の引き取り先が、大坂市中、しかもその大半が住友家本店に近接した地域から一七八一年（天明期）以降、大坂近郊の農村へ、しかも本店に近い村々からやや遠い村々へと引き取り先が変化していったことである[33]。

貰い親が決まるまでの期間が長期化することと、捨て子の引き取り先が大坂市中から農村部へと変化することとは、じつは重なりあっていた。しかもそれは、捨て子の貰い親の多くが、実子を亡くした農村の百姓たちに変化していく過程でもあった。捨て子を貰う理由として実子を亡くし乳があることを挙げた事例は、小林家文書では、捨て子事例全体の七〇パーセント（一四件）、住友家文書では三二パーセント（一七件）を占める。この両者あわせて三一件のうち二八件（九三パーセント）は、生後一年未満で実子を亡くした事例である。しかも、住友家文書の一七件のうち町人は三件のみで、一七九三年（寛政五）以降の貰い親は、すべて百姓となっている。また小林家文書についても、一八四七年（弘化四）以後の貰い親は、すべて百姓である。このように、時代が下るほど、捨て子の貰い親は、近隣から遠方の農村の、しかも実子を亡くした百姓となっていく。そこには、都市の捨て子と農村の貰い親を繋ぐ口入屋の存在と、農村部からの捨て子への需要があった。

百姓に貰われる捨て子たち

ではなぜ、百姓たちは捨て子を貰い受けたのだろう。住友家文書の捨て子記録からは、その動機が、「家」の維持・存続にあったことがみえてくる。一八五二（嘉永五）年、生後六ヵ月で女の子を亡くした摂州川辺郡東長州村（現、尼崎市）の百姓七兵衛は、「成人の上」「家名相続」させたいと、当歳の女の捨て子を貰いうけ、すえと名付けている。同じ年、生後一年未満で男の子を亡くした河州郡丹北郡矢田部村（現、東住吉区）の百姓、冶右衛門とてふの夫婦も、「成人の後」「家名相続」させたいと当歳の女の捨て子を貰い受けている。後者には明石屋喜兵衛が口入屋として関わっている。しかし、貰われた二人の捨て子は、どちらも、その後病死する。

これら実子死亡、捨て子死亡の事例は、近世社会の子どものいのちの脆さを写しだす。「家」の存続を願って捨て子を貰い受け、名前まで付けて養育したとしても、捨て子が生き延びる可能性はそう高くなかった。実子を亡くした家に貰われた捨て子三一人の三八パーセントにあたる一二人は、貰われた後、疱瘡、胎毒、驚風といった、近世の子どもたちのいのちを奪った病により死亡している。

また住友家文書からは、自分の娘や息子と将来夫婦にし「家」を相続させたいと捨て子を貰い受ける人々がいたこともみえてくる。一八〇七（文化四）年九月一五日、生後四日で女の赤子を亡くした摂州河辺郡浜村（現、鶴見区）の百姓市右衛門は、妻に乳が沢山あり、八歳と五歳の倅のうち、どちらかと夫婦にしたいと、当歳の女の捨て子を貰い受けている。一八二四（文政七）年一二月二五日、生後一〇ヵ月で女の子を亡くした河州松田郡猪口村（現、鶴見区）の百姓与次兵衛、ぎんもまた、乳が沢山あり、小作次郎という八歳になる倅と将来は「妻合」せたいと当歳の女の捨て子を貰い受けている。この捨て子にも明石屋喜兵衛が口入屋として関わっている。また一八三三（天保四）年八月二一日、河州丹北郡河辺村（現、平野区）の百姓武助、女房すては、捨て子が「成人後」二人の息子のどちらかと「妻合」せ「相続」させたいと、当歳の女の捨て子を貰い受けている。これら三件の事例ではいずれも、実子と夫婦にし相続させたいと女の捨て子を貰い受けている。女の捨て子には、とくに「家」を存続させるための生殖能力が期待されたのだろうか。

これら、捨て子を貰い受ける動機が記された五件のうち二件は、明石屋喜平衛が関わっている。そこでさらに、口入屋が関与した事例を追ってみることにしたい。というのも、口入屋が関与した事例からは、捨て子がなぜ貰われ、どのように貰い親が決められたかを知る手がかりが見出せるのではないかと考えるからである。

口入屋と捨て子たち

小林家文書には、口入屋が登場する事例が一〇件（松屋半兵衛五件、大和屋伊兵衛、柴田屋源蔵、明石屋貴兵衛、大和屋伊三郎、けたや各一件）あり、全部で二〇件の捨て子事例の半数に口入屋が関わっていたことになる。そのうち、複数の夫婦が口入屋に申し込んでいた事例を表に示した（表2-4）。口入屋に申込んでいるのは、いずれも、子どもを亡くした、多くは農村に住む百姓夫婦である。

そこからは二つのことが明らかとなる。一つは、どの夫婦が貰い親となるか、その決め手となったのは、夫婦の年齢、とくに妻の年齢であり、実子を設けることが期待できない年長の夫婦に捨て子は託されたと考えられること、二つには、希望する捨て子の性別が記載された事例では、亡くした実子の性別にかかわらず「男子入用」と男子が求められていることである。

口入屋、松屋半兵衛が関わったのは、一八四七（弘化四）年六月二八日、奈良屋忠兵衛の居宅軒先に捨てられた当歳の男の捨て子である。貰い親として申し込んだ五組の夫婦のなかで貰い人となったのはもっとも年齢が高い河州若江郡中小坂村（現、東大阪市）の百姓佐吉（四五歳）、女房そら（四〇歳）の夫婦である。この夫婦の子どもは、生後八ヵ月で病死し、他に一〇歳になる女子が一人いるが男子はいない。

明石屋喜平衛が関わったのは、一八五一（嘉永四）年二月二〇日、河内屋重右衛門居宅軒先に捨てられた当歳の男の捨て子である。この捨て子には、摂州川辺郡清水村、塚口村、額田村（いずれも現、尼崎市）と「神埼渡」の周辺の村々に住む三組の夫婦が申し込んでいる。養子先を探している町は、明石屋から、額田村の周助のもとに行けば三組の夫婦のもとへ案内するという書状を受け取っている。貰い親となったのは生後四ヵ月で子どもを亡くした摂州川辺郡塚口村の百姓清兵衛（四六歳）女房もと（四二歳）の夫婦である。この夫婦もまた、三組の

表２－４　口入屋と捨て子たち（太字：貰い親に決定）小林家文書

No.	和暦	西暦	月日	捨て子の年齢（性別）	居村（現）	貰い主（夫・年齢）	貰い主（妻・年齢）	口入屋	発見日時	発見場所	目録文書番号
1	弘化４年	1847	８月７日	当歳（男）	摂州鴨下郡吹田村（吹田市）	安治郎（33）	みつ（30）乳沢山あり	松屋半兵衛	６月28日	奈良屋忠兵衛（家持、道具・古手商売）居宅軒先	捨子・迷子135-2
					河州若江郡中小坂村（東大阪市）	**佐吉（45）10歳の女子あり**	**そら（40）乳沢山あり**	松屋半兵衛			
					西成郡光龍寺（堺市）	岩一（35）	ふさ（30）	松屋半兵衛			
					摂州西成郡御幣嶋村（西淀川区）	宇兵衛（39）	みき（30）	松屋半兵衛			
					松山町大和屋平兵衛借家（八尾市）	安田弥兵衛（39）	みつ（33）乳沢山あり	松屋半兵衛			
2	嘉永４年	1851	２月24日	当歳（男）	摂州川辺郡清水村（尼崎市）	清吉（43）	女房（38）	明石屋貴兵衛	２月20日	河内屋重右衛門（家持、古手商売）居宅軒先	59雑・捨子134-8
					摂州川辺郡塚口村（尼崎市）	**清兵衛（46）**	**もと（42）**	明石屋貴兵衛			
					摂州川辺郡額田村（尼崎市）	茂兵衛（32）	とよ（28）	明石屋貴兵衛			
3	嘉永元年	1848	４月５日	２歳（男）弘化４年８、９月頃出生	**吉田町（中央区）**	**播磨屋利兵衛借家池田屋徳兵衛**	**梅**	けたや	弘化５年２月晦日	日向屋藤九郎借家ろうじ	捨子・迷子135-3
					摂州鴨下郡吹田（吹田市）	佐兵衛（38）男子入用	ゆき（33）乳沢山あり	けたや			
					河州若江郡稲田村（東大阪市）	善兵衛（40）男子入用	とみ（32）乳沢山あり	けたや			
					摂州豊多郡三ツ屋村（淀川区）	庄蔵（33）男子入用	むめ（27）乳沢山あり	けたや			

※大坂御池通五丁目の家持については、西坂靖「大坂・御池通五丁目」（高橋康夫・吉田伸之編『日本都市史入門Ⅱ』東京大学出版会、1990年）参照。

夫婦のなかでもっとも年長の夫婦であった。

二つの事例とも妻は四〇歳を超え、実子をもうけることが難しい年齢となっている。ではなぜ、実子が生まれることが期待できない夫婦に捨て子は托されたのだろう。そのことを考える手がかりとなるのは、住友家文書の「養子手形」である。一七三八（元文三）年の男の捨て子の「養子手形」には、この後、実子が生まれたとしても、惣領にすること（「実子出生致候得共、惣領ニ相立申可候」）と記されている。実子をもうける可能性が薄い夫婦に捨て子を託すことは、捨て子が将来「家」を相続する実子として大切に養育される可能性が高いとみなされたのだろう。

「養子手形」にはまた、生活が苦しくなり奉公に出すことになっても「芝居役者等ニ売」ることはしないと記されている。こうした誓約は、一七五七（宝暦七年）年の女の捨て子の「養子手形」にもみることができる。そこでは、捨て子が成人したのちも「茶屋遊女奉公」などには出さないことが誓約させられている。海原は、捨て子に限らず、養子を斡旋する口入屋には、芝居役者や遊女、茶屋奉公といった職との結びつきが深い者も少なくなかったのではと推測している(34)。確かにここに示した一八世紀半ばの「養子手形」からは、そうしたことが推測できる。しかし、一九世紀初頭以降の口入屋が関与する捨て子事例からは、貰い親の決定も慎重になされ、実子として養育してくれる可能性の高い夫婦に捨て子は託されるようになることが明らかになる。捨て子の貰い親決定までの期間の長期化、貰い親の都市部から農村部への変化の背後には、捨て子を貰う親たち、とくに、百姓たちの「家」の維持・存続への願いと、そのための捨て子養子への需要の高まりを指摘することができよう。

「男子入用」

小林家文書には、京町堀四丁目（現、西区京町堀）の口入屋、けたやが関わった一八四八（弘化五）年二月晦日、日向屋藤九郎借家路地に捨てられた数え年で二歳の男の捨て子の事例がある。この捨て子には、四組の夫婦が申し込んでいる。貰い親となったのは、吉田町（現、中央区）、播磨屋利兵衛借家池田屋徳兵衛、梅の夫婦である。残念ながら、この夫婦の年齢はわからない。興味深いのは、捨て子を貰い受けることを希望した、いずれも実子を亡くした四組の夫婦が、ともに「乳沢山あり」「男子入用」としている点である。そのなかの摂州豊多郡三ツ屋村（現、淀川区）の百姓庄蔵、女房むめの夫婦は、亡くしたのは「娘」だが、「男子入用」としている。

「男子入用」の文面は、「家」存続のためにも、また労働力としても男子が求められたことを示す。一八世紀徳川日本の「いのちの環境」を、とくに「『いのち』を守るための最初にして最後の関係」である「家」との関わりで分析した倉地克直は、近世における個々のいのちは、「家」にとって意味があるゆえに支えられたと指摘する[35]。それは労働能力と生殖能力が重視されたと言いかえることができよう。捨て子を貰う理由からは、近世社会のこうしたいのちをめぐる価値観が、より明確なかたちで浮かびあがる。しかも捨て子貰い受けの理由として「家」の維持・存続を上げているのは、いずれも百姓たちである。百姓たちにとって、一九世紀半ばのこの時期、「家」の存続が重要な課題として意識され、そうした「家」存続への願いを保障するものとして捨て子養育は存在していた。

おわりに

本章ではまず、乳と捨て子養育に焦点を合わせることの意味を井原西鶴の作品に即して提示し、江戸大名屋敷と都市大坂という二つの場を設定し、捨て子発見から貰い人確定までの過程で作成された史料群を手がかりに、考察をおこなった。その際、捨て子の命綱とも言える乳をキーワードに、近世社会の捨てる、貰うという遺棄と保護の関係を、その背後にあった人々の生活に留意しつつ分析をすすめた。

そのなかで明らかになったことは三点ある。一つは、乳は捨て子養育の、言い換えれば近世社会の保護と遺棄の重要な要としてあった点である。人々、とくに都市下層民にとって母との離別、死別、病気、あるいは奉公によりもたらされる乳がない状態は、養育困難をもたらすものであった。他方、実子を亡くしたものの乳のある人々にとって、乳は捨て子を貰い受ける大きな条件となった。その意味で、乳児の命綱である乳は、保護と遺棄の結節点にあったといえる。

二つには、江戸大名屋敷、都市大坂とも、捨て子を貰い受けた人々の多くは、実子を亡くした、あるいは実子がいない都市下層民や農民であり、労働力となるには手間暇のかかる乳児の捨て子を貰い受ける動機は、将来の労働力として捨て子を養子にすることで「家」の存続をはかることにあった点である。大坂では捨て子は「非人之子」とされ、忌避される存在であった。しかし、養子を貰うにも持参金を出せない上に、口入料も払えない人々にとって捨て子は、口入屋の費用も町が負担してくれる重要な養子の供給源であった。そのうえ、捨て子に添えられる養育料は、捨て子養育のみならず生活の糧ともなったことだろう。ちなみに江戸大名屋敷の捨て子の添え金は、米、金、銀などさまざまであったが、米であれば二俵、金であれば一～三両、銀の場合は二～五枚が与えられ、大坂の場合は、養育料銀二〇〇～三〇〇匁程度が与えられている。

三つには、口入屋を通し捨て子を貰い受けた都市大坂の捨て子事例からは、近世社会の保護と遺棄の中核にあった子どもの「いのち」をめぐる観念といのちをめぐる状況、さらに都市の捨て子と農村の貰い手を仲介する口入屋の存在が浮かびあがる。捨て子を貰う動機からみえてくるのは、労働能力と生殖能力という「家」にとっての意味によって近世社会の「いのち」は価値づけられたということである。と同時にそこには、「家」の維持・存続を願ったとしても、当時の高い乳児死亡率の下では、生き延びる子どもの数を予測することは困難であったことも見えてくる。捨て子養育の事例は、近世社会の保護と遺棄の背後にあった人々の「家」の維持・存続への願いと、他方で子どものいのちの脆さを浮き彫りにする。

ところで、一七世紀末の大坂周辺の農村では、男子を大坂に養子に出すことが積極的に行われ、それを媒介する大坂の町人家と周辺村の百姓家の親類縁者との強いつながりがあった。しかし一九世紀初頭前後から、そうした親類縁者に頼る養子が困難な状況が進行していったという[36]。大坂の捨て子事例では、一九世紀初頭から口入屋が農村部からの捨て子への需要の仲介をするようになる。こうした口入屋の存在も、地縁血縁による町と村のネットワークが機能しなくなっている状況を映しだすものといえよう。

では、貰われた捨て子たちは、その後、どのように生きたのか、捨て子であることは、その後の人生にどのような影響を及ぼしたのだろう。残念ながら、そのことが明らかになる捨て子史料はほとんどない。そのなかで一つだけ、その問題に接近する手がかりを与えてくれる大坂の捨て子史料がある[37]。最後にこの点にふれておく。

それは、一七八八（天明八）年、実子を亡くした河内国志紀郡太田村（現、八尾市）の百姓和助が、大坂から養子を迎えたと偽り、村にも隣家五人組にも隠して大坂呉服町（現、中央区）の佐渡屋市平衛の軒下に捨てられた捨て子を貰ったことが、捨て子の死により発覚した事件である。和助は、捨て子は、身元も知れない者のため「世間」の思惑も悪く成長したあとも肩身が狭いだろうと思い養子と偽っていたと申し立てている。和助の申し立ては、捨て子が、「世間」でどのような存在として見られていたかをうかがわせる。また和助が捨て子を貰う際の請け人となった勘兵衛は、その母と妻が市平衛方に乳母奉公をしている関係で、その奉公先の家の軒下に捨てられた捨て子を、実子を亡くしたばかりの和助に世話したのであった。ここでは、奉公を介した都市と農村のネットワークが捨て子の仲介にも関わっている[38]。

本章では、近世社会の乳児の命綱であった乳を通して見えてくる捨て子養育をめぐるネットワーク、そして乳児のいのちの脆さを背景になされた人々の選択の一つとしての捨て子養育と、その背後にあった人々の「家」の維持・存続への願いを通して、近世社会の保護と遺棄の関係の歴史性を浮き彫りにすることを試みた。それはまた、保護と遺棄の背後にあった人々の生きる場としての「家」の維持・存続をめぐる人々のさまざまな選択を、そこに生きた人々の、いのちを繋ぐための主体的な営みとして捉える試みでもある。

［付記］本章は、日本学術振興会平成二二〜二四年度科学研究費助成事業（基盤研究（C）課題番号二二五一〇二八九）による研究成果の一部である。

注

（1）沢山美果子『江戸の捨て子たち――その肖像』吉川弘文館、二〇〇八年、二三〜二五頁。
（2）『和漢三才図会一八』東洋文庫、一九九一年、二三〇〜二三一頁。
（3）沢山美果子「仙台藩領内赤子養育仕法と関連史料」太田素子編『近世日本マビキ慣行史料集成』刀水書房、一九九七年、五九〜六一頁
（4）沢山「仙台藩領内赤子養育仕法と関連史料」九三頁。
（5）沢山美果子「武士層における育子手当支給の諸相――一九世紀前半の一関藩」『立命館大学人文科学研究所紀要』八七号、二〇〇六年。
（6）東北大学法学部法政資料調査室研究資料二六『赤子方養育留』一九九六年。

(７)岩山家文書『諸御用留二』、八頁（私家版）。
(８)仙台市史編さん委員会編『仙台市史 通史編４　近世二』二〇〇三年、三五七頁。
(９)塚本学「生類憐み政策と西鶴本」『人文科学論集』一四、一九八〇年、信州大学人文学部。
(10)塚本学『生類をめぐる政治――元禄のフォークロア』平凡社、一九八三年、二二一～二二六頁。
(11)この諺は、一八三七（天保）年四月四日に津山城下（現、岡山県津山市）に捨てられた捨て子に添えられた親の手紙にも記されている。沢山『江戸の捨て子たち』六七～六八頁。
(12)野間光辰校注『日本古典文学大系四八　西鶴集下』岩波書店、一九六〇年。
(13)「摺粉」とは、米をすり鉢ですり砕いて粉にしたものを湯で溶く、あるいは米の粉を、水から炊き粥状にしたもので、火にかけて汁飴を加え、甘味をつけて吸わせた（『日本国語大辞典』小学館、一九七九年）。
(14)金井寅之助・松原秀江校注『新潮日本古典集成　世間胸算用』新潮社、一九八九年。
(15)喜多川守貞著（宇佐美秀機校訂）『守貞謾稿』一、岩波書店、一九九六年、一五八～一五九頁。乳母の待遇は他の女奉公人よりもよかった。ここにはさらに「けだし京阪にては乳母の児存亡ともにその児を養はず、またその費を与へず。江戸にては乳母の子存する者を好しとし、これを養ふの費を与ふ」とある。江戸では乳母自身の子どもに対する養育費が与えられるが、京都大坂では与えられないという違いがあったようだ。
(16)なお、本章で用いる萩藩毛利家の捨て子記録は山口県立文書館所蔵の「公儀事諸控」、住友家文書の捨て子記録は、住友史料館所蔵の『年々諸用留』、小林家文書の捨て子記録は、大阪市立中央図書館蔵の小林家文書、柏原家文書の捨て子記録は大阪府立中之島図書館大阪資料・古典籍室所蔵である。これらの文書の目録と翻刻は、沢山美果子『乳からみた近世社会の女の身体・子どものいのち』（二〇一〇年度～二〇一二年度　独立行政法人日本学術振興会科学研究費補助金・基盤研究（C）研究成果報告書　二〇一三年三月）の第Ⅱ部史料編に収録したので参照されたい。また、『年々諸用留』五番～十番までは『住友史料叢書』住友史料館編、思文閣出版、一九九三年～二〇一〇年を参照されたい。
(17)中野達哉「江戸の大名屋敷と捨子」江戸東京近郊地域史研究会編『地域史・江戸東京』岩田書院、二〇〇八年。
(18)小堀一正「町人文化の光と影　捨子のゆくえ」小堀一正『近世大坂と知識人社会』清文堂、一九九六年。

（19）海原亮「都市大坂の捨子養育仕法――『年々諸用留』の事例から」『住友史料館報』四〇号、二〇〇九年。
（20）山本博文『江戸お留守居役の日記　寛永期の萩藩邸』講談社学術文庫、二〇〇三年、一一二～一一三、一二〇頁。
（21）現在の価値に当てはめるといくらぐらいになるかは、何を比較の基準にするかで、ずいぶん違ってくるが、その一つの例として、四文＝一〇〇円がひとつの目安とすると、だいたい二万四〇〇〇円ほどにあたる（竹内誠監修・市川寛明編『一目でわかる江戸時代』小学館、二〇〇四年、一九頁）。
（22）一七八七（天明七）年七月一八日の捨て子記録。金瀧山浅草寺『浅草寺日記』第五巻、吉川弘文館、一九八一年、五二一～五二四頁。
（23）中野「江戸の大名屋敷と捨子」一四七～一四八頁。
（24）氏家幹人の『江戸の病』（講談社叢書メチエ、二〇〇九年）は、近世社会における〝乳のネットワーク〟あるいは〝乳縁社会〟とでも名付けられるような赤子のいのちをめぐるセーフティネットの存在を一八世紀の一武家の日記をもとに指摘しているが、町人の世界にも、そうしたネットワークが形成されていたことがうかがえる。
（25）海原「都市大坂の捨子養育仕法」一〇四～一〇九頁、小堀『近世大坂と知識人社会』二四二～二四六頁。
（26）『大阪市史』第三〈復刻版〉、大阪市役所、一九六五年、一一七頁。
（27）『大阪市史』第一、大阪市参事会編、一九一五年、五〇一頁。
（28）『住友史料叢書　年々諸用留　七番』一一七、住友史料館編、思文閣出版、二〇〇一年、二七二～二七三頁。
（29）『日本幼児史』のなかで、同じくこの事例を取り上げた柴田純は「「我等出世のさまたげ」とか「二度かめいお引おこし」とあるように、身勝手な都合を並べているが、乳飲み子を抱えどうにもならない事情があったことも事実であろう」と述べている。しかし、書付を添えた意図は、捨て子を拾う側の同情をひくことにあったと考えるなら、むしろ、そこには、捨て子を正当化する理由が記されていると理解すべきではないのだろうか。捨てる側の「身勝手な都合を並べ」たとの理解は、現代の私たちの「保護される子ども」という近代的価値観を投影した理解と思われる（柴田純『日本幼児史　子どもへのまなざし』吉川弘文館、二〇一三年、一五四～一五六頁）。
（30）『年々諸用留　十三番』住友家文書。

(31)『大坂菊屋町宗旨人別帳』第二巻、阪本平一郎・宮本又次編、吉川弘文館、一九七二年、二〇三～二〇四頁。
(32)海原「都市大坂の捨子養育仕法」一三一頁。
(33)海原「都市大坂の捨子養育仕法」一二七～一二八頁。
(34)海原「都市大坂の捨子養育仕法」一三一～一三二頁。
(35)倉地克直『全集日本の歴史 一一　徳川社会のゆらぎ』小学館、二〇〇八年、一九四頁。
(36)岩城卓二「近世の『生存』――人口動態を中心に」『日本史研究』五九四号、二〇一二年、五七～六五頁。
(37)大阪府立中之島図書館大阪資料・古典籍室所蔵、柏原家文書、四三―一五、〔覚書〕第五冊　一六捨子　元禄一三～天明八年。
(38)沢山美果子「都市と農村の関係からみた近世大坂の捨て子たち」『文化共生学研究』一一号、二〇一二年。

第3章　近代イギリスにおける子どもの保護と養育

中村勝美

はじめに——「養子求む」

印紙税が廃止された一八五五年以降、イギリスでは新聞の発行部数が増加し、読者層が拡大していた。新聞紙面にはあらゆる商品やサービスを仲介する部門別広告と呼ばれる欄がある。そこには職人や徒弟の募集、不動産やパブの営業権売買とならんで、「養子」を求める広告が掲載されていた。

養子　リスペクタブルな夫婦が完全に自分のものとして育てる子どもを希望——あらゆる快適な環境を提供できる地位にあり——手数料《プレミアム》四ポンド——連絡は書簡のみ、ウィリス夫人、局留め、サザンプトンストリート、キャンバーウェル(1)

一見すると、子のない夫婦が謝礼を払って養子を探す広告のようである。しかし実際には、手数料《プレミアム》とはもともと徒弟の支度金という意味で用いられる言葉で、四ポンドは生みの親から育ての親に扶養料として支払われた。

イギリスでは、親の権利や責任が完全に委譲される養子縁組が法制化されたのは比較的遅く一九二六年である。しかし近世以来、法的枠組みに拠らず、養えない子どもを労働力が必要とされる世帯に必要な期間だけ、奉公人や徒弟として貸し借りする慣習があった。労働力としてだけではなく、親を亡くした親戚の子どもの引き取り、より高い教育機会の獲得、厳格なしつけなど、さまざまな理由から子どもたちは生家を離れ他家で養育された。

こうした血縁や地縁に基づく子どものやり取りの伝統を基盤として、不特定多数を対象に新聞広告を通じて養子や里親を探す行為が、イギリスの大都市に静かに広がっていた。週払い、あるいは一時払いの金銭と引きかえに、親が自ら育てることのできない子どもを里子として養育するさまざまな行為はベビー・ファーミングと呼ばれた。乳母《ナース》には出産を経て授乳が可能なウエット・ナースと粥やミルク等で乳児を育てるドライ・ナースの二種類が存在した。ベビー・ファーマーと乳母の用法の違いは曖昧だったが、ベビー・ファーミングとはドライ・ナースによる質の悪い人工栄養保育を指しており、一度に複数の乳幼児を預かることも多かった。

冒頭の広告はイギリス全土をモラル・パニックに陥れたとされるマーガレット・ウォーターズ事件の発端となったものである。ウォーターズは妹とともに、複数の偽名を使い、新聞広告を通じて里子を引き取り養育することで生計を立てていた。衰弱した一一人の乳幼児が自宅で警察に発見され、うち五人が死亡したため、彼女は殺人罪に問われ死刑となった(2)。

一九世紀イギリスでは、子の養育問題のような事柄に国家が介入することは、家族という私的領域への不当な干渉、あるいは個人の自由に対する侵害として忌避されてきた。しかしながら、この事件をきっかけとして、一八七二年に乳幼児生命保護法が成立する。

本章では、この法律の制定に先立ち設置された下院特別委員会における調査と議論を通して、一九世紀イギリスにおいて私的に養育委託された里子の保護について考察する。一八七二年乳幼児生命保護法は労働者家庭の子育てへの直接的な干渉を避け、一部の突出したベビー・ファーマーを監視することに限定されたが、議論の過程で事件の背後にあるさまざまな問題が明らかになった。第一節では、公衆衛生改革者たちによる子殺しとベビー・ファーミングの発見について述べる。親子関係や愛情からではなく「金銭により雇われた」乳母の存在は、改革者らに子の養育に国家が介入するよう働きかける口実を与えた。第二節では、救貧法改正によって苦境に立たされた未婚の母の救済手段とその限界を素描し、ベビー・ファーミングが必要とされた社会的背景について検討する。第三節では、下院特別委員会における質疑応答を読み解きながら、里子養育の実態と立法化による規制推進派・反対派それぞれの婚外子や既婚女性の家庭外労働に対する態度を考察したい。

第一節　公衆衛生改革と乳幼児死亡率への着目

乳幼児死亡と環境リスク

乳幼児の生命に最初に注目したのは、公衆衛生の改革者たちである。救貧法改正の中心人物であり公衆衛生改革の父と呼ばれたチャドウィックは、一八六〇年、乳幼児の健康状態は職業や移住による影響をほとんど受けないことから、乳児死亡率の地域別偏差は「その土地や人口の衛生状態を示す最良の基準」だと指摘している(3)。

一八三〇年代から四度繰り返されたコレラの大流行は、人口の集中する都市部で最大の犠牲者を出した。疫病対策として、上下水道の整備、人口過密の解消や住宅改良など住環境の改善は緊急を要する社会問題となった。個々の病に対する効果的な治療法の限られていた時代、医師や行政官たちは環境的アプローチの有効性を確信し公衆衛生改革運動を展開したのである。

一九世紀イングランドにおいて、ミドルクラスを中心とする任意団体は人々の健康に影響する諸制度を変革する最小限の法的枠組みを形成することを目的として、たびたびキャンペーンを行っている。なかでも一八五七年に創設された社会科学協会は、ラッセル、スタンリー、ブルームを後援者として積極的な議会へのロビー活動を行うとともに、イギリス全土で開催されるその年次総会は、あらゆる立場の人に開かれた公論形成の場として、「非公式の議会」といわれるほどの影響力を有していた。(4) 社会科学協会で最初に乳児死亡率の問題が取り上げられたのは、一八六〇年グラスゴーでの年次総会である。このテーマはその後もダブリン（一八六一年）、ヨーク（一八六四年）の総会で繰り返し論じられた。子殺しの予防についても一八六六年、一八六九年に取り上げられている。(5)

根拠となる資料を提供したのは、統計学である。出生・死亡・婚姻登録法（一八三六年）により、イングランド及びウェールズでは登録官に出生や死亡を届け出ることになった。(6) 中央登録局の統計局長ファーは疫病分類学の権威であり、環境リスクと人々の健康や死亡との関連性を膨大なデータから実証した人物である。彼が作成した詳細なデータは年次報告書として公刊され、多産多死が当然とされた時代に、予防可能な原因によって無数の乳幼児の生命が失われていることを可視化した。乳幼児死亡率は農村地帯と比較すると、大都市、産業都市や港湾都市で高い。(7) そのため、乳幼児死亡の主要因は、第一に都市の過密化がもたらす汚れた空気や汚染された水など、不衛生な住環境によって頻発する伝染性の疾患にあると考えられた。第二には、母親が家庭外で長時間労働することによる子どもの放任や託児、とりわけ雇われた乳母による不適切な養育方法の影響である。母親が働くために離乳を余儀なくされた乳児は近隣の老人に預けられ、パン粥やオートミールなど消化できない食物やアヘンを成分に含む鎮静剤を与えられると主張された。(8) 論者の一人は、この尋常でない乳幼児死亡率の高さは「国民にとって大きな金銭的損失」、すなわち虚弱な子どもが増えれば、教区の負担となると指摘し、住環境改善や衛生教育など早急な対策を訴えた。[9]

医業専門職者による子殺しの発見

予防可能な乳児死亡の第三の原因として指摘されたのは、子殺しである。セントラル・ミドルセックスの検屍官[10]ランケスターは、人口約九〇万人のミドルセックスにおいて、一八六三〜六五年に二九八件の新生児の検屍を行ったが、そのうち一七〇件が故意の殺人として起訴された。ランケスターは人口比からイングランド全体では年間一〇〇〇人が子殺しの犠牲となっていると推計し、この「大いなる犯罪」を防止するための対策を訴えた。[11]

もちろん、子殺しは乳児死亡の主要因ではない。一八六四年の中央登録局年次報告書によると、一歳未満の乳児の死因は、下痢・百日咳・天然痘などの「感染症」（二一・四パーセント）、脳水腫、腸間膜結核など「全身疾患」（六・七パーセント）、けいれん、肺炎、気管支炎など「局部症」（三七・八パーセント）、早産、生歯など「発達性疾患」（二八・九パーセント）、窒息（事故または不注意による）、殺人、熱傷など「不慮の死」（一・五パーセント）、「突然死」（〇・七パーセント）、「不明」（二・〇パーセント）に分類されており病死が大半を占める。[13] 殺害された乳児は一九二名（〇・二パーセント）にすぎないが、ランケスターは病死や事故死と判断された死亡者のなかに、相当数のネグレクトや故意の過失による死が含まれると考えていた。

医師や救貧医務官、検屍官、登録官などの行政官は、乳幼児の生命に新たなまなざしを向けていた。彼らは自らの専門的知識を共同体の利益のために応用し、乳幼児の生命を救おうとする熱意にあふれていた。とはいえ、彼らを駆り立てたのは公共心だけではない。とりわけ医師たちは専門職としての自らの社会的地位の確立という野心をもち、乳児死亡問題を利用していた側面がある。たとえば、当時、検屍官の職は法曹から選出されるのが通例であったが、ランケスターは医学的知識と臨床経験の豊かな医師こそ検屍官にふさわしいことをアピールしていた[14]。

子殺しや婚外子の問題にはじめて組織的に取り組んだのは、ロンドンの医師団体であるハーヴェイ協会である。その名誉書記カージェンベンらによる乳幼児保護の法制化への試みが挫折したのち[15]、再度この問題に着目したのは、英国医学協会の機関誌『英国医学雑誌』とその編集者ハートであった[16]。ハートは一八六八年から民間の産院やベビー・ファームの実態究明に乗り出して雑誌に次々とセンセーショナルな記事を掲載し、この事態を「無垢なるものの大量虐殺」と称して人々の危機感をあおった。

医師たちはベビー・ファーミングを子殺しも同然、あるいは「子殺しではないが、親にとってこの世に存在することが不都合な赤ん坊を始末する公然の手段[17]」と印象づけることに成功する。その背景には、里子に出される婚外子への偏見があった。婚外子を出産した女性に対する社会の仮借ない道徳的態度こそが、匿名で里子をやり取りするベビー・ファーミングが必要とされた理由の一つであった。

第二節　未婚の母とその子どもたちの行先

救貧法改正と未婚の母の苦境

マルサスの人口論の影響を受けた一八三四年の改正救貧法は、未婚の母と子を取り巻く状況を大きく変えた。改正救貧法の主旨は高騰した救貧費用を抑制し徳を再生するため、貧民救済を救貧院内に一本化し、救貧院に収容された貧民とその家族に対する劣等処遇の原則を徹底することであった。これらの原理に従い、教区の負担となる婚外子出生の抑止策として、未婚の母たちに対する社会的・経済的制裁が強化された。未婚の母はこれまで慣習的に認められてきた院外救済のみならず、養育費を求めて父親を訴える権利を著しく制限されたのである。

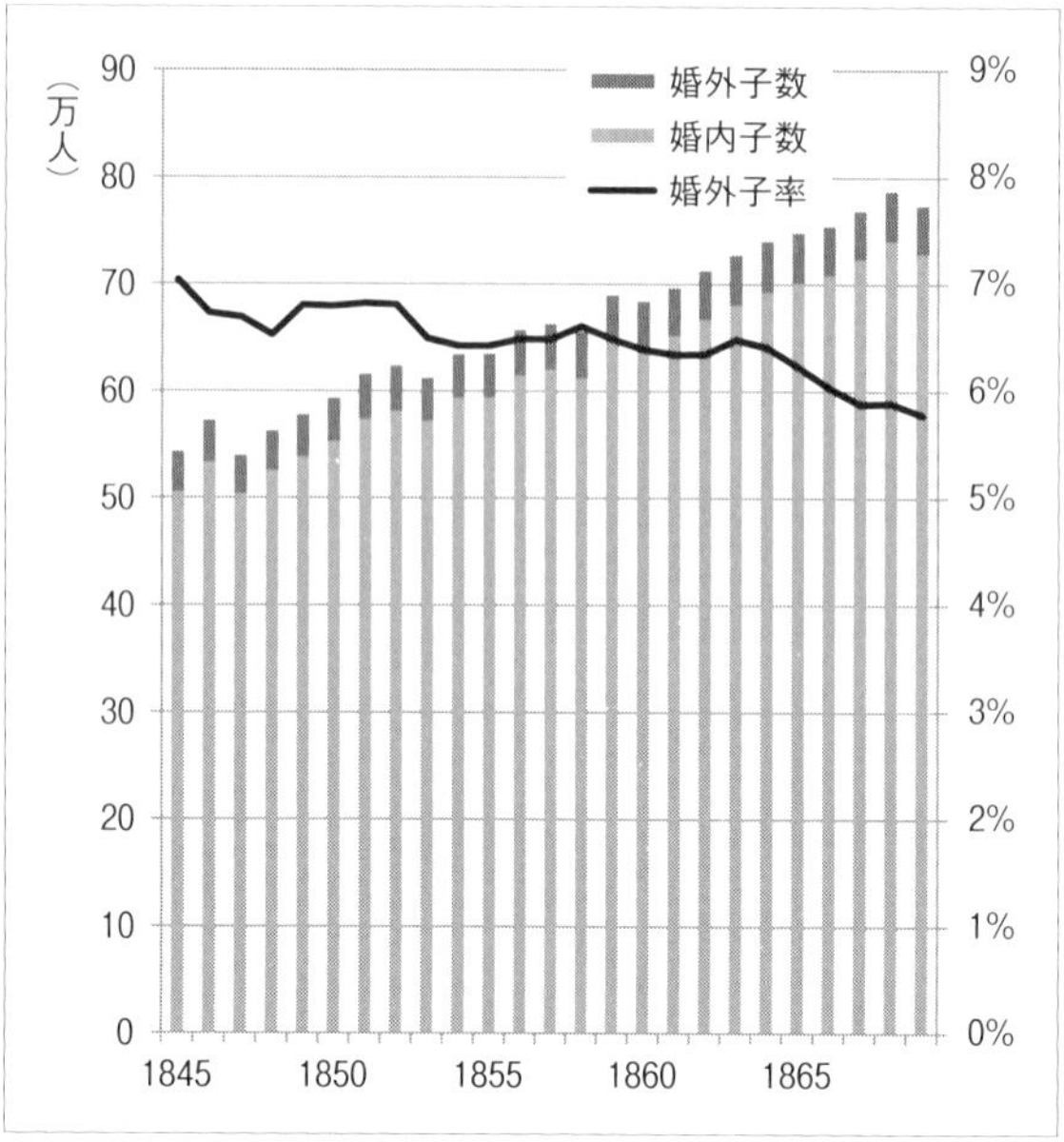

表3－1　イングランド及びウェールズにおける出生数と婚外子出生率（1845-1869年）

出典：RSCPIL, Appendix, no.5, p.272より作成。

改正救貧法の婚外子に関する規定は、推定上の父親の子に対する扶養義務を免じ、母親に全面的な子の養育責任を課した。一八四四年の法改正によって、女性は子の父親に対し最大週二シリング六ペンスの養育費を求めて治安判事に訴え出ることが可能になったが、親子関係の証明責任は女性にあり認定はきわめて困難であった。

この時期の人口統計は不完全で断定することはできないが、表3・1に示すように、一九世紀後半には婚外子出生率は漸減傾向にある。とはいえ、婚外子出生数でみると、一八四五年に三万八二四一人であったのに対し、一八六四年の四万七四四八人をピークに絶対数は増加傾向にあった。

さらに、ロンドンでは一八七〇年に二七六体の乳児の遺体が路上で発見されるなど、嬰児の遺棄や子殺しの増加が懸念されていた[18]。それでは当時、未婚の母のための救済制度はどの程度存在し、乳幼児保護の役割を果たしていたのだろうか。

図３−１　ロンドン捨て子院の子どもたち（1941年）
出典：*Picture Post* (London, 3rd May 1941), p.28.

ロンドン捨て子院

一四、五世紀から多くの捨て子院が創設された大陸のカトリック諸国に対し、プロテスタント諸国では捨て子の収容施設がほとんどなかった。実際、イギリスでは一七四一年にロンドン捨て子院が創設されるまで、捨て子養育のための施設は存在しなかった[19]。ラスレットは母乳育や晩婚など子どもの数を少なくする慣行・習俗と並んで、捨て子収容の施設が整っていなかったことが、近世イギリスにおいて出生数が抑制される一因であったと指摘している[20]。一七世紀から一八世紀初頭にかけて、捨て子院創設の声は幾度か上がったものの、いずれも、婚姻外や婚姻前の性交渉を助長するという道徳的な理由や、費用の問題から反対され実現には至らなかった。

イギリスで最初の捨て子院が創設されたのは、有用な労働力として貧民への新たな関心が芽生えた一八世紀である。一八世紀には捨て子だけではなく、あらゆる対象への慈善が盛んになると同時に、フランス、スペインとの相次ぐ戦争により、国力の源泉としての人口に関心が高まった。これらの時代背景が捨て子院の創設を促したのであるが、実現の原動力は大部分、創設者であるコラムの人並み外れた能力や熱意に由来しており、イングランドでは捨て子院はあくまで例外的な存在であった。

造船工、船乗りとしてアメリカで活動した後に帰国したコラムは、ロンドンの路上で捨てられ死んでいく子どもたちの窮状に心を痛め、捨て子の収容施設を作ることを決意した。しかし、捨て子の大半を占めると考えられていた婚外子と未婚の母への差別は厳しく、設立のための支援は容易には得られなかった。一七年にも及ぶ苦難の末、ようやく一七三九年、「捨て子の扶養と教育のための慈善施設」として、国王ジョージ二世により設立勅許が与えられた。こうして、画家ホガースや作曲家ヘンデル、上流階級からの手厚い支援を受けることに成功したロンドン捨て子院は、イギリスのチャリティとリスペクタビリティを象徴する存在として一九五三年まで存続した。

捨て子院への収容児数や収容方法は時代によって変遷したが、ヴィクトリア中期の収容児数は平均五〇〇名前後で、新たに受け入れられるのは、年間五〇名弱の一歳未満児のみであった[21]。収容されたのは一八〇一年以降婚外子に限られたが、路上に遺棄された捨て子ではない。母親は子どもの受け入れを書面で請願し、毎週審査委員会が開かれた。審査では女性が妊娠に至るまでの状況や父親の消息が詳細に聴き取り調査された。受け入れの条件は、女性が「救済に値する」ことであり、具体的には、長年の恋愛の末、相手の男性が職を失い転居してしまい望みどおり結婚に至らなかったケース等である。捨て子院の収入役によると、重視されるのは「母親の経済的問題ではなくむしろ人柄」であった[22]。一九世紀に捨て子院に救済を求めた母親のプロフィールの分析によれば、請願の書類に必要事項を書き込む読み書き能力をもつこと、元の雇主や牧師からの推薦状があること、しかるべき産院か自宅で医師や助産婦の立会いのもとで出産していること、結婚の約束をしていたが男性に捨てられたことが、受け入れ可能性の上昇する条件であったという[23]。関係者への厳密な照会と調査ののち、運よく入所が認められるのは、おおよそ五人に一人の割合であった。

受け入れが決まると、赤ん坊は地方の乳母のもとに送られ養育された。子どもたちは通常三歳になると捨て子院に戻り、男子は一四歳、女子は一五歳までそこで将来の仕事にふさわしい教育を受けたのち、軍隊や徒弟、家事奉公などの働き口が用意された。

一八三四年改正救貧法に基づく救済

困窮した妊婦は救貧法の規則に従って、救貧院に入所して出産し、そこに収容されている間の生活扶助を受けることができた。捨て子院が都市の現象であるのに対し、救貧は地方行政であり、その実態は地方によって多様である。捨て子や婚外子の養育は費用がかさむことから、教区の負担となっていた。そうした実情を反映して下院特別委員会の場で、慈善団体の代表者が次のような指摘を行っている。すなわち、経費負担を嫌う教区が当該教区出身でないことを理由に出産間際の女性たちを門前払いして、救済を与えなかったことが、子どもの遺棄や子殺しという重大な結果に結びつく可能性がある、というのである。[24]これに対し、ロンドン救貧法査察官コルベットは、万一、妊婦が行き倒れて死亡すれば、救貧保護官は故殺の罪で起訴される可能性があり、そうした事実はないと反論した。この問題を検証するため、コルベットは首都の教区および教区連合三一か所に対する調査を行っている。調査によると、一八六〇年代後半に首都の救貧院で出産した女性は、施設ごとに一〇倍以上の開きがあったが、合計すると年間三〇〇〇人近くに達する。[25]メリルボーン救貧院では最多の年平均二五三名が出産しているが、それは近くに著名なシャーロット女王産院があり、そこに入れなかった女性にとって救貧院が最後の受け皿になっていたことを示している。救貧院で生まれた子どものうち、婚外子は七六・一パーセントとその大半を占めるが、ベスナルグリーンなどロンドン東部の貧困地域では、婚外子の割合は五七・七パーセントと低下する傾向にあり、既婚女性も救貧院で出産していた。[26]

救済を得るためには、女性は自らの身元を救貧保護官の前で明らかにする必要があった。氏名、住所、婚姻関係、未婚の場合は子の父親からの援助の有無が確認された。救貧院には出産のための設備や介助があり、妊婦は産科棟に収容された。出産後は体調が回復したという医務官の許可があるまでそこにとどまり、母親自らが赤ん坊を母乳で養育した。産科棟を出ると赤ん坊は保育棟に預けられ、母親は日中、洗濯などの雑労働に従事したが、昼休みや夜間は赤ん坊と過ごし授乳することもできた[27]。

しかしながら、多くの女性にとって、救貧院で他の入所者と交わり生活することは耐えがたい試練であった。救貧院を出てしまえば、子どもの養育責任はすべて母親一人で負わねばならなかったにもかかわらず、ほとんどの母親は出産後一ヵ月以内に救貧院を去っている。救貧院では退所後の生計手段について確認し、満足のいく返事がない場合は救貧院にとどまるよう助言することになっていたが、出ていく者を止めることはなかった。コルベットは特別委員会において、母親一人に子どもの養育責任を負わせることが、道徳的規範と救貧税を守るために不可欠かつ賢明であると明言している[28]。

たしかに救貧院は、出産というもっとも助けが必要な局面で、困窮した妊婦を餓死から救済した。わずかではあるが、仕事や子どもの預け先を斡旋して、親子が生活できるよう手助けする救貧保護官もいた[29]。しかしながら、一部の例外を除いて、救貧院では退院した母親と子どもが生きていくため、積極的に手を差し伸べることはなかったのである。

チャリティによる産院と母子保護施設

一八世紀半ばに創設された産院は、本来、貧しい既婚女性の出産介助と助産師の養成を目的として作られた慈善施設であったが、専用の病棟をもうけて「救済に値する」、すなわち道徳心があり初めて出産する未婚女性を受け入れていた。そうした産院の一つ、シャーロット女王産院はイングランド最大の産院であり、一八六〇年代には院内で出産する妊婦を年平均三五七人受け入れていた[30]。婚外子の割合は不明であるが、かなり高かったと推察される[31]。産院において母子は十分なケアを受けることができたが、もともと、出産の介助を目的としているため、産後およそ二週間で退院しなければならなかった。一八六〇年代まで未婚の母と婚外子が利用できるチャリティは、産院とロンドン捨て子院にほぼ限られていた。女性にとって最も「リスペクタブル」な救済ルートは、シャーロット女王産院で出産し、ロンドン捨て子院に子どもを託すことであったが、この時期そうした例は年間七名ほどでしかなく、出産数に対する子どもの受け入れ枠は圧倒的に不足していた[32]。

しかしながら、救貧法の改正以降、未婚の母に集まった同情や救貧院訪問活動のなかから、新しいチャリティが誕生する。一八六五年に未婚の母とその子の保護施設として創設された聖メアリ・モードリン・ホームは、シャーロット女王産院を退院した母親の体力が回復するまで宿泊させ、仕事先や乳母を紹介して、再出発を図る手助けをした。一八八〇年代になると、この産院と関連を持つ母子保護施設は九か所まで拡大している[33]。

未婚の母の救済策とその限界

捨て子院、産院、母子保護施設、救貧院の目的と対象は相互に重複する部分もあったが、補完し合っていた。産院は貧しい女性と未婚の母のために出産の場を提供した。捨て子院は捨て子のために乳母を探し、生き残った子どもに社会のなかでの居場所を探した。これら高い威信を有するチャリティの受け手は、「救済に値する」か否か、注意深く選別された。救貧院は規則に従い、困窮した妊娠後期の女性や捨て子をすべて救済する義務があった。救貧院で出産した女性たちは、産院や捨て子院の利用者層と比べより困窮していたかもしれないが、彼女らがすべて道徳的に堕落していたとみなすのは言いすぎであろう。捨て子院は狭き門であったし、救貧院で生まれ

た婚外子の六五パーセントは第一子であった。(34)

捨て子院が母親の養育責任を免除したのに対し、救貧院は原則として院外救済を廃止し、退院した母親に子の養育責任を全面的に負わせた。一八六〇年代後半から少しずつ広がった母子保護施設は、救貧制度の綻びを補うため、捨て子院と救貧院の中間の戦略をとったといえよう。保護施設の多くは、女性自身の賃労働によって子を扶養させる自立支援をめざした。しかしながら、チャリティによる救済は限定的であり、改正救貧法による婚外子出生の抑止策は未婚の母を追いつめ、社会の安定を脅かした。

第三節　子どもの養育をめぐる議論

乳幼児生命保護運動と下院特別委員会の設置

医師たちの活動により、ベビー・ファーミングの問題は議会で取り上げられたものの、規制のための法制化はまったく行われなかった。(35)しかし、一八七〇年六月にウォーターズ事件が発覚したことによって、事態は急速に展開する。

一八七〇年一〇月には、カージェンベン、ハート、ソルフォード選出の保守党下院議員チャーリーらにより乳幼児生命保護協会が結成され、翌年二月、乳幼児生命保護法案が下院に提出された。その主な内容は、金銭を得て六歳以下の子どもを二四時間以上養育するすべての乳母を免許・登録制とし、査察を実施するというものであったが、その厳格な規定はたちまち議論を巻き起こした。結局、協会は法案を撤回する代わりに、この問題に関して下院に調査のための特別委員会を設置することで妥協する。特別委員会は「親により金銭で雇用された乳母に養育される乳幼児の生命の損壊を防止するための最良の手段について調査すること」を目的に、一八七一年五月から七月まで一〇回にわたって二一人の証人を喚問した。この調査は、乳幼児生命保護協会のメンバーを中心に、公衆衛生の行政官や医師、警官、救貧行政に携わる人々、母子保護事業を実施するヴォランタリー組織の代表者から意見や情報を集め、この問題を国民的かつ包括的に議論する格好の場を提供した。

犯罪的なベビー・ファームと罪のない里子養育

下院特別委員会が最初に召喚したのは、ベビー・ファーミングの実態解明に携わった『英国医学雑誌』編集者のハートと医師ウィルトシャーである。彼らは地区登録官の協力を得ておびただしい乳幼児の死亡診断書を届け出ている家を追跡したほか、五～一〇ポンドを謝礼として養子先を求めるおとりの広告を新聞三紙に掲載した。「養子。広告主は三週間後に子どもの譲渡を希望。謝礼金と衣類」という広告には、三三三通の返答があったという。[36]彼らは返事をくれた人物のなかで疑わしいもの、適切と思われるものを選んでアポイントを取り、直接訪問した。その結果明らかになったのは、望まれない子どもを取引する犯罪的ネットワークの存在である。デイリー・テレグラフ紙に頻繁に広告を出していたある女性について、ウィルトシャーは次のように述べている。

［堕胎の斡旋をもちかけると］彼女は七〇ポンド要求しました。それは、もし堕胎がうまくいった場合だと思います。彼女はその手術は安全そのもので、彼女の知っている医者はその名前も教えてくれましたが、かなりの経験があり一度も命取りになるようなことはなかったと保証してくれました。それから私は、それはたいへん危険なので、分娩を最後まで行ったとして、最終的に子どもが生きて生まれてきたらどうなるか尋ねました。彼女はそのときは子どもを養子に出せるといいました。彼女は五〇ポンドで始末できるといいました。子どもを田舎に送って、それで終わりというわけです。[37]（［　］内は引用者、以下同じ）

この助産婦は広範囲に養子募集や産院の広告を出して堕胎を仲介したり、一時金を得て養子にした子どもをさらに低額で引き受ける乳母に下請けに出して利益を上げていた。ウィルトシャーはこのような助産婦やベビー・ファーマーにとって、堕胎、子殺し、子捨ては望まれない子どもを始末する選択肢の一つに過ぎず、それらの間にはある種の連続性が存在すると述べている。

委員会報告書によると、ベビー・ファームの料金は一時払いの場合、五～一〇ポンドあるいは、五〇～一〇〇ポンド、週払いなら二シリング六ペンス～七シリング六ペンスで、親の階層や支払い能力によって二極化している。ウィルトシャーによれば、乳児には高品質の牛乳が一日当たり一クォート（一・一三リットル）必要であり、その価格はロンドンで五～六ペンスである。[38] したがって、最低料金のベビー・ファームでは十分な牛乳は与えられず、主な食餌はオートミールやパン粥、くず粉であった。一時金で養育料を受け取った場合、子どもが早く死亡するとそれだけ多くの利潤が残る。経済的動機から里子養育を行うベビー・ファーマーが、里子の生死に無関心となっていくのは避けられなかった。

ハートはおとり広告に対する返答のうち三分の一は、子育てが終わったので家に住んでくれる人が欲しい、あるいは自分の子どもがないので育てたいという善意からの申し出であったと述べている。[39] たとえば、「自分の子として、できる限りの世話をして育てたい」と返事をよこしたキングズランドの女性は、ある紳士から一五ポンドで引き取った生後三日の赤ん坊を抱いていた。赤ん坊はひどく具合が悪そうだったが、次に会ったときは一三ヵ月になっており、きわめてよく世話をされていた。この女性に面会したウィルトシャーは、赤ん坊は重態で亡くなるだろうと思っていたという。この女性はお金のために子どもを引き取ったのではあるが、わが子同様にかわいがっており、彼女が子どもに冷酷にふるまったことは一度もないだろうと証言している。[40] 彼によれば、生みの親から里子に対する養育料が支払われるのは、長くても二、三年で、里親の献身的な世話で一歳半から二歳まで生き延びた子どもは、里親の姓を名乗りその家族の一員になった。

しかしながら、犯罪的な意図がなかったとしても、一九世紀に生後間もない乳児を人工栄養で育てることは困難をきわめた。犯罪性の有無について、メリルボーンの教区で救貧医務官を務めていたベイカーは次のように述べている。

もし子どもが数日しか生きていなかったとしても、故意のネグレクトと呼べる証拠がなければ、すなわち子どもにかすり傷一つなく、シーツが取り換えられており、適切な世話がなされていた場合、あるいは、子どもが非常に衰弱した状態で発見されたとしても、子どもが一日一パイント［〇・五クォート］のミルクを与えられ、その女性に飲酒癖がないことがわかれば、検屍の必要性はないとみなします。しかし、その女性が大酒飲みで、生後六ヵ月未満の赤ん坊を三、四、五人、いやおそらく六人も四、五脚の椅子に詰め込んでいたり、尿でベッドがぐしょぬれになっていたり、ひどい悪臭がしていたり、哺乳瓶が酸化していたり、管が詰まってまったく吸引できない状態であるのを発見したら、表面上は下痢で死亡したケースでも、詳細をランケスター博士に報告し、検屍が行われます。(41)

特別委員会は大都市のベビー・ファームの死亡率を七〇〜九〇パーセントと推計したが、子どもの死因について、大半は犯罪や犯罪的なネグレクトというよりも、貧困と子どもの生死に対する親や乳母の無関心、劣悪な住宅環境、不適切な食物にあると分析している。

慈善施設における子どもの養育

特別委員会では子どもの適切な養育方法やそれにかかる費用について知るため、ヴォランタリー施設の代表者から、詳細な聞き取りを行っている[42]。

ロンドン捨て子院では、収容した赤ん坊を三歳頃まで地方の乳母（ウェット・ナース）へ里子に出した。捨て子院の収入役グレゴリーによると、サリー州とケント州の村にそれぞれ捨て子院と契約した医師がおり、子どもの受け入れ先を決め、定期的に査察して子どもたちの健康状態に関する報告書を毎月作成した。乳母となったのは農業労働者や小屋住農の妻たちであり、それぞれの村で七五名の子どもたちが養育されていた。乳母の条件は性格がよく、原則として母乳養育ができること、同時に養育するのは里子一人のみで、乳母自身の子を含めて最大二人までと決められていた。養育料は週三シリング六ペンスで、ほかに衣類が支給された。医師が里子の健康状態を調べ良好と判断されると、一年目と養育期間の終わりに二五シリングの報奨金が支払われた。地方の乳母に養育される乳幼児の死亡率は、平均九・五パーセントであり[43]、イングランド全体の乳幼児死亡率を下回っている。

一八六四年にグレイト・コラム・ストリートに創設された先駆的施設「捨てられた母と子のための避難所」は、産院や救貧院を出た母子をさらなる転落——子殺しや売春——から救うため、一定期間保護して奉公先を探した[44]。施設を運営するメイン夫人は、これまで出会ってきた未婚の母たちについて次のように述べている。

経験上言えることは、彼女らは子どもを養っていくためにできることがあれば、何でもしようとしています。それ「子殺し・遺棄」は、手助けがなく絶望している場合だと思います。もしも彼女らに手が差し伸べられれば、そんなことはしないでしょう[45]。

子どもは施設の仲介と監督のもと信頼できる乳母（ウエットナース）に預けられた[46]。地方に里子に出された場合を除き、乳母たちは毎週月曜日に子どもを連れて施設をたずね養育費を受け取り、ヴォランティアで活動する上流階級の女性（レディ）による査察を受けた。母親は奉公先で受け取った賃金の一部を養育費にあてるためメイン夫人に支払い、不足分は施設が補助した。養育費は母親の稼得能力によりばらつきがあったが、最低でも週五シリング以上と定められた。母親が子どもと接触できない捨て子院の場合と異なり、この施設では養育費を支払い続ける励みになるよう、子どもに会いに行くことを母親たちに奨励していた。

北部産業都市における既婚女性の家庭外労働と託児・保育所

下院特別委員会はロンドンだけでなく、金銭を得て子どもを預かる乳母の習慣が普及している北部産業都市についても調査を行っている。マンチェスターの検屍官を二〇年以上務めたハーフォードは、彼の知る限り悪質なケースは一件のみで、マンチェスターには犯罪的ベビー・ファームは存在しないと証言している[47]。委員たちはこの問題についてほとんど追及せず、工場で働く既婚女性の育児に関心を向けた。

ロンドンやスコットランドの大都市ではベビー・ファーミングと託児はしばしば交錯していたが、ハーフォードによればイングランド北部の産業都市では、前者は存在しない一方、後者――すなわち、仕事に出かけるときに子どもを近所の女性に預け、帰りに子どもを受け取るのは女性工員の慣習的行為であった[48]。一八五一年のセンサスによると、ランカシャーでは同居する祖母や叔母などの親族がいる家庭は三分の一程度しかなく、家庭内に世話をする人がいない場合、親たちは生後数週間から三歳頃まで子どもを近隣の知人や親戚に預けた[49]。乳母（ドライ・ナース）は通常年とった女性で、「子守り以外の仕事はできそうにない人物」であり、小遣い稼ぎと親切心の半々から子どもを預かったという[50]。

マンチェスターには安全な子どもの預け先を確保することを目的に、当時保育施設が三か所設置されていた。そのうち、聖メアリ病院の医師ホワイトヘッドが名誉顧問を務める保育所は、利用料と寄付によって運営されている。保育所の定員は二〇名で、一日四ペンス（週二シリング）で生後二週間以上の子どもを、二人の乳母が朝五時から夕方六～七時まで預かった[51]。ホワイトヘッドによると、一八六九年からの一年半でのべ五〇一六人の乳幼児が利用したが、一例の死亡事故も起きていない。その理由は、パトロンであるレディや顧問の医師による厳しい監督、清潔への配慮、朝、昼休み、夜間の授乳の推進のほか、病気の子どもは預からない、アヘンや鎮静剤をいっさい与えない等の厳格な規則にあった。利用者は紡績工場労働者だけでなく、日雇雑役婦、ドレスメイカーなどさまざまだった[52]。

子どもの生存と母性主義

乳幼児の生命保護にとって重要なものは何だったのか。証言した医療関係者は乳児死亡の主要因を人工栄養保育にあるとし、母乳育の重要性を強調している。ハートは「母乳から離され、人工栄養で育つという事実だけでも、子どもの生存可能性にとっては有害です。……乳幼児の生命は絶え間なく献身的に世話する人間にほとんどすべて依存するといっていいくらいです。どんなに優れたやり方であっても、ほんのわずかでも注意が欠ければ新生児にとって致命的でしょう[53]」と主張する。

医師たちは母親のきめ細かい世話と子どもへの関心、そして母乳がなければ子どもは生存不可能であり、母親が子どもの最善の養育者であると主張する。一方で、彼らは労働者階級の母親の無知、不衛生な住環境と生活習慣を非難した。特別委員会において、父親については議論された形跡はほとんどなく、証言集の索引項目にも出てこない。保育所に関しては、ホワイトヘッドは子どもというより母親に対するチャリティとみなしており、保育施設の安易な拡大は家族による子の養育責任や家庭の絆を弱体化する恐れがあり、最小限にとどめるべきだと主張した。彼は「子どもの最良の保護者であるべき」母親の労働は、子どもの放置を引き起こすとして反対し、「工場法によって妊産婦や授乳中の母親の労働を禁止すべき」と述べている。(54)

ロンドン捨て子院や救貧院、母子保護施設、保育所において、子どもの生存率を高めていたのは、母乳と査察であった。これらの実践は、たとえ母親が不在でもそれに代わる適切な栄養と見守りがあれば、子どもが安全に育つことを示唆している。にもかかわらず、それら施設はあくまで例外的、緊急的措置として位置づけられ、貧しい労働者家庭や女性の実態は考慮されないまま、子どもに対する母親の養育責任のみが強調された。

子どもの保護に国家が果たす役割

乳幼児生命保護協会が提出した法案への批判は、親から預かった子どもを養育する人々を「金銭で雇われた乳母」として一様に規制の対象とし、登録や査察によって国家の監視下に置こうとしたことを発端としている。下院特別委員会は金銭と引きかえに乳幼児を私的に養育する行為には二種類あり、両者には明確な違いがあると結論付けた。すなわち、乳幼児が短期間で死亡することを前提とするベビー・ファーミングと、母親が家庭外で労働するための日中あるいは週単位での親族や近隣の人々による託児である。こうした区分に基づいて、下院特別委員会は労働者家庭の育児への介入を慎重に回避しようとしていた。

規制推進派のハートは査察の根拠として、もっとも無力な存在である「国家の幼い市民」を営利目的で養育する場合、精神障害者や知的障害者と同様、国家の保護が必要であると主張している。(55)「近隣の人々の善意による託児は査察から除外すべきではないか」との質問に、ハートは両者の違いは認めたものの、いずれの場合においても乳幼児が安全な状況下にないことは変わりないとしてすべての乳母を監視することを主張した。(56)乳幼児生命保護協会にとって、両者は子どもの生命と健康に有害という点で共通しており、規制によって多少個人の自由が抑圧されても、保護が優先されるべきであった。

ウィルトシャーは、ロンドンでは想像より多くの婚内子がベビー・ファームに預けられていると指摘し、もし親が義務を果たさないならば、政府は親と親の義務に介入し、子どもの養育責任を親から取り上げるべきだと主張している[57]。しかし、こうした意見は少数派で、委員の大半は査察に懐疑的であり、法制化による弊害の可能性を問いただすことにかなりの時間を費やしている。

一方、議会の外では女性参政権全国協会が法案に反対の声を上げた。女性参政権運動の中心的活動家であるリディア・ベッカーと協会のマンチェスター支部は、『乳幼児死亡――その原因と改善法』というパンフレットを出版し、親の子に対する責任の侵害、官僚主義、登録や査察にかかる税負担を非難し、個人の生活分野がますます個人から国家に引き渡されていることへの不快感を表明している[58]。女性活動家たちは労働者階級の託児の慣行に免許や査察を導入することは、個人の選択の自由を侵害するという点で法案に反対した。

子育ての苦闘

女性参政権全国協会が法案に反対したもう一つの理由は、婚外子の里子養育に関して、男性の性的放縦や養育責任を不問にしたまま女性を抑圧し、女性の権利を侵害するという点である。託児業の規制を推進した男性医療専門職者とフェミニストとの間には、売春婦の登録と医学的検査を義務付けた性病法と同様の対立構造をみることができる。乳幼児死亡の原因についても、彼女らと公衆衛生改革者との見解は大きく異なっていた。女性の立場からすれば、子どもの早すぎる死は不衛生な環境や不適切な養育方法などではなく、貧困と女性への抑圧、男女間の不平等に起因するものであった。

『乳幼児死亡』によると、労働者の家庭では家賃とパン代を両方払う夫は気前の良い方で、妻たちは自分の稼ぎで家族全員の衣類とパン以外の食物の費用をやりくりしなければならなかった。そのため、妊娠中も出産後も妻たちは休む間もなく働いた。しかも、女性の賃金は低く男性の半分程度であり、教育や職業訓練の機会が限られているためよりよい職に就くことも難しい。イングランドとウェールズの女性の平均賃金は週九シリングしかなく、差別により仕事を見つけることさえ難しい未婚の母が、一人で子どもを養っていくことは並大抵の苦労ではなかった。既婚女性の場合、夫のために妻は毎年母親になるか、流産しなければならず、際限なく増える家族によって生活苦は増し、妻たちの健康は損なわれた[59]。

やや時代は下るが、数少ない女性たち自身の声に耳を傾けてみよう。女性協同組合ギルドが実施した出産・育児に関するアンケートへの回答書簡集において、一八八〇～九〇年代に結婚した女性たちが自らの出産、子育てについて語っている。二一年間の結婚生活で九人の子をもうけた女性は、そのうち七人をわずか九年間で出産したが、生き残ったのは一人で、あとは失ったという。「子どもたちはどうやってやり繰りしようかという心配と、食べ物が足りないせいで死んでしまいました[60]」。別の女性は「ネジ工場で朝六時から夕方五時まで働き、午後のお茶が終わってから洗濯や掃除をしていました。〔最初の子が生まれた〕あとは下宿人をおき洗濯業を始めましたが、〔二人目からは〕赤ん坊が生まれる一時間かそこら前まで働いていたものです[61]」と述べている。

書簡集のなかで女性たちは、度重なる夫の失業や収入の変動でときには食べるものにも事欠き、妊娠中に十分な休息や栄養をとっていなかったこと、結婚するまでに妊娠、出産、子育てについていかに無知であったかを告白している。妻たちは貧困から派生する妊娠中の労働や栄養不良が、胎児や生まれてくる子どもの健康に影響していると感じていた。それでも母親たちが産前産後も休まず働くのは、ほかの子どもたちに食べさせるためであって、それこそが労働者階級の母親にとっての母性と責任感の表れだった[62]。たった一人の稼ぎ手とたった一人のケアの担い手しかもたない下層の人々の家族は脆弱で、配偶者の死や病気、失業によって危機に瀕した。母親が家庭で子どもたちの世話に専念するという中産階級的な家族の理想像と、下層の人々の家族の現実は多くの面でかけ離れていた。

おわりに

下院特別委員会は、出生・死亡登録の義務化、分娩施設の登録および里子養育を行う乳母とその家屋の登録と査察を勧告する最終報告書を提出した。ただし、規制の対象は営利目的で複数の乳児を養育する乳母に限られた。報告書には「このような限定的な法律であれば、仕事中あるいは日中だけ子どもを世話する人に委託する工業地帯の親たちの慣習に、不都合が生じるほど干渉することはないであろう」とある。(63)

下院特別委員会の勧告に基づき乳幼児生命保護協会は修正案を提出し、一八七二年乳幼児生命保護法が成立する。これにより、二人以上の一歳未満児を、二四時間を超えて養育委託される者は、地方当局に登録することが義務付けられ、地方当局は登録の審査、養育状況の査察を行うことになった。法案を早期に成立させるために、規制の目的は親が育てられず家庭外で養育される子どもの安全が保障されるよう、ベビー・ファーマーを監視することに限定された。(64)ただし、査察についての規定はなく、詳細は地方当局に委ねられた。そのため、実効性のある対策とは到底いえなかったものの、一八七二年改正救貧法婚外子条項の改定、一八七四年出生・死亡登録法の成立をもって乳幼児生命保護運動はいったんその役割を終えた。(65)

保育所や母子保護施設を拡大することが、乳幼児の生命保護にとってより効果的であることが実証されたにもかかわらず、それらの設置が考慮された形跡はない。ゴールドマンは一九世紀イギリスでは福祉にかかる経費は救貧税とチャリティによって成り立っており、社会科学協会が提案する社会政策は新たな税負担が生じない範囲と方法に限定されていたと指摘しているが[66]、まさにその通りであった。母子保健や乳幼児福祉のために財政支出が行われるようになるのは、出生力の低下と戦争によって一人一人の子どもの生命が重みを増す二〇世紀以降のことである。

生まれたばかりの子どもは圧倒的に傷つきやすく、一人では生きられない。特別委員会の議論においては、家族の責任と母親が自ら子育てすることの重要性が強調され、個人の自由な選択こそが最善という信念のもと、近隣の人々による託児に対しては不介入の立場が貫かれた。この時代の乳幼児保護運動はさしたる成果を残さなかったように見えるが、乳幼児の生命について国民的な議論が行われ、その過程で乳幼児の安全や健康を損なう要因が社会的文脈のなかで解明されたことの意義は小さくはない。無関心のなかで失われる子どもの命、男女の不平等と未婚の母の苦境、貧しい労働者階級の母親たちの子育ての苦闘に光が当てられたことが、次の時代の乳幼児福祉への扉を開いたのであった。

注

（1）*Lloyd's Weekly London Newspaper*, May 1, 1870, p.10.

（2）ウォーターズ事件については、R. E. Homrighaus, *Baby Farming: The Care of Illegitimate Children in England, 1860-1943*, PhD Thesis, University of North Carolina, 2003; M. Arnot, "Infant death, child care and the state: the baby-farming scandal and the first infant life protection legislation of 1872", *Continuity and Change*, 9 (2), 1994, pp.271-311. 小川富士枝『イギリスにおける育児の社会化の歴史』新読書社、二〇〇三年が詳しく論じている。

(3) E. Chadwick, "Address on public health", *Transactions of the National Association for the Promotion of Social Science*, London,1860, p.580.(以下、TNAPSS と略記)

(4) 社会科学知識普及協会、通称、社会科学協会については、L. Goldman, *Science, Reform, and Politics in Victorian Britain: The Social Science Association 1857-1886*, Cambridge, 2002 による。

(5) TNAPSS, 1861-1870.

(6) イングランド及びウェールズにおいて出生、死亡、結婚の登録は教会が行っていたが、一八三七年以降基本的には教区連合を単位として、登録区(Registration District)が設けられ、監督登録官が置かれることになった。登録区はさらに小さな地区に区分され、この地区登録官に対し人々は出生、死亡を届け出た。四半期ごとに監督登録官は、地区登録官から集めた届書のコピーを中央登録官に送付し全国統計が作成された。

(7) 一八六二年の中央登録局年次報告によると、出生者数一万人当たりの一歳未満児(男児)の死亡率は、イングランド平均で一五八二、農業地域のウェスト・モーランドでは一二八七、ノース・ヨークでは一二七五であるのに対し、産業地域のウエスト・ヨークでは一八三二、イースト・ヨークでは一七一八、港湾都市リバプールでは二三〇〇にも達した。W.D. Husband, "Infant Mortality", TNAPSS, 1865, p.501.

(8) イギリスでは子どもを静かに眠らせるために、成分にアヘンを含むシロップ状の鎮静剤や睡眠薬が市販され使用されていた。

(9) Husband, "Infant Mortality", p.499.

(10) 検屍官とは選挙によって選ばれ、死因不明の死体について検屍を行い、検屍陪審を招集する役割をもつ官吏である。

(11) E. Lankester, "Infanticide, with reference to the best means of its prevention", TNAPSS, 1867, pp.216-224.

(12) 一九世紀には、乳歯が生える六ヵ月から二歳ごろの乳幼児の死亡率が高いことと、生歯には深い関連性があるとみなされていた。生歯(teething)とは、乳児の歯が生えることで、この頃の夜泣きや原因不明の微熱は歯茎への刺激が原因と考えられ、その苦痛を軽減するためにアヘンを含む鎮静剤が使用されることがあった。

（13）George K. Behlmer, *Child Abuse and Moral Reform in England, 1870-1908*, Stanford University Press, 1982, p.18.

（14）Mary P. English, *Victorian Values: The Life and Times of Dr. Edwin Lankester M.D., F.R.S.*, Bristol, 1990.

（15）ハーヴェイ協会はデボンシャーで起こった金銭目的の里子殺害をきっかけに委員会を立ち上げ、子殺しの問題を幅広い社会的文脈に位置づけた報告書をまとめた。出生および死産登録の義務化、里子養育の規制、婚外子への養育費の値上げ、未婚の母の施設収容などから成る二〇の勧告が決議され、一八六七年ダービー内閣の内務大臣ウォルポールに提出されたが、その包括性ゆえに問題は棚上げされてしまった。

（16）ランケスターやファーは苦労しながら徒弟として医学を学んだため、ロンドンの病院にポストをもつエリート医師とは無縁であった。ハートは医師として成功したが、ユダヤ人であったため社会的に疎外されていた。英国医学協会の前身は、「地方医学・外科学協会」といい、首都以外の開業医の利害の代表と親睦を目的とする団体であった。Peter W. J. Bartrip, *Mirror of medicine: British Medical Journal*, London, Oxford, 1990.

（17）Ibid.,p.99.

（18）Report from the Select Committee on Protection of Infant Life, 1871, p.227.（以下、RSCPIL と略記）

（19）クライスト・ホスピタル（一五五二年）等が創設されたが、長くは続かなかった。

（20）P. Laslett, *The World We Have Lost; further explored*, (3rd ed.) London 1983［P・ラスレット（川北稔ほか訳）『われら失いし世界——近代イギリス社会史』三嶺書房、一九八六年］.

（21）RSCPIL, pp.83-90.

（22）RSCPIL, pp.86-87.

（23）Jessica A. Sheetz-Nguyen, *Victorian Women, Unwed Mothers and the London Foundling Hospital*, London, 2012, pp.136-159.

（24）RSCPIL, pp.117-118.

（25）RSCPIL, pp.254-261.

（26）RSCPIL, pp.261-271.

（27）RSCPIL, p.175.

（28）RSCPIL, pp.184-185.
（29）退所後の子どもの世話について相談するため、入所者の母親や姉妹、叔母に面会に来るよう促したり、母親たちに仕事を紹介し、教区内に住込みで働くことが決まった場合には、低廉な扶養料で子どもを預る救貧院もあった。RSCPIL, pp.261-271.
（30）産院では母親が希望すれば、赤ん坊に洗礼や種痘を受けさせることができた。退院の際には衣類や金銭が贈られることもあった。
（31）一八八四年には院内出産数七七五件に対し五〇五名が未婚の母であった。T. Ryan, *The History of Queen Charlotte's Lying - In Hospital, from its Foundation in 1752 to the Present Time, with an Account of its Objects and Present State*, London, 1885.
（32）Sheetz-Nguyen, *Victorian Women*, pp.154-155.
（33）Ryan, ibid., p.47, pp.60-62.
（34）RSCPIL, p.275.
（35）Bartrip, *Mirror of medicine*, pp.100-101.
（36）RSCPIL, p.2,15-16.
（37）RSCPIL, p.16.
（38）RSCPIL, p.28.
（39）RSCPIL, p.4.
（40）RSCPIL, p.16-17.
（41）RSCPIL, p.71.
（42）捨て子院では一人当たり年間二一ポンド一一シリング六ペンス（施設維持費の一部や徒弟支度金は除く）、地方の里子養育の場合一人約一三ポンド七シリングが、メイン夫人の施設では母親一人あたり約一三ポンドの経費がかかっていた。ただし、後者の場合、乳母養育にかかった費用五一四ポンドのうち、母親たちが約三九〇ポンドを負担しているため、寄付などで賄われるのは一人当たり約八ポンドであった。RSCPIL., p.241, 274.
（43）RSCPIL, p.240.

(44) 以下の記述は、RSCPIL., pp.212-219.
(45) RSCPIL, p.216. TNAPSS, 1870, p.210. も参照。
(46) 一八七〇年に施設の仲介により里子に出された乳児は一〇二名である。
(47) この事件で警察が保護した一〇ヵ月の乳児は、極度の栄養失調で衰弱しており体重はわずか三三〇〇グラムしかなかった。新聞広告で集めた里子を養育していたフランシス・ロジャースは殺人罪、殺人未遂罪、詐欺罪に問われ、二〇年の懲役となった。*The Manchester Guardian*, Mar 28, 1871, p.6. *Western Mail*, Monday 31 July 1871, p.2.
(48) RSCPIL, p.92.
(49) M. Hewitt, *Wives & Mothers in Victorian Industry*, Greenwood Press, 1975, p.129.
(50) RSCPIL, p.92, 153, 162. マンチェスターの労働者の平均賃金は、男性一六シリング、女性一一シリングで、託児料金は週二シリング六ペンスから三シリング六ペンスである。
(51) 子どもの年齢は生後一ヵ月未満一二パーセント、三〜六ヵ月二八パーセント、六ヵ月〜一歳未満一三パーセントで、一歳児九パーセント、二歳児一一パーセント、三歳児一〇パーセント、四歳児以上七パーセントである。年齢による料金の違いはなかった。
(52) RSCPIL, pp.153-156.
(53) RSCPIL, p.14.
(54) RSCPIL, pp.161-162.
(55) RSCPIL, p.13.
(56) RSCPIL, pp.14-15.
(57) RSCPIL, p.22.
(58) *Infant Mortality: Its Cause and Remedies*, Manchester, 1871.
(59) *Infant Mortality*, pp.25-26.
(60) The Women's Co-operative Guild, *Maternity: Letters from Working-Women*, 1915, New York and London, reprinted in 1980, p.20.

（61）Ibid, p.161.
（62）松浦京子「試練と苦闘の連続――労働女性にとっての出産・子育て」『クロノス』九号、一九九八年、八～九頁。
（63）RSCPIL, p.vii.
（64）救貧法や慈善施設が関与する里子養育は規制の対象から除外された。
（65）一八七二年改正救貧法婚外子条項により、父親の負担する養育費の上限が週五シリングに値上げされ、支給期間も一六歳までに延長された。一八七四年出生・死亡登録法は、四二日以内の出生登録、八日以内の死亡登録を義務化し、違反した場合の罰金制度を新たに設けた。しかし、子殺しや中絶の隠れみのになっているとして、乳幼児生命保護協会が主張した死産の届出については見送られた。
（66）Goldman, *Science Reform*, p.269.

第4章　統治権力としての児童保護
――フランス近現代史の事例から

岡部造史

はじめに

フランスの近現代史家ペローは自らが編集した『私生活の歴史』第四巻（一九八七年）において、一九世紀において子どもはかつてないほどに家庭の中心を占める一方で、あらゆる種類の「投資」の対象にもなったと述べている。すなわち、当時彼らは単なる個人としての存在ではなく、将来の市民・生産者・兵士・母親といった「社会的な存在」であると考えられていた。その結果、彼らの保護、育成、あるいは規律訓練を目的として民間の博愛主義者や医師、さらに公権力までもが、さまざまな回路を通じて家庭と子どもとの間に入り込んでいく(1)。このようにして、とくに第三共和政の前半期（一八七〇～一九一四年）になると、フランスでは乳幼児の保護、児童労働の規制、児童虐待の処罰など、児童保護にかかわる諸施策がそれまでにない規模で整備されていくことになる(2)。

こうした一連の児童保護に関する施策は、確かに一面において子どもの生活条件の改善に役立つものであり、社会福祉の発展、とくに二〇世紀半ばの福祉国家の成立にいたる動きのひとつとして捉えることができる。しかしそれはまた、国家や支配階層が子どもの保護を名目として、とくに民衆層の私生活に介入し、場合によってはそれを再編・規格化するものでもあった。フランスの哲学者フーコーが言うように、近代における権力とは人びとの「生」を保護・管理するという性格を持つものであるならば[3]、児童保護という行為もまた、近現代社会における統治権力のひとつとして捉えることが可能であろう。

近年、西洋近現代史研究において福祉への関心が高まっているが、その背景には現在の福祉の機能不全だけでなく、上記のような権力論・統治論の動向に影響され、保護・福祉のありかたを通じて社会における権力や統治の実相に迫ろうとする姿勢があるように思われる。なかでも児童保護は家族関係・親子関係といった人々の親密圏に直接かかわるものであり、国家と社会との関係、あるいは権力・統治という問題においてとくに重要と考えられるのである[4]。

しかし、その具体的な施策がきわめて多岐にわたることもあってか、フランス近現代における児童保護について、これまで歴史研究が十分に取り組んできたとはいえない。もちろん、子どもの歴史についてはアリエスの先駆的業績[5]以来数多くの研究が積み重ねられており、とくに教育に関する研究の蓄積は多い。さらに近年では福祉史における子どもや家族をめぐる政策の重要性が指摘されてもいる。しかし、フランス近現代の児童保護あるいは児童福祉に関しては、いまだ歴史家による基本的な概説書すら存在しないというのが実状なのである[6]。

本章では以上のような問題状況を踏まえて、フランス近現代の統治権力としての児童保護について、若干の検討をおこないたい。以下ではまず、フランス近現代（ここでは主に一九世紀初めから二〇世紀半ばまでの時期を指すものとする）においてどのような児童保護の施策がなされたのかについて概略的に述べ、次に児童保護と統治権力をめぐるこれまでの研究状況を整理し、現段階における問題点を確認する。そして最後に、統治権力としての児童保護の性格の一端を明らかにする試みとして、一九世紀における捨て子の受け入れ方法をめぐる議論を分析する。

第一節　フランス近現代児童保護史の概略

一九世紀以前

一九世紀以前において児童保護とは、基本的に捨て子や孤児の保護を意味していたといってよい。フランスでは中世以来、捨て子が発見された場合、その土地の領主が扶養の費用を負担するとされていたが、実際にはこうした責任が果たされないことも多く、そうした場合には都市や村落の住民共同体が子供の扶養を引き受けることもあった。また当時カトリック教会が捨て子の保護に果たした役割は大きく、彼らが建設した施療院《オピタル》などは捨て子を受け入れる主要な施設であった。とくに一七世紀のヴァンサン・ド・ポールらによる捨て子救済活動は、よく知られている。

一七世紀になると、王権が新たな救貧施設（「総合施療院《オピタル・ジェネラル》」）の設置を通じて、捨て子の保護にも関与するようになる。しかし総じてアンシャン・レジーム期（一六〜一八世紀）における児童保護はきわめて不十分なものであり、施設に収容された捨て子の死亡率はきわめて高く、たとえ彼らが運よく生き延びた場合でもまともな職業に就くことは比較的少なかったとされる。

一七八九年に勃発したフランス革命は、こうした状況に対して新たな構想を提起することになった。史上初めて「生存権」という考えを提起したことで知られる当時の救貧委員会（「物乞い根絶委員会」）は、児童保護につ

図4－1　捨て子用「回転箱」（フランス北部の都市プロヴァンで用いられていたもの）

出典：Dupoux, Albert, *Sur le pas de Monsieur Vincent : Trois cents ans d'histoire parisienne de l'enfance abandonnée*, Paris, 1958.

いても公的責任による救済を主張し、これを受けて一七九一年憲法では捨て子に対する公的救済義務が規定された。さらに一七九三年の六月には、捨て子に対する国家の養育責任、多子家族への援助、母親への産前手当、未婚の母親の子どもへの在宅育児手当といった多様かつ斬新な措置が打ち出され、翌月には捨て子はすべて「祖国の子ども」と呼ばれることになった。これらの施策は当時の財政難やその後の革命の後退によって挫折したが、捨て子保護についてはその後も改革が継続することになる。

一九世紀初め——全国的な児童保護システムの成立

表4・1はフランス近現代の児童保護に関する主な法律をまとめたものであるが、フランスではナポレオン期の一八一一年の政令によって初めて全国的な児童保護システムが設置された[7]。この政令では、捨て子を受け入れる養育院が少なくとも各郡にひとつずつ置かれ、そこでは回転箱《トゥール》と呼ばれる、姿を見られずに捨て子をおこなうための道具による匿名・無制限の受け入れが規定された。子どもは六歳まで養育院で育てられた後、一二歳まで農民や職人のもとに預けられ、その後は海軍に入隊するか、さまざまな職種の徒弟奉公に出されるとされた。

しかし回転箱による無制限の受け入れは、やがて捨て子の扶養負担の大幅な増加を招くことになる。また後述するように、一九世紀前半の支配階層は子どもを捨てる行為を道徳的観点からも問題とした。こうした結果、各

表 4－1　フランス近現代における主な児童保護関係法令

法律の年月	法律の正式名称（カッコ内は法律の通称または本章で用いる略称）
	［19 世紀（1870 年以前）］
1811 年 1 月	捨て子と貧しい孤児に関する政令
1841 年 3 月	製造所、工場、あるいは作業場において雇用される子どもの労働に関する法律（児童労働法）
1869 年 5 月	児童扶助業務の支出に関する法律
	［第三共和政（1870 ～ 1940 年）］
1874 年 5 月	工業において雇用される子どもと未成年女子の労働に関する法律（改正児童労働法）
1874 年 12 月	巡業において雇用される子どもの保護に関する法律（巡業児童労働法）
1874 年 12 月	乳幼児、とくに里子の保護に関する法律（乳幼児保護法）
1889 年 7 月	虐待された、あるいは精神面で遺棄された子どもの保護に関する法律（児童保護法）
1898 年 4 月	子どもに対する暴力、乱暴行為、虐待行為、加害行為への処罰に関する法律（児童虐待処罰法）
1892 年 11 月	工業施設における子ども、未成年女子、成人女性の労働に関する法律
1904 年 6 月	児童扶助業務に関する法律（児童扶助業務法）
1904 年 6 月	難しい、あるいは手におえない公的扶助機関の児童の教育に関する法律
1912 年 7 月	少年裁判所と保護観察処分に関する法律（少年裁判所法）
1913 年 6 月	妊産婦の休暇に関する法律（産児休暇法）
1914 年 7 月	多子家族の扶助に関する法律（多子家族扶助法）
1923 年 7 月	多子家族への国家助成に関する法律
1932 年 3 月	労働法典第 1 巻第 3 部、第 5 部、及び民法典第 2101 条を修正する法律（家族手当法）
1935 年 10 月	児童保護に関する政令
1935 年 10 月	乳幼児保護に関する 1874 年 12 月 23 日法を修正する政令
1939 年 7 月	家族とフランスの出生率に関する政令（家族法典）
	［第二次大戦後（1945 年～）］
1945 年 2 月	少年犯罪に関する行政命令
1945 年 11 月	母子保護（PMI）に関する行政命令
1946 年 8 月	家族給付制度を定める法律
1956 年 1 月	家族社会扶助法典［児童社会扶助（ASE）を含む］

出典 : J. B. Duvergier, *Collection complète des lois, décrets, ordonnances, règlements et avis du Conseil d'Etat: Journal Officiel de la République française, Lois et décrets.*

地の回転箱は次々と廃止され、その代わりに養育院の受け入れ事務室が事前の調査をおこなった上で受け入れるという、捨て子の規制がおこなわれるようになった。また一八四〇年代からは、捨て子の予防策として、未婚の母親の育児負担を軽減するための金銭や現物による在宅援助（「一時的援助」）が捨て子受け入れと並行して実施されるようになり、これは一八六九年の法律で制度化されることになる。

もっとも、当時の児童保護はこうした公的なシステムによってのみ担われていたわけではなく、民間レヴェルの児童保護事業も存在した。その大部分は修道会系の施設であったが、「孤児院」、「避難所」といった名称で呼ばれ、孤児や一定の年齢に達した捨て子、さらに貧困家庭の子どもなどを引き受けることで、公的保護と役割を分担し、さらにそれを不十分ながらも補完していた。慈善的な意味で児童保護にかかわっていた施設の数は一九世紀末において一〇〇〇以上を数えたとされる(8)。

さらに一九世紀における工業化の進展は、捨て子だけでなく、工場や作業場などで酷使される子どもの教育や健康状態に対する人々の関心を集め、児童労働の規制という新たな児童保護の領域を生み出すことになった。その結果、一八四一年三月にはフランス初の児童労働法が成立し、原則八歳未満の子どもの労働が禁止された。この法律はまたフランスで最初の労働立法でもあったが、適用範囲が一定の規模以上の工場などに限定され、また法律の実施を監督する視察官も置かれなかったため、現実にはほとんど実施されなかった。

第三共和政期――児童保護政策の本格化

以上のように、フランスでは一九世紀後半まで捨て子や働く子ども以外の児童保護政策は存在しなかったといえる。しかし一八七〇年の第三共和政の成立はこうした状況を大きく変え、新体制樹立から間もない一八七四年には早くも改正児童労働法、巡業児童労働法、乳幼児保護法の三つが相次いで制定された。その背景には、一八七一年の普仏戦争の敗北によって、人口面や道徳面でのフランスの再生が政治党派を問わず国政上の課題として認識されたことがある。たとえばこの時期の児童保護政策の中心人物であり、乳幼児保護法の提案者であったテオフィル・ルーセルは、乳幼児の死亡をくい止めることがフランスの「物質的道徳的修復」に貢献することになるという趣旨の発言をしている(9)。

続く一八八〇年代は共和政の確立期であるが、この時期には子どもを生命や健康面で保護するだけでなく、モラルや教育面において体制内に統合することが国政上の一大争点となった。その代表的な政策は初等教育の無償・義務・非宗教（世俗）化であるが、じつはこれと並行して、親によって放置されたり虐待を受けるといった、通常の家庭環境で育てられていない子どものモラルや教育の問題も議論されていた。その結果一八八九年の児童保護法では、裁判所が子どもを虐待した親の親権を剥奪できることが規定され、こうした被害を受けた子どもが新たに児童保護の対象となった。またその補完として制定された一八九八年四月の法律では、犯罪をおこなった子どもについても親から引き離して保護できるとされた。こうした動きは少年裁判所の設置を定めた一九一二年七月の法律によってさらに加速されていく。一方、このように児童保護の対象が拡大されたことを受けて、一九〇四年の児童扶助業務法では一八一一年政令以来の法規の統一・体系化がおこなわれた。

これらの政策では、児童労働や児童虐待など、通常の家庭とは異なる環境に置かれた子どもが保護の対象であった。しかし第一次大戦前夜には人口問題（人口増加率の低下）が国政上の重要課題となったこともあり、通常の家庭の子どもも保護の対象とされた。一九一三年七月の法律では子どもが四人以上で困窮した家庭に対する扶助が規定され、また同年六月の法律では母親の産児休暇が規定され、出産前の子どもと母親までもが新たに保護の対象となった。さらに大戦後の一九三五年一〇月には、職業や生活に関して何らかの問題があるすべての一八歳未満の子どもが保護の対象とされるにいたる。こうした児童保護の流れは第二次大戦後になると、母子保護制度（PMI）（一九四五年）、家族給付制度（一九四六年）、児童社会扶助制度（ASE）（一九五六年）といった複数のシステムに分岐して受け継がれていくことになる。[10]

以上概観したように、フランス近現代の児童保護は一九世紀初めに捨て子に関する全国的なシステムが成立し、その後第三共和政期に飛躍的に発展した。その結果、子どもの保護の範囲が拡大されただけでなく、母子保護や家族政策のひとつの起源を形成することにもなった。次に、このフランスの近現代の児童保護に関する先行研究の状況を整理しておきたい。

第二節　児童保護をめぐる研究史——統治権力との関連で

統治権力としての児童保護への関心

そもそもフランス近現代福祉史は、従来イギリスやドイツに対する福祉の後進性が指摘されてきたこともあり、それほど早くから研究者の関心を引いてきたとはいえない。そうした中で、児童保護のありかたが注目されたのは、近現代社会における権力や統治をめぐる問題意識においてであった。すでに一九六〇年代末にボルタンスキが一九世紀末以降の近代的育児法の普及を民衆層の私生活規制の手段として位置づけているが、[11]より影響が大きかったのは、一九七〇年代に前述のフーコーの権力論の影響を受けた社会学者たちによる研究である。[12]彼らは、近代家族が子どもを中心として形成されたとするアリエスと、人びとの生命に対してポジティヴな意味で働きかけることが近代の権力の本質だとするフーコーのそれぞれの所説に基づき、近代以降の家族と国家との関係について、子どもを中心とする近代家族モデルの普及が社会階層ごとに異なった戦略の下でなされたこと、そしてそれらの戦略において、民衆層の家族が国家や支配階層による社会統合のための管理装置として位置づけられるにいたったことを明らかにした。

本章との関連で注目すべきは、こうした家族への戦略において、子どもの保護をめぐる施策が重要な役割を果たしたとされていることである。たとえば一九七七年に『家族の取り締まり』というタイトルの著作を発表したドンズロは、捨て子の保護や児童労働の規制などの児童保護の諸施策が、民衆層の家族を統治戦略の末端の装置として組み込んでいくプロセスを明らかにし、とくに一九世紀末以降、少年裁判所や児童福祉機関、ソーシャルワーカーなどからなる「後見複合体」が家族を包囲していくプロセスを詳細に描写している。またメイエも同年の著作『子どもと国家理性』において、とくに一九世紀末から本格化する、国家による家族の規制による「社会の統合・規格化」の作業は「子どもの権利の体系化」によっておこなわれたとし、一八八九年の児童保護法や一八九八年の児童虐待処罰法といった施策がそうした役割を担った点を強調している。

このドンズロやメイエの議論は、社会福祉を「社会的統御」の手段として把握する当時の学問的潮流に属するものであったといえる[13]。彼らの研究は歴史的な内容を十分に含んではいたものの、実証的な分析は主に同時代に関するものであり、また主張が明解な分、議論が図式的すぎるとみなされたためか、その後多くの批判にさらされることになる。しかし前述のペローが一九八七年の日本での講演において、これらの研究に依拠しつつ児童保護を一九世紀の国家による私生活介入の「きわめつけの領域」として位置づけていることからもみてとれるように[14]、児童保護の統治権力としての側面そのものについては、基本的に否定されることなく今日にいたっていると考えられる。

実証研究の展開

こうして、児童保護をひとつの統治権力として位置づける議論が一九七〇年代に登場するが、一九八〇年代に入ると、とくに英米圏において、ドンズロやメイエの議論を批判的に検討し、児童保護をその具体相において実証的に明らかにする研究があらわれ始める。たとえばクセルマンは一九八〇年の博士論文において第三共和政の児童保護政策に関する国政レヴェルの議論を分析し、当時の支配階層が一致して児童保護による民衆層の私生活規制を意図していたわけではなく、そこには一定程度の意見対立が存在していたとする。彼女によれば、国家の私生活介入の拡大を支持するかどうかは必ずしも政治家の考えに基づくものではなく、彼らが政権の座にいるかどうかによって左右されたのであり、また、より徹底した児童保護を支持する博愛主義的な政治家と保守的な議会多数派との間には常に緊張状態が存在していた(15)。またリンチは一九世紀前半の国家の家族介入の問題について、ドンズロの研究が支配階層の言説の分析にとどまり政策の実施にまで踏み込んでいない点を批判し、捨て子の保護や児童労働規制が実際の現場において多くの困難に直面し、支配階層の意図が十分に実現しなかったことなどを繊維工業都市の事例から実証的に明らかにした(16)。またウェイスバックも、一九世紀フランスの児童労働規制がその実施においてあまり効果をあげなかった点を指摘している(17)。

このような政策をめぐる実証研究のひとつの到達点といえるのが、一九九〇年のロレ＝エシャリエによる第三共和政期の乳幼児政策の研究である(18)。彼女はここで子どもを国家が家族を統御するための、あるいは支配階層が自らの生活様式を押しつけるための手段とするような見方を、「道具主義的（instrumentaliste）すぎる」とし、児童保護の施策をさまざまな人員が関与し、妥協や再検討を伴う「複雑な社会プロセス」として捉える。その上で彼女は政策の立法過程や為政者の議論だけでなく、地方自治体や民間団体なども含めた現場における活動の諸相や、政策がもたらした実際の効果なども含めた非常に広範な範囲の分析を展開している。

他方、為政者の言説や活動ではなく、児童保護を現場で担当したさまざまなアクターに注目する研究もみられる。たとえばクニビレールは第一次大戦から一九七〇年代初めにかけて活躍したソーシャルワーカーの証言集を一九八〇年に出版しているが、そこではドンズロらの議論が言及されつつ、彼女らの実践が職場や時代によって大きく異なっていたことが強調されている。[19] さらに一九九〇年代以降は、児童労働規制を担当した労働視察官に関するヴィエットの研究と、捨て子の保護などを管轄する公的扶助視察官に関するドゥ＝リュカの研究が出されている。[20] これらの研究はドンズロらの議論を直接批判するものではないが、児童保護のアクターの行政上の立場、彼らが地域社会で置かれていた複雑な勢力状況、また、彼らの活動が個人によって大きく異なっていたこと、独自の職業的アイデンティティを有していたこと、さらに場合によっては国政レヴェルの政策に先んじていたことなどを明らかにしており、児童保護に体現される統治権力のありかたを実態面において大きく相対化するものであったといえる。

以上みてきたように、ドンズロらによって児童保護の私生活統治における役割が注目されて以来、為政者の議論、政策の実態、あるいは現場で活躍したさまざまなアクターをめぐって実証的な分析がなされるようになり、児童保護史に関する具体的なイメージが明らかにされている。しかしこれらの諸研究ではドンズロらの議論が批判・相対化される一方で、統治権力の問題そのものについて十分に検討されてきたとは言いがたい。事実、管見の限り、一九八〇年代以降、この問題を正面から扱った研究はほとんどみられない。さらに一九九〇年代以降の児童保護史研究は、「一九七〇年代の早急な一般化を避け」、制度や民間団体の個別事例の分析に取り組む傾向にあるともいわれる。[21] 以下ではそうした中から、統治権力の「あいまいさ」に着目した研究について紹介したい。

統治権力のあいまいさ

一九九七年に刊行されたシェイファーの研究は、管見の限り、ドンズロ・メイエ以降、フランス近現代の児童保護における統治権力のありかたについて正面から論じたほとんど唯一のものである。[22] 彼女はここで、第三共和政期の一八八九年法で実現した「精神面で遺棄された子ども」の保護の問題を、その国政レヴェルでの立法過程と、パリを含むセーヌ県における議論と実践の二つの側面から取り上げているが、その分析における関心は児童保護のありかたそのものよりもむしろ、「精神面での遺棄」あるいは「精神面での危険」という児童保護の新たなカテゴリーが、どのようにしてフランスの家族規制の言説や実践に組み込まれていったのかという点に置かれている。

シェイファーが一貫して強調するのは、「精神面で遺棄された子ども」の保護における統治権力の「あいまいさ」や「矛盾」あるいは「不確実性」といった問題である。彼女によれば、一八八九年法成立にいたる議論において、為政者は私生活介入の戦略を積極的に追及したわけではなく、むしろ国家による親権の制限が社会秩序の基盤としての家族を弱めることにもなるという矛盾に直面し、終始「行き過ぎへの恐怖」の中で改革に取り組んでいた。そのため、第三共和政の児童保護改革は、国家は家族が失敗した時にのみその内部に介入するという「緊急的保護措置」として提示され、そこでは実際に公的領域と私的領域の境界が変更されることはなかった。一方、一八八九年法における「精神面での遺棄」という概念はその具体的範囲があいまいなものとして定義され、そうしたあいまいさは地方レヴェルでの裁判所や県行政における保護実践においても払拭されることがなかった。このように、彼女はドンズロやメイエと異なり、児童保護による家族規制のありかたを、当初から複雑かつ不確実性を持つものとして把握する。

このシェイファーの研究は、児童保護における統治権力の問題そのものについて、一八八九年法という具体例に基づいて実証的分析を試みたものとして高く評価できる。とくに、ドンズロやメイエにおける統治権力のどちらかというと直線的なイメージに対して、権力のあいまいさや両義性の問題を指摘したことの意味は大きい。ただし権力の具体的性格やその変化といった問題については十分に検討されているとは言いがたく、また統治権力の構築の際の言説やメタファーの役割が強調されるため、社会との関係がみえにくくなっているともいえる。今後の研究は、こうした統治権力のあいまいさ・複雑さを前提としつつ、その具体的なありかたを、社会との関係も含めて考察する必要があると思われる。

第三節　児童保護における統治権力の論理
――捨て子の受け入れ方法に関する議論をめぐって

前節にて明らかになったように、統治権力としての児童保護の歴史的研究は、実証的な分析によって権力の限界やあいまいさ、複雑さが明らかにされる一方で、権力そのものの性質を問う試みは現在まであまりおこなわれていない。この問題に接近するひとつの方法として、本節では児童保護における統治権力の論理の問題を取り上げる。

この問題については近年、一九世紀以降の歴史を同一の論理に基づく統治権力の拡散・包摂の過程として捉える従来の見方に疑義が唱えられており[23]、筆者も第三共和政期の児童保護に関して、為政者内部において複数の対立する論理が存在していたことをすでに明らかにしている[24]。以下ではそれとは別の観点から、フランス近現代の児童保護における最も重要な争点のひとつであった捨て子の受け入れ方法をめぐる議論を素材として、そこにおける統治権力の問題を検討したい。

一九世紀フランスの捨て子受け入れをめぐる論争――回転箱の是非をめぐって

第一節において述べたように、一九世紀初めのフランスでは回転箱による匿名・無制限の受け入れが全国的に

図４－２　回転箱による捨て子の様子（アンリ・ポッタンの図案による印刷物『捨て子、回転箱の内と外』19世紀初め、ルアン、フロベール・医学史博物館蔵（部分））

出典：MUSEE FLAUBERT ET D'HISTOIRE DE LA MEDECINE, *Les enfants du secret : Enfants trouvés du XVIIIe siècle à nos jours*, Paris, 2008, p.9.

図４－３　受け入れ事務室による捨て子の様子（エドゥアール・ジュレ作『養育院にて――子捨て』1886年、サンリス美術考古博物館蔵）

出典：MUSEE FLAUBERT ET D'HISTOIRE DE LA MEDECINE, *Les enfants du secret : Enfants trouvés du XVIIIe siècle à nos jours*, Paris, 2008, p.164.

制度化されるが、この回転箱は一八三〇年代から廃止され始め、それに代わって受け入れ事務室による捨て子受け入れの規制がおこなわれることになる。その結果、一八九八年の議会史料によれば、一八二〇年代末には約二七〇を数えた回転箱は、一八六二年にはわずか五つにまで減少したとされる。

しかしその後も、回転箱による受け入れを再開すべきであるという主張は根強く残り、一九世紀を通じてこの問題は国政レヴェルを含めた論争を引き起こすこととなった。たとえば第二共和政期の一八四九年には捨て子問題を検討する議会外委員会が設置されているが、そこでは回転箱を再開すべきか否かをめぐって委員の間で意見が分かれ、結局再開の案は否決されるものの、その後設置された議会内委員会では逆にすべての県において回転箱を再開する案が議会に提出されている。続く第二帝政期の一八五三年にも、同様の提案をめぐって議会の委員会において論争が起こるが、この時も結局、回転箱を設置または廃止するにあたっては内務大臣の命令などが必要であるという、いわば手続き上の妥協案が出されるにとどまり、問題の根本的な解決にはいたっていない。さらに普仏戦争の敗北に伴って人口問題がクローズアップされた一八七〇年代においてもこの問題は再び議論されており、三たび回転箱による受け入れの再開を求める提案が議会に出されている[25]。

この論争において、回転箱の再開を求める人びと（以下「回転箱支持派」と表記）の主張は回転箱が捨て子の母親の家族の名誉を守る、あるいは回転箱の廃止によって堕胎や子殺しが増加しているというものであり、他方、回転箱による受け入れに反対する人びと（以下「回転箱反対派」と表記）の主張は、従来の回転箱による無制限の捨て子受け入れは捨て子保護の支出を大幅に増加させるし、また未婚の母親などの不道徳なふるまいを助長することになるというものであった。したがって、ここでの論争は、基本的には財政や道徳、人口といった論点にかかわるものであった。

しかしこの問題は、家族への介入のありかたをめぐるものでもあった。ドンズロが指摘するように、一九世紀以前からおこなわれていた捨て子の規制なしでの受け入れは、家族にとって望ましくない要素である捨て子を秘密裏に隔離することで彼らの名誉を守り、統治の基盤としての家族の力を維持するという意味をもつものであった。したがって、回転箱支持派の主張においては、権力が家族のありかたそのものに介入する契機は基本的に存在しなかったといえる。これに対して一九世紀前半以降の捨て子受け入れの規制と未婚の母親に対する「一時的援助」の支給は、支配階層の家族モデル、すなわちいわゆる近代家族規範[26]に即して民衆層の家族モラルを矯正するという、当時の支配階層、とくに回転箱反対派の人びとの民衆層に対する戦略の一部をなすものであった。すなわち論争自体がいかに他の問題を中心になされていたとしても、そこには家族介入による統治権力のあり方をめぐる対立が内包されていたと考えられる。

現場レヴェルでの「開放受け入れ制」の実践

では、こうした捨て子受け入れ方法をめぐる国政レヴェルでの対立の中で、捨て子保護の現場ではどのような選択がなされていたのか。前述のように、一九世紀前半以降、各地では回転箱の廃止が順次おこなわれており、受け入れに際しては厳しい規制がおこなわれるようになっていた。さらに一八七〇年代初めには普仏戦争敗北の影響もあって規制の手続きがより複雑となり、事前調査も厳しくなって警察の取り調べのような様相を呈することすらあった。実際、この時期には回転箱再開の提案を支持する県議会はかなり少なかったとされる。

しかし一九世紀末になると、捨て子受け入れの現場では新たな方式が考案されるようになる。それは「開放受け入れ制（admission à bureau ouvert）」と呼ばれるもので、子どもを連れてきた人間（母親など）がその身元を明かすのを拒否する場合、事前の調査をおこなわず、匿名で捨て子を受け入れるというものである。さらにこの方式は、担当の女性が在宅援助（「一時的援助」）を受けるよう勧めることで可能な限り捨て子を思いとどまらせるという点で、従来にはなかった方式であった。たとえば北仏セーヌ＝アンフェリウール県（現セーヌ＝マリティム県）ではすでに一八七九年に受け入れの規制が廃止されており、またパリでも一八七八年以降受け入れ事務室においての制限つきの受け入れがおこなわれなくなり、その後一八八六年にセーヌ県議会が捨て子養育院での「開放受け入れ制」を認める議決をおこなっている。たとえばパリのダンフェール＝ロシュロー通りにあった養育院の受け入れ事務室の貼り紙には、当時以下のような内容が記されていた。

捨て子をしに来られた方はみな、子どものための質問を受けることになりますが、答えなくても、あるいは情報を一部しか提供されなくても結構です。出生証明の提出も義務ではありません。(27)

このような「開放受け入れ制」導入の動きはその後さらに広がりをみせ、一九〇三年にはこの方式を実践していた県の数は三二にのぼった。こうした現場レヴェルでの実践の広がりは、やがて国政における改革へと連なることになる。

二〇世紀初頭における「開放受け入れ制」の制度化

こうした中、一九世紀末になると捨て子保護を含めた公的児童扶助全体の改革が取り組まれ、一九〇四年の児童扶助業務法として結実することになる。これは第一節でふれたように一九世紀初め以来の法規を統一・体系化したものであるが、同時に児童保護に関するいくつかの新たな措置も盛り込まれており、「開放受け入れ制」もこの時に生後七ヵ月未満の子どもについて制度化され、捨て子の受け入れ方法をめぐる論争に一応の終止符を打つことになる。

前述の通り、「開放受け入れ制」はもともと現場レヴェルでの自発的な実践として始まったものである。では、そうした実践を国政レヴェルで制度化するにあたって、当時の為政者はどのような統治の論理を構築したのか。以下では第一節でもふれた、第三共和政の児童保護政策の中心人物で、一九〇四年法においても上院検討委員会の議長兼報告者として改革の論調をリードした政治家ルーセルの言説を素材としてこの問題を検討する。

一八九八年七月、ルーセルは児童扶助業務改革案の検討委員会を代表して報告(及び委員会法案)を上院に提出した。(28)彼はここで、現行の「規制に基づく受け入れ」と回転箱による受け入れとの双方の歴史を振り返ってそれぞれの長所と短所を示し、「開放受け入れ制」が両者の長所を生かして両立させることができるシステムであることを示す。彼によれば、前者は捨て子保護の財政的なコストを削減できるが受け入れの際の秘密を守ることができない。一方後者は秘密を守ることはできるが、どんな状態の子どもでも区別なく受け入れてしまい、とりわけ母親に「一時的援助」を支給して子どもを育てさせることの妨げになる。これらに対して「開放受け入れ制」は「母親に対しては秘密を保証し、かつ子どもに対しては［在宅］援助の恩恵を受けられる可能性を保持する」ものである。ルーセルはこのような利点を挙げて、この捨て子受け入れ方式の採用を擁護した。

では、この「開放受け入れ制」は民衆家族に介入する統治権力として、どのような論理を内包するものであったのか。これについてルーセルはまず、回転箱による無差別の受け入れか受け入れの規制かという従来の選択肢のありかたそのものを批判する。もしこの二つしか選択肢がないのならば、「十中八九、母親は子どもを捨てることを選ぶ」。そしてもし捨て子の受け入れが拒否された場合、たとえ在宅での援助が受けられるとしても、母親が子どもを育てる気がなければ、子殺しまでいかなくとも世話の欠如などによって実質的に子どもの死を招いてしまう。しかし、母親が事前に十分な説明を受けた上で捨て子をするか否かを決められるようにすれば、こうした事態は避けられる。この点について、ルーセルは六年前に出された政府法案を以下のように引用する。

確かに、母親が捨て子をかたく決意していることは起こり得る。（中略）。しかしそうでないこともある。通常、母親が不屈の決意をもって捨て子養育院に姿を見せることはない。つまり彼女はためらっているのである。母親はそこで言われることを聞いた上で、最後の決断をしようと思っているのである。(29)

ここで注目すべきは、捨て子をしようとする母親の態度が決定的なものとはみなされていないことである。母親が実際に子どもと別れる瞬間に躊躇する時に「愛情のこもった言葉」をかけるならば、「感情の強い高まり」が打算的な考えを上回り、「母性愛の巻き返し」が起こる。母親が受け入れ事務室に来る際に、捨て子がどのような結果をもたらすか、あるいは自分で子どもを育てるためにどのような援助が得られるかといった点について、事前に十分な説明を受けることができれば、多くの場合捨て子を思いとどまらせることができる。さらに、こうした説得や説明を受けても母親の決心が変わらないケースについては、強制的に子どもを育てさせることはせずにそのまま捨て子を受け入れるのが、子どもの死を防ぐという観点から望ましい。つまり、母親の選択に応じて捨て子の受け入れと「一時的援助」の支給という二つの方式に常に対応できるようにすべきというのが、ここでのルーセルの主張であった。こうした主張に支えられた「開放受け入れ制」の提案は、その後の議会審議においても大きな反対を受けずに可決されることになる。

以上のように、回転箱による捨て子の制限なしの受け入れか受け入れの規制かという論争に際して、ルーセルら当時の為政者は現場レヴェルで拡大しつつあった「開放受け入れ制」という、いわば第三の受け入れ方法を制度化することでその決着を図った。ドンズロはこの論争について、もともと家族の力を維持するために設置された回転箱が、子どもの保護が重視されるにつれて、「一時的援助」（後には家族手当）による家族介入に取って代わられるとしているが、一九世紀末以降の捨て子保護システムとは、回転箱による無制限の受け入れと受け入れの規制という、いわば新旧のシステムの妥協的産物であったといえる。

そしてこの妥協を可能にしたのは、捨て子をしようとする母親は基本的にそれをためらっており、多くの場合対話と説明によって思いとどまらせることができるという為政者の想定であった。しかし捨て子という行為がそもそも母親の感情だけの問題ではなく社会経済的要因によっても左右されるものであった以上、この想定が捨て子の現実と一定のズレをきたした可能性は否定できない。その意味において、ここでの児童保護の論理はシェイファーが指摘するように、妥協や矛盾を内包するものであったといえる。

しかし一方で、ここでの捨て子受け入れをめぐる妥協こそが、結果として民衆層の自発的選択に応じてそのつど柔軟に私生活への介入をおこなうかどうかを決定するという、ある種の巧妙かつ効率的な統治の論理を成立させたとみることも可能であろう。ここでの効率性は為政者が当初から意図していたものではなく、半世紀以上にわたる児童保護のありかたをめぐる論争を終わらせるという現実的な必要性から生まれたものであった。そしてこの新たなシステムはまた、個人の自発性を重んじるという点で、同じ時期にフランス社会に定着した共和主義体制に適合的な方式でもあった。このように、児童保護における統治権力の論理が、その内部に妥協や矛盾をはらみつつも、同時に時代状況に即した性格を刻印されていた点もまた、見逃してはならないように思われる。

おわりに

以上、フランス近現代の事例から、統治権力としての児童保護の問題について、先行研究の整理と若干の検討をおこなってきた。ここでの分析は問題の一端を明らかにしたにすぎないが、その結果、児童保護における統治権力が、先行研究が指摘するような妥協や矛盾だけでなく、時代状況に後押しされた効率性をも内包するものであったことを確認できたと思う。

もとより、児童保護を統治権力としてのみ捉える見方は一面的なものであり、歴史としての児童保護をみる際には人口問題や当時の家族観や子ども観、さらに社会経済的状況など、多様な要因が考慮されなければならない。しかし本章において示したように、児童保護の統治権力としての側面はいまだ多くの検討の余地を残しており、この問題のさらなる解明は近現代社会における権力や統治の問題を考察するのに有効であるだけでなく、現代社会における保護や福祉そのものが内包する多様な側面に歴史的観点から光を当てるという点でも、少なからず意味を持つものと考える。

今回具体的に検証したのは主に一九世紀の児童保護の問題であるが、第一節でも述べたように、第三共和政前半期における児童保護の進展は、二〇世紀前半には家族手当に代表されるような、家族そのものを直接対象とする施策へと結びつくこととなる。そこでは民衆の私生活への介入といった統治権力の問題だけでなく、福祉をめぐる「社会的連帯」の問題や家族の援助を受ける「権利」といった事柄もまた論じられていくことになる。この児童保護から家族政策への移行の問題は、フランス福祉国家の性格を考える上でも重要な意味を持つが、これについては稿を改めて論じることにしたい。

［付記］本章は、日本学術振興会平成二二～二四年度科学研究費助成事業（基盤研究（C）課題番号二二五三〇六一九）による研究成果の一部である。

注

（1）M. Perrot (dir.), *Histoire de la vie privée*, t.4: *De la Révolution à la Grande Guerre*, Paris, 1999 (1987), pp.134-135.

（2）ちなみに、フランス語では英語の「児童福祉 child welfare」にあたる語が存在しない。なお児童保護に関する施策については、「児童政策」、「児童社会政策」、「児童社会扶助 aide sociale de l'enfance」といった語が用いられることもある。

（3）M. Foucault, *Histoire de la sexualité 1: La volonté de savoir*, Paris, 1976, ch.V［M・フーコー（渡辺守章訳）『性の歴史Ｉ　知への

意志』新潮社、一九八六年、第五章］.

（4）この点については、ドイツの児童福祉史に関する以下の著作から示唆を受けた。E. R. Dickinson, *The Politics of German Child Welfare from the Empire to the Federal Republic*, Harvard University Press, 1996, p.3.

（5）Ph. Ariès, *L'enfant et la vie familiale sous l'Ancien Régime*, éd. abrégée, Paris, 1975 (1960, 1973)［Ph・アリエス（杉山光信・杉山恵美子訳）『〈子供〉の誕生——アンシァン・レジーム期の子供と家族生活』みすず書房、一九八〇年］.

（6）ただし、管見の限りにおいて、古代から現代までのフランスの児童保護を概略的に論じたものとして以下の二つの著作が存在する。P. Vasseur, *Protection de l'enfance et cohésion sociale du IVe au XXe siècle*, Paris, 1999; H. Tigréat, P. Planche et J.-L. Goascoz, *L'aide sociale à l'enfance de l'Antiquité à nos jours : Regards juridiques, philosophiques et psychologiques sur les enfants sans famille*, Boulogne-Billancourt, 2010. また、以下の論稿も参照。D. Dessertine, "L'émergence de la politique sociale de l'enfance : des enfants trouvé à l'enfance assistée(1780-1940)", *Cahiers de la Recherche sur le Travail Social*, 1990, n.3-4, pp.43-54.

（7）以下、法律については特記しない限りすべて J. B. Duvergier, *Collection complète des lois, décrets, ordonnances, règlements et avis du Conseil d'Etat* のものを参照した。

（8）岡部造史「一九世紀フランスにおける慈善児童保護事業——一八八一年孤児院調査を手がかりとして」『生活科学研究（文教大）』第二九集、二〇〇七年、一〇二〜一〇五頁。

（9）岡部造史「フランスにおける乳幼児保護政策の展開（一八七四—一九一四年）——ノール県の事例から」『西洋史学』第二一五号、二〇〇四年、三頁。

（10）このうち、母子保護制度は母親の産前・産後検診、子どもの健康手帳交付、乳幼児検診などを含み、児童社会扶助制度は一九〇四年法における捨て子や虐待を受けた子どもなどの保護を引き継いだものである。

（11）L. Boltanski, *Prime éducation et morale de classe*, Paris, 1984 (1969). なお、この研究はフランスの社会学者ブルデューの指導の下に書かれている。

（12）J. Donzelot, *La police des familles*, Paris, 1977［J・ドンズロ（宇波彰訳）『家族に介入する社会——近代家族と国家の管理装置』新曜社、一九九一年］; Ph. Meyer, *L'enfant et la raison d'Etat*, Paris, 1977. なおわが国においては、阪上が同様の見解を示している。

阪上孝『近代的統治の誕生――人口・世論・家族』岩波書店、一九九九年、二八一頁。

（13）「社会的統御」の考え方については、とりあえず以下の論稿を参照。J. Higgins, "Social Control Theories of Social Policy", *Journal of Social Policy*, v.9, n.1, 1980, pp.1-23.

（14）この講演の内容は翌年に論文として日本語訳されている。ミシェル・ペロー（福井憲彦訳）「私的領域と権力――一九世紀フランスの私生活と政治から」『思想』第七六五号、一九八八年、二五～三九頁。さらにこの論文は翌年に「私生活と政治――家族・女・子供」のタイトルで彼女の論文集（福井憲彦・金子春美訳『フランス現代史のなかの女たち』日本エディタースクール出版部）に収録されている。

（15）C. S. Kselman, *The Modernization of Family Law : The Politics and Ideology of Family Reform in Third Republic France*, Ph.D. diss., University of Michigan, 1980, esp. ch.4.

（16）K. Lynch, *Family, Class, and Ideology in Early Industrial France: Social Policy and the Working-Class Family, 1825-1848*, Madison, 1988.

（17）L.S.Weissbach, *Child Labor Reform in Nineteenth-Century France: Assuring the Future Harvest*, Baton Rouge & London, 1989.

（18）C. Rollet-Echalier, *La politique à l'égard de la petite enfance sous la IIIe République*, Paris, 1990.

（19）Y. Knibiehler (pré.), *Nous, les assistantes sociales: Naissance d'une profession: Trente ans de souvenirs d'Assistantes sociales françaises(1930-1960)*, Paris, 1980. なお、この研究に序文を寄せている史家レモンは、ソーシャルワーカーの実際の活動が政治的な意味合いとは大きくかけ離れていたことを強調している（*ibid.*, pp.10-11）。

（20）V. Viet, *Les voltigeurs de la République : l'inspection du travail en France jusqu'en 1914*, 2 vols, Paris, 1994; V. De Luca, *Aux origines de l'Etat-providence : Les inspecteurs de l'Assistance publique et l'aide sociale à l'enfance(1820-1930)*, Paris, 2002.

（21）M. Chauvière, P. Lenoël et E. Pierre et al., *Protéger l'enfant : raison juridique et pratiques socio-judiciaires XIXe - XXe siècles*, Rennes, 1996, p.12.

（22）S. Schafer, *Children in Moral Danger and the Problem of Government in Third Republic France*, Princeton University Press, 1997.

（23）田中拓道『貧困と共和国――社会的連帯の誕生』人文書院、二〇〇六年、一四頁。

（24）岡部造史「フランス第三共和政における児童保護の論理――「不幸な子供」をめぐる議論を中心に」『メトロポリタン史学』第三号、二〇〇七年、一四一〜一六三頁。

（25）これらの論争については、J. R. Potash, *The Foundling Problem in France, 1800-1869: Child Abandonment in Lille and Lyon*, Ph.D, diss., Yales University, 1979, pp.84-89, 90-91, 133; R. G. Fuchs, *Abandoned Children: Foundlings and Child Welfare in Nineteenth-Century France*, Albany, 1984, pp.42-45, 54-55; L. Lallemand, *Histoire des enfants abandonnés et délaissés: éudes sur la protection de l'enfance aux diverses époques*, Paris, 1885 (Kessinger Legacy Reprints), pp.346-361 などを参照。

（26）ここでの「近代家族規範」とは、とりあえず母性愛や子ども中心主義、男女の性別役割分担などをさすものとする（姫岡とし子「近代家族モデルの成立」『岩波講座世界歴史一七　環大西洋革命』岩波書店、一九九七年所収、二一七頁）。

（27）Rollet-Echalier, *La politique*, p.148.

（28）以下のルーセルの議論については、Sénat, *RAPPORT fait, au nom de la Commission chargée d'examiner le Projet de loi sur le Service des enfants assistés, par M. Théophile Roussel, sénateur*, Annexe au procès-verbal de la séance du 8 juillet 1898 (N.283), Paris, (s.d.), pp.59-80, 93-94 を参照。なお、ここでの彼の議論の多くは、六年前に出された政府法案を引用する形を取っている。

（29）*Idid.*, p.78.

第5章　近現代オーストリアにおける子どもの遺棄と保護

江口布由子

はじめに

一九世紀末、オーストリアの捨て子院が保護する児童数は、今日から見ると信じがたい値となっていた。ピーク時の一八八〇年代には、国立ウィーン捨て子院に限っても、同施設に保護されている「捨て子」は約三万人にのぼった(1)。本章では、この捨て子院の子どもたちを最初の手がかりとして、子どもの「遺棄」と「保護」の歴史的なあり方について考えていきたい。

すでに他章でも触れられているように、地域史研究、家族社会史研究あるいはジェンダー／セクシュアリティ研究などの文脈で「捨て子」など近代的な家族観からは「逸脱」する養育形態が注目されてきた。オーストリアについて、捨て子院研究のみならず、捨て子や里子の慣行や、それらと密接に関係する婚外子についての研究や児童労働史研究の蓄積がある(2)。

なかでも興味深いのは、「遺棄」という行為は完全に子どもを捨て去る行為ではなく、里子に近い他者へ「預ける」行為だったという指摘である。本節もまた、先行研究の視点を共有している。しかしながら、管見の限りではあるが、捨て子院制度や里子の慣習とともにあった「遺棄」・「保護」という行為と、二〇世紀に制度化される近代的児童福祉との関係は、まだ充分に追求されていないように思われる。

たしかに（生物学的な）母子一体理念や家族主義を支柱とする近代的児童福祉の論理は、一見すると「捨て子」はもちろん「里子」とも相容れない。事実、児童福祉が国家制度化されつつあった戦間期ヨーロッパでは、ほとんどの捨て子院は姿を消した。だが、本章でも詳述するように、すくなくともオーストリアでは、近代的児童福祉の論理こそが「捨て子」や「遺棄」に新たな社会的意義を与えるのである。本章では、いったい、どのようにして「遺棄」と「保護」が近代的児童福祉に組み込まれたのかを、とくに婚外子の児童労働力をめぐる社会経済関係に着目して考察したい。

その際、とくに第二節と三節では、オーストリアのシュタイアーマルク地方を具体的事例として取り上げる。その理由は主として二つある。まず、シュタイアーマルクでは「捨て子」の多くを占める婚外子出生率がきわめて高かったこと、そして同地の捨て子院がいったん廃止され再建されるという過程を経ており、そこから捨て子院の社会的意義の変化が明確に読み取れることである。では、まず、オーストリアの国立捨て子院の来歴からみていこう。

第一節　オーストリアの産院付き捨て子院

啓蒙の産物としての捨て子院

一八世紀末、オーストリアの主要都市に次々と設置された国立捨て子院(3)は、啓蒙の時代の産物だった（図５‐１）。児童福祉の発展史から見れば、捨て子院は「子殺し」という「因習」の撲滅と乳児死亡率の抑制を目指す近代的施設の先駆とされる。一方で、社会的規律化という観点から見ると、それは潜在的な「非生産的」「秩序攪乱的」人口を前もって隔離し管理しようという国家の意志の現れとして位置づけられる(4)。

いずれの評価をとるにしても創設者の啓蒙専制君主ヨーゼフ二世は、ここに当時の最先端の技術と知識を集め、さらに独自の改良を施した。最大の改良点は、それまでの捨て子院の代名詞的存在だった子どもを預ける「回転棚」を廃し、産院を付設したことにあった。この産院は回転棚では充分に実現しなかった、「公の配慮が（……）母親を恥と困窮から救い、同時にこの母親が産むだろう無辜の被創造物を保護する(5)」ための切り札であった（強調のルビは引用者による）。

産院付き捨て子院は従来型にはない役割を期待された。まず、「母親教育」である。オーストリアの捨て子院では、子どもを預けたい母親は付属の産院で出産しなければならなかったが、出産すればすぐに立ち去ってよいわけではなかった。ここで女性たちは「乳母の義務」が課され、授乳もしくは施設の手伝いをしなければならなかった。一見、この義務は懲罰的にも見えるが、当局はこれを利用者に「母親の自覚」を植え付ける道徳教育の手段として位置づけていた(6)。

もうひとつは医療研究施設という役割である。産院において、医療従事者は分娩の様子や産後の経過をつぶさに観察でき、種痘などの実験的な予防接種を試みることができる上に、死産の子どもを解剖する機会を定期的に得ることもできた(7)。くわえて、産院は医師たちとは異なる世界で活動していた産婆たちを、助産師として公的医療制度の枠内に取り込む重要な拠点ともなった。これらの点で、捨て子院は産科・小児科医療の制度化においおいに寄与したと考えられる(8)。

子どもを「捨てた」人々

次に、この産院付き捨て子院の利用者たち、つまり子どもを「捨てた」側について見てみよう。ヨーゼフ型と呼ばれたオーストリアの捨て子院は、安全な分娩というメリットや出自の秘匿の保証があったとしても、出自調査や「乳母の義務」などの負担は大きく、利用者たちにとって回転棚式に比べ必ずしも魅力的なものではなかった(9)。それにもかかわらず、一九世紀に入ると利用者の数は増加の一途を辿り、一九世紀半ばに最初のピークを迎えた。

最大規模のウィーン捨て子院では、開設当初から新規の受入数が一〇〇〇人を超え一八三〇年代には四〇〇〇人台、四〇年代には六〇〇〇人台と右肩上がりに増加し、五〇年代末には九七九七人と一万人に手が届く寸前となった。一年あたりの被保護児童数（一〇歳まで）についてみると五〇年代には二万人を超えた(10)。次節で取り上げるグラーツ捨て子院はプラハと並んでウィーンに次ぐ規模を持っていたが、一年当たりの被保護児童数（六歳まで）についてみると、一八三三年から四二年の年平均が約四〇〇〇人、五〇年代には約四四〇〇人と同じように上昇を続けた(11)。

当然ながら、この子どもとほぼ同数の「捨てた」親がいたことになる。はたしてこの親たちはどのような人々だったのだろうか。まず確認しておかなければならないのは、産院で出産することが前提である以上、すべて女性、つまり母親だったことである。また、他地域の施設とは異なり、オーストリアでは婚外子であることを受け入れの条件としていたため、原則的には利用者のすべてが「未婚の母」であった[12]。

では、婚外子を産む女性とは、どのような人々だったのだろうか。一七世紀から一九世紀、ヨーロッパの各地で婚外出生率が著しく上昇したことが知られている。なかでも現在のオーストリア共和国にほぼ重なるアルプス地域の婚外出生率は、一九世紀のあいだヨーロッパのなかでも高水準を記録し、一八二〇年代に一七パーセント、六〇年代には二七パーセントに達した。

家族社会史研究の成果によると、この婚外出生率の上昇は、各地域の経済的文化的条件に応じて多様だった家族が、生産組織としての機能を弱めるとともに地域的特性を失い、斉一的な単婚小家族（近代家族）へと収斂していく過渡期に見られるという。とはいえ、このことは最大公約数的な特徴に過ぎず、上昇の要因は地域特有の社会経済的な条件や相続慣行のあり方、あるいは心性などが複合的に作用した[13]。

図５−１　ウィーン産院付き捨て子院（上）と、1910年の改組後、郊外に新設された後継施設「領邦立中央子どもの家」（下）

出典：G. Riether, “Das neue niederösterreichische Landes-Zentralkinderheim in Wien-Gersthof”, *Zeitschrift für Kinderschutz und Jugendfürsorge*, Jg.2 (1910), S.190-191

オーストリア、なかでも以下で詳しく取り上げるアルプス地方の東南部の状況を具体的に見てみよう。家族社会史家ミッテラウアーによると、この地域では、都市にせよ農村にせよ、従属的な地位にあった奉公人や徒弟が生産組織としての「家」の秩序から解放されながらも、従来の相続慣行にもとづく結婚規範に縛られている場合に生涯独身率や初婚年齢が上昇し、それに伴い婚外出生の上昇が著しいという。言い換えれば、婚外子を妊娠した女性たちは、奉公人だった可能性が高い[14]。

パヴロヴスキーのウィーン捨て子院に関するモノグラフでも、同様の結果が出ている。一八五七年入所で調書が残っている約三〇〇〇人のうち、婚外での出産は九五パーセントを占めた。居住地に関してみるとウィーン在住者はまれで、約八割がウィーン外であった。その多くは季節労働者か捨て子院で出産するためにやってきた者であったと推測される。職業については約半数が「奉公人」、約三割が「日雇い・針子」となっている[15]。

こうした特徴からも、婚外出生という言葉から連想されがちな、従来の性規範から解放され「自由」になった女性は想像しがたい[16]。むしろ、そもそもブルジョワ層や大農の家族に従属する女性たちが自分一人では子どもを育てきれず、捨て子院へとやってきた姿が見えてくる。事実、先述の「乳母の義務」は一定金額の支払いをした場合、免除となったが、その割合は開設当初こそ三〇～四〇パーセント台を推移したが、五〇年代になると五パーセントにも満たなくなった[17]。以上のことから、社会経済的に脆弱な地位にある女性が最後の頼みの綱として捨て子院への子どもの「遺棄」を選択したと考えられる。

里子養育の実態と捨て子院の社会的機能

次に、子どもの養育環境をみてみよう。ヨーロッパの他の地域と同じようにオーストリアの捨て子院でも「捨て子」は基本的に里子に出された。里親は、婚姻状況（「未婚者」と寡夫は除外された）、「実子」の人数、住環境などに関する調査を受けてはじめて、子どもを預かるための許可証を得た。また、里親には自治体当局もしくは教区司祭を通して毎月、養育費が支払われたほか、子どもが病気の際には医療費が無料となり、就学時には学費も免除された[18]。

こうした制度上の規定を見ると、医療や就学まで配慮されていることから「捨て子」は手厚い保護を受けたようにみえる。しかし、実際の養育環境はとても良好といえるものではなかった。ウィーン捨て子院における一歳未満の死亡率は、一七九〇年代では九〇パーセント以上、二〇年代から六〇年代にかけては七〇～八〇パーセントと高い値を推移した[19]。また、プラハの施設についてみると、死亡率は一八六〇年代でも九〇パーセントを超え、一八七〇年代に入ってからようやく五〇パーセント台まで下がるという状況だった。ウィーンとプラハに比べると死亡率の低いグラーツでも、一八六〇年代前半では五〇～六〇パーセントを推移した[20]。一九世紀におけるオーストリアの乳児死亡率の全国平均は二五～三〇パーセントであり、婚外子のみの値でも四〇パーセント台であったことと比較すると[21]、捨て子院の子どもの死亡率がきわめて高い数値であることがわかる。

要するに、三分の二、あるいは少なくとも半数の子どもは一歳にも満たないうちに亡くなってしまうというのが「保護」の実態であった。このような生存可能性の低さの理由は、主として三つあった。第一の理由は過密な産院の受け入れ状況であった。これが感染症を拡大させ、死亡リスクを高めた。当局はこの感染症予防のために、できる限り短期間で人口過密な施設を出し里子に預けるという方針を立てていたが、この方針が死亡率を押し上げる、もうひとつの原因となった。先のパヴロフスキーによると、一八五〇年代と八〇年代のサンプル調査から、子どもは生後一〇日に満たない時期に里親に預けられていたという結論を出している。これだけでも死亡リスクは上がったが、鉄道敷設が進むにつれて預け先が遠方になると、乳児は長距離移動に耐えられず、里親に届く前に死亡することもあった[22]。

加えて、里親をはじめとした子どもを取り巻く人々の、子どもに対するぞんざいな扱いがさらに死亡率を引き上げる原因となった。里親の最大供給源は貧しい農村地域のなかでも、小屋住み農や寡婦といった貧困層であった。捨て子院からの養育費は抑制され続け、貨幣経済の浸透する都市部の住民にとってはほとんど魅力のないものであったが、寒村の貧困層にとっては貴重な現金収入源となっていたのである。農村の最貧困層の人々はすべてではないにしろ里子よりも自分のために現金を使う傾向が強かった。このような里親の「育児放棄」が高い死亡率の原因となった(23)。

また、里親に送り届ける以前の問題もあった。先にも述べたように長距離輸送の弊害はもちろんだが、里親の代わりに捨て子院に子どもを取りに行き、仲介料を徴収する「請負業者」も存在した。さらには監督役であるはずの教区司祭による「許可書」の売買や又貸しも横行していた。こうした子どもをモノ扱いする人々が、乳児に必要な手厚いケアをするはずもなく、これもまた子どもの死亡率を引き上げた(24)。

以上のように、一九世紀半ばまでのオーストリアの捨て子院は、子どもの生命を保護する施設とは言いがたい状況だった。だからといって、社会的機能を果たしていなかったとするのは性急であろう。先にも述べたように、捨て子院は研究サンプルの提供機関として小児科や産科医療の発展に寄与した。また、付属の産院は、「未婚の母」にとって出産前後に直面する失職や生命の危険を回避する貴重な手段であったと推測される。なにより、捨て子院からの養育費支給は、国家レベルの行政機構を通じて困窮を深めつつあった貧しい農村に現金を配分する手段のひとつともなっていたのである。

捨て子院の閉鎖をめぐって

このように捨て子院は名目と実態が乖離しながらも一定の社会的役割を果たしていたが、一八六〇年代になると急速に批判を受けるようになった。批判は主として二つだった。すなわち、捨て子院は「子殺し」を撲滅するどころか、助長しているという批判、そして捨て子院が親としての義務を肩代わりすることで性的に堕落した女性を増加させているという批判である。[25]

こうした批判は実のところ、一八世紀末の開設当初から存在していた。しかし、六〇年代になって急速に先鋭化した。その背景には自由主義政治の台頭があった。とくに捨て子院に影響したのは自由派の主導する地方行政改革だった。地方自治体の「自助」原則のもと、一八六一年にはウィーンをのぞくすべての捨て子院の財政及び運営主体が国家から領邦に移された。[26]これを契機に、領邦議会ではそもそも捨て子院は必要なのか、という議論がわき起こった。とくに財政基盤の弱い領邦や地域間格差が大きい領邦では、財政負担をめぐって論争が過熱し、先のような批判をもって廃止すべきという主張が強まっていった。そして六九年、リンツの施設が閉鎖されると、続いてリュブリャナ（七一年）、グラーツ（七二年）の施設が閉鎖され、結局、産院付きの捨て子院はウィーンとプラハを残すのみになってしまった。[27]

しかし、話はここで終わらなかった。批判者に言わせれば、捨て子院の存在こそが子どもの遺棄を増長する主要因であり、閉鎖によって遺棄は抑制されるはずだった。たしかに七〇年代前半、残ったウィーンやプラハの施設でも受け入れ人数は減少しはじめた。だが、七三年、ウィーン証券取引所の株価大暴落を契機に「大不況」の時代になると、受入数は再び増加に転じた。一八八〇年にはウィーンの施設で過去最大の受け入れ人数（九八二〇人）を記録し、ウィーン捨て子院保護下の子どもの数も三万人を突破した。[28]おりしも労働者保護法の枠組みで児童労働規制が始まり、[29]児童福祉推進運動（後述）が活発になり始めた時期に、新たな形での捨て子院再建が議論の俎上に載せられるようになった。近代的児童福祉の草創期に再建される捨て子院は、どのような社会的機能を持ち、またどのように子どもを保護したのだろうか。次節では、これをグラーツの事例から見ていきたい。

第二節　グラーツ捨て子院再建と子どもの保護

シュタイアーマルクの社会経済状況

再建の内容に入る前に、後の議論に関係することを中心にシュタイアーマルクの社会経済状況について述べておきたい。現オーストリア共和国で第二の都市グラーツを主要都市とするシュタイアーマルクは、アルプス東南部からハンガリー平原へと広がる地域にある。当時のシュタイアーマルクは、行政的にも地域の特徴としても主として三つの地域、すなわち下部シュタイアーマルク（以下、下部地方）、中部シュタイアーマルク（以下、中部地方）、上部シュタイアーマルク（以下、上部地方）に分けられた。

文化―言語状況をみると、中部地方と上部地方ではドイツ語が優勢であった。一方、大半が現在のスロヴェニアに含まれる下部地方は、都市部ではドイツ語が優勢だったが農村部ではスロヴェニア語が強かった。社会経済的には、一九世紀には中部地方を中心に工業化が進んだが、全体としてみると基幹産業は農業だった。しかし農業と一口にいっても地域内偏差が非常に大きく、以下で述べるようにとくに奉公人の状況は子どもの保護と遺棄の様相に強い影響を与えた。この点を少し詳しく見ていこう。

アルプス山地にもっとも食い込んだ北部の上部地方では、農奴解放以前から自立経営を維持する農民の比率が高く、奉公人を補助的な労働力として雇い入れる慣行が支配的な「奉公人社会」だった。こうした「奉公人社会」の地域では、「大不況」によって独立農の状況が急速に悪化した。大地主による土地の独占が進み、中小農の土地相続が困難となり生涯奉公人の増加が顕著になっていた。一方、下部地方では旧来から大地主と零細の小農に二極化しており、補助的な労働力は奉公人ではなく農業労働者として雇われる傾向が強かった。そのあいだに挟まれる中部地方では、ちょうどその中間といえる特徴を備えていたが、大不況以後は上部地方と同様に土地の独占が進み、奉公人の労働・生活環境が悪化していた[30]。

捨て子院再建とその社会的意義の変容

では話を捨て子院に戻そう。一八七二年、シュタイアーマルク領邦議会はウィーンとプラハに次ぐ規模だったグラーツ捨て子院の閉鎖を決めた。しかし、八〇年代になっても捨て子関連の財政負担は減ることはなく、むしろ増加してしまった。なぜなら、ウィーン捨て子院を利用するシュタイアーマルクの居住権保有者が増加し、その分の負担がシュタイアーマルクに請求されたからである。さらに産科・小児科医療のサンプルが著しく不足し、医療関係者の間でも不満が増大していた[31]。

このような状況を受け、九〇年代後半に入り救貧制度見直しとともに捨て子院再建に向けた動きが本格化した。九七年、領邦議会は、全国で展開された皇帝フランツ・ヨーゼフの即位五〇周年を記念する「福祉アクション」のひとつとして捨て子院再建の基金を設立し、九六年から九八年にかけて関連諸法を施行した[32]。そして、九九年、ついに捨て子院が再開された[33]。

再建に際し、捨て子院の内実は本質的に変容していた。その変容とは、一言でいえば、母子保護から児童保護への転換であった[34]。九五年、領邦議会がシュタイアーマルクの住民に対し行った「呼びかけ」をみると、再建される捨て子院は、名称こそ以前のままだが、従来の捨て子院とはまったく異なる「子どもの権利」を守る施設として位置づけられていたことがわかる[35]。

「子どもの権利」を守るとは具体的には以下の二つのことを意味した。すなわち、できる限り早期に母親が子どもを引き取ること、そして、父親への養育費請求を確実に行うこと、である[36]。これらを実現するには、当然、母親が自身の身元と「遺棄」後の居住地、そして父親に関する情報を明かす必要があった。そのため捨て子院の存立要件というべき母親の秘密保持が積極的に放棄された。このことは捨て子院から「未婚の母」の保護という役割が放棄されたことを意味した[37]。

さらに、児童保護へと機能を特化させた捨て子院は、救貧制度と接続されることになった。表5-1を見てほしい。従来の方式では、グラーツとウィーンの保護年齢は違うものの、両者とも捨て子院の保護下にある子どもは領邦、救貧を受ける子どもは自治体基礎単位であるゲマインデに分けられていた。しかし、再建後になると、領邦議会は「捨て子」の年齢を二歳未満までとし、その年限を大幅に引き下げた。その代わり、二歳から義務教育の終わる一四歳までの「捨て子」は、他の貧困児童と同じように救貧を受けることになり、その費用は領邦とゲマインデの共同で負うという形式に切り替えられた。こうした変更によって自助原則のもとで生じた格差が是正され、財政基盤が安定し、子どもの保護がより確実なものとなるはずであった。

では、母親たちは、再び、捨て子院を利用するようになったのだろうか。結論から言えば、以前よりは減ったものの多数の母親が訪れたといえる。父親だけでなく、自身の父母の職業や居住地をも含む秘密の開示が求められるようになったにもかかわらず、開設直後からすでに利用者は八〇〇人を超え、一九〇四年には約一〇〇〇人に上った。利用者の内容についてみると、一九世紀半ばと同じく、その多くが都市および農村の「奉公人」であった[38]。したがって、施設の制度上の位置づけは根本から変化したにもかかわらず利用者の性格はなお変わらない状態にあったといえよう。

捨て子と里子の一体化と二歳未満の里子保護

児童保護施設として再建された捨て子院がもっとも力を入れたのは、里子の保護だった。ここで重要なのは、

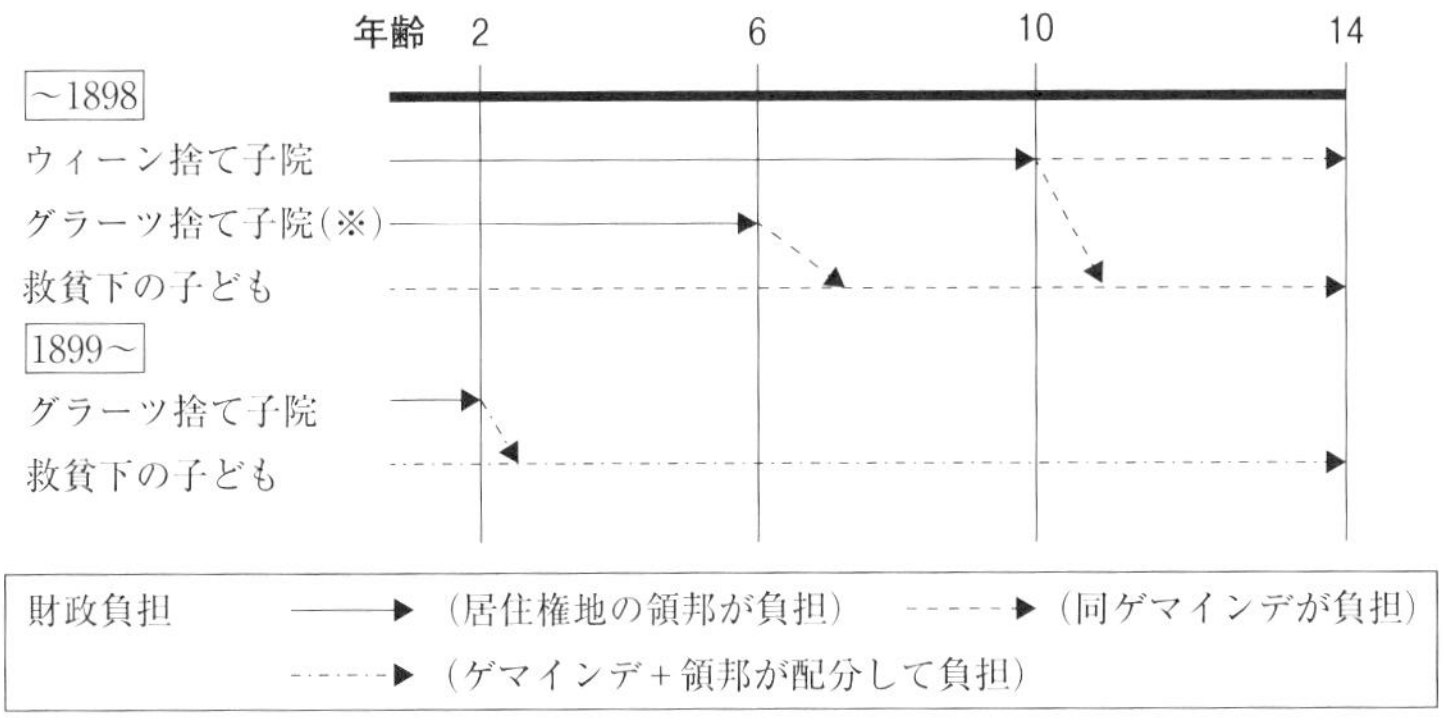

表５－１　捨て子院と救貧制度の接合

出典：H. Reicher, *Der Kinderschutz und die Armen Kinderpflege in Steiermark*, Gruz 1900, S. 46-48を参考に筆者作成。
（※）72年に廃止

かつては区分していた捨て子院出身の里子と「有償で預けられている里子」を一括で保護したという点である。表５-１にもあるように、二歳以上であれば里子は捨て子院への収容歴とは無関係に他と同じ「救貧児」のカテゴリーに組み込まれた。二歳未満の場合、財政上は一般の里子と区分されたが、保護の方式を定めるのは同一の法律であった[39]。こうした包括的な里子保護法制はオーストリア全体としてみても初めてのことであり、他の地域のモデルともなった[40]。

包括的里子保護制度成立の背景には、捨て子院の介在の有無にかかわらず、すべての里子が同じ属性を持っているという当局の問題認識があった。それは婚外子という属性である。シュタイアーマルクは隣接するケルンテンと並んで突出して婚外出生率が高い地域だった。一八九一年の統計によると、オーストリア全国平均の一四・六パーセントに対し、シュタイアーマルクでは下部地方のみが一六・三パーセントと平均レベルで、中部地方では二〇・六パーセント、上部地方に至っては四五・六パーセントというきわめて高い値だった[41]。

婚外子をめぐるシュタイアーマルクの状況は、第一節で述べたミッテラウアーの議論の典型といえるものだった。とくに農村部での婚外出生は、財産を指標とした結婚制限が根強く残る一方、賃金労働では産業形態に適合的な労働力――家畜番のように単純作業であるが拘束時間が長く、住み込みが前提となる労働力――を確保できず、結果、土地相続ができずに滞留する独身の奉公人が増加したことに起因していた。

婚外子を産んだ母親は、捨て子院にやってきた母親と同じように自ら子どもを育てる環境にはなく、幼児期から子どもを里子に出さなければならなかった。一九一〇年の国政調査時には有償で預けられている里子も調査対象となったが、この結果によると、里子の数はオーストリア全域で約一三万人に上り、そのうちシュタイアーマルクは約三万人を占めた。領邦別での人口一万人に対する里子数でみると、全国平均が四五人であるのに対し、シュタイアーマルクは最大の二〇一人だった。年齢を六歳未満に絞ってもシュタイアーマルクには約一万五〇〇〇人の里子がいた[42]。このように捨て子院の外にも、「捨て子」と同じような環境にある子どもが多数、存在していたのであり、新制度はこの子どもたちも保護の射程に入れたといえよう。

では、里子は具体的にはどのように保護されたのだろうか。里子の保護とは端的に言えば、里親の監督強化を意味した。まず、里親になる前提条件が厳格化された。里親は救貧を受けていないことや定住していることに加え、住居の清潔さや実子の数、飲酒習慣や健康状態など多くの規準をクリアしなければならなかった。調査後、自治体の救貧評議会は認可され子どもを引き取った後にも、里親は三ヵ月ごとに救貧評議会の訪問調査を受けなければならなかった。一方、養育環境が良好であれば里親には褒賞として一時金が給付された。こうした訪問調査を実効性のあるものとするために、改革後はグラーツ大学の付属病院のひとつであった聖アンナ病院で、今日でいう女性ケースワーカーを養成することになった[43]。

当局や関連する児童福祉団体は再建された捨て子院と里子保護制度を先進的モデルとなるような実践であると認識しており、一九〇〇年、パリで開催された万国博覧会では里親監督を中心に成果を伝えるパネルを出展した[44]。

実際、新しい捨て子院では、最大の懸案だった乳児死亡率も抑制された。先述のようにかつては五〇パーセント以上あった一歳未満死亡率は、一八九九年から一九〇四年の五年間で年当たりの平均二六パーセントまで低下した。同じ時期のオーストリア全域の婚内子の平均二三パーセントよりわずかに上回るが、婚外子の乳児死亡率の全国平均三〇パーセントと比較すると捨て子院は平均程度だったといえよう。

もちろん、かならずしも改革が乳児死亡率の低下の主要因だとはいえない。二〇世紀初頭になると、栄養状況の改善や医療技術の発展によって全般的な乳幼児死亡率が低下した。したがって、捨て子院の死亡率の低下は、この全般的な傾向の反映でしかないとも考えられる。だが、すくなくとも捨て子院が「子殺し」を促進するという批判は当てはまらなくなっていたことは確かである[45]。

以上をまとめてみよう。一九～二〇世紀転換期には、捨て子院から母親保護が外され、児童保護という機能に特化された。この転換と同じ時期、生命維持という点では、捨て子院への「遺棄」は子どもの「保護」へと繋がる可能性が高くなった。では、二歳以上の里子は、どのように「保護」されたのであろうか。ここで浮上するのが先述の児童労働である。以下、節を変えて考察したい。

第三節　教育的労働という名の保護

オーストリアにおける児童労働制限

実際のところ、二歳以上の里子たちの多くは当然のように農家の補助的労働力となった。里親はたしかに最低限の衣食住の面倒を見ていたが、その対価としてわずかであっても養育費を得られ、さらに里子を無償労働させることができた。このようなメリットがあったからこそ、農村の貧困層は子どもを預かったと考えられる。

こうした労働力調達という意味をもつ里子の慣行は近代ヨーロッパの多くの地域で確認できる。一七世紀から二〇世紀のヨーロッパにおける児童労働史をまとめたラヒカイネンは、農業の近代化とともに里子の慣行は児童労働市場へと変貌したと指摘するが[46]、シュタイアーマルクもその定式に当てはまるといえよう。とくに一九世紀後半には、シュタイアーマルクの中部地方や上部地方では、若年層の人口流出が加速し奉公人という形態での労働力確保が難しくなっていたため、里子の受け入れは奉公人のいわば「青田買い」のような役割を持っていたと考えられる[47]。

一九世紀末まで、この里子の労働に対する法的な制限はほとんどなかった。確かに、オーストリアにおいても公教育が本格的に普及した一九世紀後半になると、児童労働を社会問題としてとらえる視点が現れ、八〇年代になると児童労働規制法も制定された。しかし、その規制対象は大規模な工場に限られており、里子が主として働いた農業分野では、一九世紀のあいだはほとんど規制のないままであった。それどころかアルプス地方の農村部では事実上の労働制限となる就学義務が住民の不満の種であり続け、八三年の学校基本法改正によって就学義務が緩和されるほどだった[48]。

この学校教育に従事する教員たちを中心に、九〇年代末になってようやく、農業分野での児童労働を問題視し法的制限を求める声が上がり始めた。二〇世紀初頭になると、とりわけ社会民主党系や自由主義左派系の教員たちは学校外にも活動を広げ、反アルコール運動家、孤児救済活動に携わる慈善家、後見人裁判や少年裁判に関わる法律家らとともに児童福祉推進運動の中心勢力となった。この運動のネットワークを通して、児童労働問題に取り組む輪が広がり、農業や家内労働も含めた独自の児童労働の実態調査が行われるようになった[49]。

一九〇七年には「第一回オーストリア児童保護会議」がウィーンで開催され、政府関係者と民間の活動家が一堂に会することとなった。そして、その同じ年には、ついに政府の統計局による農業労働も含んだ児童労働調査が始まった。翌年に終えた調査の結果は一九一一年から公刊されたが[50]、その最終刊が公刊された一三年には「第二回オーストリア児童保護会議」が開催され、児童労働が中心テーマとして討議されることになった。

「教育的労働」という保護

児童労働の制限や禁止を訴える人々のあいだでは、働く子どもたちのなかでも里子はもっとも悲惨な状況にあると認識されていた。たとえば、一三年の第二回児童保護会議[51]に際し事前に公刊された所見集において、自らも統計局官僚として政府の児童労働調査に携わったシジェクは、労働環境や学習環境に関するアンケート調査をもとに家事・農業分野での児童労働の実態を詳細に分析した[52]。その結果、シジェクはさまざまな労働のなかでも就学状況の思わしくない顕著な事例として農業分野での児童労働を指摘した。具体的にいうと、それは未成年の奉公人や日雇い、住み込み奉公人の親とともにいる子、そして里子であった。とくに後二者は養育とは名ばかりの過酷な無報酬労働を強いられており、できる限り早急に制限すべき労働の形態であるとの所見を示した[53]。また、会議の場ではシジェクよりさらに急進的な立場から、シュタイアーマルクの新捨て子院と里子保護制度を「体のよい人身売買」もしくは「児童労働の組織化」にすぎないと鋭く批判するものもいた[54]。

しかし、第二回児童保護会議において、児童労働の全面的な規制支持者は少数派でしかなかった。むしろ、多数を占めていたのは農業労働を「教育的労働」として積極的に評価する人々だったのである[55]。こうした多数派の典型例として、全国農業協会のシュタイアーマルク代表であり、中部地方のトラウテンブルクの大地主であったレッツェンの発言をみてみよう。

「約一万七〇〇〇人のアルプス地方の農民の多数派の代表」と自称するレッツェンに言わせれば、農業労働は「健康的な活動であり、私たちの若者のたくましい身体運動を具現したもの」で、「金銭を稼ぐための労働」とは違い、

「自然の労働」であり「教育的労働」だった。彼の考えによると、都市からの影響によって農業労働のこうした教育的な価値が損なわれてしまっていた。農村の働く子どもたちが昼間の学校で集中力を欠いてしまう原因は、朝の労働ではなく、インフラ整備が不十分なために数時間に及ぶ通学時間にあった。つまり、彼によると、子どもの身体を痛めつけているのは労働ではなく学校なのである。

また、シジェクらがもっとも批判した里子労働の典型である「家畜番」についても、レッツェンの主張によれば本来は大人が付き添って仕事のみならず植物や動物についての知識を伝える重要な教育の場であったが、離村がすすみ都市に人口をとられてしまったために大人の目が届かなくなり教育機能を失ってしまったのであった。したがって、彼に言わせれば、本来の農業を取り戻しさえすれば、農業労働は子どもの成長を助ける「保護」となるはずであった。[56]

このような農業における児童労働の擁護は「農民の代表」とは異なる立場からも繰り返された。たとえば、プラハ工科大学のある私講師は、衛生学の専門家としての立場から、明るく広い土地での農作業は健康によいと主張した。[57] 保守派のキリスト教社会党下院議員のパッタイに至っては、農民とは「一八四八年に生まれた自由で自立的な存在」であり、その「農民経済」は「資本主義の貨幣経済という悪に対する最大の砦」なのだが、困窮する農業分野で児童労働を規制すれば、このような「農民経済」を切り崩すことになり、社会全体の秩序が崩壊する、とさえ言った。それゆえ、農村における児童労働は制限すべきではないというのである。[58]

会議では規制派と規制反対派の議論の応酬が続いたが、ここで注目すべきは折衷派とも言うべき主張である。折衷派の提案とは、現状は必ずしも教育的とは言えず部分的に規制するべきだが、農業労働は本質的には職業教育として有用であり、知育偏重傾向のある学校教育と連携させていこうというものであった。[59] この折衷的立場のいう、子どもの成長や教育に対する有害な労働と有益な労働のあいだの線引きが重要である。彼らの主張では、金銭的報酬を期待しない、無償の労働こそが有益な労働だった。

だとするならば、シュタイアーマルクに見られるような里子の労働は、もっとも有益なものとなる。議論も終盤にさしかかった頃、グラーツの枢密顧問官で医師でもあるポゼックという人物が登壇した。衛生官として各地を転々とし、都市労働者家族にも農民の家族にも関わった経験から、彼はシュタイアーマルクの里子制度を擁護し、次のように言った。


この［シュタイアーマルクの］里子たちは栄養状態もよく、順調に成長し、そして家族も親しみをもって接しています。私は確信しています。子どもたち自身が問われたならば、彼らの多くが喜んで自分たちは自分の意志で働いているというでしょう。最後に、言わせてください。私は四〇年間、医師を続けてきました。私の豊かな経験からすると、「親から」放置された子どもたちへのもっともよいケアは、子どもたちを中小規模の農業経営へと送ることなのです！そうすれば子どもたちはもっともよい状態で成長するでしょう。[60]（［　］内は引用者）

ポゼックの発言には、盛大な拍手と非難の声が浴びせられて議場は混乱した。[61] そのさなか、議長は部分的な法規制という妥協案をもって議論に終止符を打った。

以上をまとめてみよう。里子制度は、農業における児童労働力の分配という役割があるからこそ「遺棄」と「保護」を架橋することができた。だが、一九世紀末には、近代的な児童福祉が立ち現れてくるとともに、里子制度の根幹だった農業分野での児童労働を解決すべき社会問題とみなす視点も示されるようになった。しかし、本節で見てきたように、近代的児童福祉の論理は単純に児童労働を排除したわけではなかった。むしろ、無償であることをメルクマールに、子どもの労働を成人の（賃金）労働の領域から除外し、「教育的労働」という概念へと読み替えて福祉的ケアのなかへ再定位したのである。

おわりに――子どもの「遺棄」の不可視化

さて、最後に本章の議論を確認しよう。一八世紀末、母子保護施設として創設された捨て子院は、自由主義的な地方自治制度改革や公教育の制度化がすすむなかでその存在意義が問われるようになった。さらに児童労働制限法が導入され、私的団体を中心に近代的福祉事業が展開し始めた一九世紀後半には、いったんは捨て子院の多くが閉鎖されることになった。

しかし、本章で見てきたように、オーストリアでは捨て子院は消滅しなかった。むしろ、捨て子院は児童保護施設と再定義され、児童福祉制度に組み込まれたのである。その際、捨て子院と里子保護が制度的に包括されたことが重要である。このことは、捨て子院に保護された子どももまた、里子と同じように農業分野で従属的・補完的労働力として期待されるようになったことを意味した。その背景には、本文中で述べたアルプス地方の「奉公人社会」のような、農業の近代化プロセスのなかで深刻な労働力不足に見舞われた地域における児童労働力需要の高まりがあったといえよう。このような児童労働を前提とする「保護」や「福祉」は、当然、児童労働制限・禁止という公教育制度の要請と矛盾を来すことになった。だが、児童福祉の推進者たちの多くは、「教育的労働」という概念を通じて矛盾を棚上げし、保護という名の労働を近代的児童福祉へと包摂したのである。

こうして二〇世紀初頭までの「遺棄」と「保護」を規定していた（農業分野での）児童労働市場は、二つの大戦を経るなかで紆余曲折を経ながらも徐々に縮小していった。第一次世界大戦が終結し君主国が解体されるにともなって「捨て子院」は名実ともに廃止され、その人員や建物は大戦後の人口回復という至上命令のもと整備された新たな制度へと組み込まれた。「捨て子」を専門に扱う公的な制度は一掃され、「遺棄」という行為も公的に不可視化された。たしかに、二〇世紀半ばには「捨て子」も「婚外子」も「里子」もきわめて例外的な存在となったといえるだろう。

その一方で、戦時中や戦後直後の大規模な疎開など、生物学的親と離れて他者へと預けられる子どもは決していなくなることはなかった。さらに、第二次世界大戦後から今日に至るまで国際養子縁組が戦争孤児福祉の一つの形式となっていった。管見の限りではあるが、この時代に生きた婚外子や里子、疎開児童の回想録やインタビューが家族社会史研究グループを中心に数多く集められ公刊されている[62]にもかかわらず、こうした成果と、子どもの遺棄／保護をめぐる法制度、あるいは児童労働市場やナショナリズムの動きとを結びつける研究はまだほとんどない。今後、研究の進展を待たれるところである。

注

（１）V. Pawlowsky, *Mutter Ledig - Vater Staat. Das Gebär- und Findelhaus in Wien 1874-1910*, Wien 2001, S.285.

（２）捨て子院については以下を参照。Pawlowsky, *Mutter ledig*. 婚外関係については以下を参照。M. Mitterauer, *Ledige Mütter. Zur Geschichte unehelicher Geburten in Europa*, München 1983, E. Mantl, *Heirat als Privileg. Obrigkeitliche Heiratsbeschränkungen in Tirol und Voralberg*, 1820-1920, Wien/ München 1997. 児童労働については以下を参照。M. Papathanassiou, *Zwischen Arbeit, Spiel und Schule. Die ökonomische Funktion der Kinder ärmerer Schichten in Österreich 1880-1939*, Wien 1999. 里子や婚外子の自伝については以下を参照。E. Ziss (Hg.), *Ziehkinder*, Wien/ Köln/ Weimar 1994, Der Verein Dokumentation lebensgeschichtlicher Aufzeichnungen (Hg.),

„Als lediges Kind geboren...“, Wien/ Köln/ Weimar 2008.

（3）本章で対象とする地域は、大まかにいっていわゆる「ハプスブルク帝国」だが、そのなかでも、主として、一八六七年のアウスグライヒ以後のオーストリア・ハンガリー二重帝国でいう「ハンガリー王国をのぞく部分」（正式名称は「帝国議会に議員を送る諸王国諸領邦」であり、チスライタとも呼ばれた）である。また、本章で用いる地名については、本来は歴史的に使用されてきた読み方を併記すべきであるが、表記の混乱を避けるために、原則としてその地域が現在属する国家の公用語での読み方に準拠する。主な歴史的地名は、以下で確認してほしい。南塚信吾編『ドナウ・ヨーロッパ史』山川出版社、一九九九年、伊藤孝之編『ポーランド・ウクライナ・バルト史』山川出版社、一九九八年。

ハプスブルク家のヨーゼフ二世は一八世紀を代表する啓蒙専制君主として有名であるが、彼は、改革の柱のひとつとして、一七八四年、ウィーンに巨大な医療複合施設（現在のウィーン総合病院の前身）を建設した。最初に開設されたウィーンの産院付き捨て子院は、総合病院、精神病院および老年者向け施療院とともにこの複合施設の一角を占めた。これは本文でも引用する以下の文書を通じ、ヨーゼフ改革の目玉として広く公衆に喧伝された。*Nachricht an das Publikum über die Einrichtung des Hauptspitals in Wien. Bei dessen Eröffnung von der Oberdirektion herausgegeben*, Wien 1784. その後、一八世紀末から一九世紀初頭に、現オーストリアのグラーツ、リンツ、インスブルック、同じくイタリア領のトリエステ、スロヴェニア領のリュブリャナ、チェコのプラハ、ブルノ、オロモウツ、ウクライナのリヴィウに建設された。A. Epstein, Findelanstalt, E. Mischer und J. Ulbrich (Hg.), *Österreichisches Staatswörterbuch. Handbuch des gesammten österreichischen öffentlichen Rechtes*, 2. Aufl., Dritter Band, Wien 1907, S.101-104. なお、ヨーゼフ改革への抵抗が強かったハンガリー王国では、同種の国立施設は建設されなかった。一八九〇年代に、ブダペシュトでもウィーン捨て子院をモデルとする施設の建設案が浮上したが、結局、王国や自治体が運営する公的な施設としては設置されず、私的団体が小規模施設を運営するにとどまった。S. Zimmermann, *Prächtige Armut. Fürsorge, Kinderschutz und Sozialreform in Budapest. Das »sozialpolitische Laboratorium« der Doppelmonarchie im Vergleich zu Wien 1783-1914*, Sigmaringen 1997, S.148-157.

（4）P. Feldbauer, *Kinderelend in Wien. Von der Armenpflege zur Jugendfürsorge 17-19.Jahrhundert*, Wien 1980, S.67-84.

（5）*Nachricht an das Publikum*, S.12.

（6）M. Fürntratt, *Denkschrift über das Findelwesen in Steiermark*, Graz 1863, S.9.

（7）ウィーン捨て子院は一八〇二年から公的に義務化された種痘の接種施設となった。L. Ungar, Die Pflege des kleinen Kindes in den Findelanstalt Oesterreichs, *Oesterreichs Wohlfahrtseinrichtungen 1848-1898. Festschrift zu Ehren des 50jährigen Regierungs-Jubiläums Seiner k. u. k. Apostolischen Majestät Kaisers Franz Joseph I., Bd. II: Jugendpflege und Pflege der Kunst*, Wien 1900, S.17-18.

（8）Fürntratt, *Denkschrift*, S.9-10, Pawlowsky, *Mutter ledig*, S.19.

（9）*Nachricht an das Publikum*, S.12.

（10）Pawlowsky, *Mutter ledig*, S.283-284. 同時代文献によるとウィーン捨て子院では開設から一八九六年までに六三万五九四八人の捨て子を受け入れたという。L. Ungar, Die Pflege des kleinen Kindes, S.10.

（11）O. Wittschieben, *Das Findelwesen in Steiermark (Statistische Mitteilungen über Steiermark. XVII. Heft)*, Graz 1907, S.7.

（12）Epstein, Findelanstalt, S.102.

（13）J. Ehmer, *Bvölkerungsgeschichte und historische Demographie 1800-2000*, München 2004, S.114-118［J・エーマー（若尾祐司・魚住明代訳）『近代ドイツ人口史――人口学研究の傾向と基本問題』昭和堂、二〇〇八年］.

（14）Mitterauer, *Ledige Mütter*, S.110-112.

（15）Pawlowsky, *Mutter ledig*, S.59-81.

（16）アメリカの家族史家ショーターは、婚外出生率の上昇を性の自由化と結びつけ、「性の革命」の一表現ととらえた。しかし、この見解はフェミニズム研究や地域研究から批判されている。E. Shorter, *The making of the modern family*, New York 1976［E・ショーター（田中俊宏訳）『近代家族の形成』昭和堂、一九八七年］, Ehmer, *Bvölkerungsgeschichte*, S.114-116.

（17）Pawlowsky, *Mutter ledig*, S.81-83.

（18）*ibid.*, S.151-152, *Nachricht an das Publikum*, S.31-37.

（19）*ibid.*, S.210-211.

（20）Wittschieben, *Das Findelwesen*, S.44.

（21）捨て子院の有無が当該地域の乳児死亡率に影響を与えるほどだった。B. Bolognese-Leuchtenmüller, *Bevölkerungsentwicklung und*

Berufsstruktur: Gesundheits- und Fürsorgewesen in Österreich 1750-1918, *Teil.1*, Wien 1978, S.88-89.

（22）一八八八年の統計では、生後一〇日以内に里子に出された子どもは、全体の三分の二を占めた。Pawlowsky, *Mutter ledig*, S.150. 里親の広域化については、以下の部分を参照。*ibid*, 166-171.

（23）ただしウィーンの施設で当局があまりに高い死亡率を問題視し養育費を引き上げた際には一時的に死亡率も下がったことから考えると、一定の養育費が支給されれば里親は子どもの養育に手をかけたと推測することができる。*ibid*, S.212.

（24）*ibid.*, S.172-179.

（25）*ibid.*, S.257-263.

（26）Erlass des Staatsministerium 9 IX 1861, Z.5633, *Reichsgesetzblatt*, Nr.15, 1868, Epstein, Findelanstalt, S.102.

（27）Wittschieben, *Das Findelwesen*, S.5-6. チスライタでは自由派が政権を握り地方行政改革はさらに加速した。

（28）Pawlowsky, *Mutter ledig*, S.284-285.

（29）一八八〇年代には自由派が退潮し、保守派ターフェ政権が成立した。この政権のもと、八三年と八五年に児童労働制限などを盛り込んだ労働者保護法が制定された。これについてはさしあたり以下を参照。J. Weidenholzer. *Der sorgende Staat. Zur Entwicklung der Sozialpolitik von Joseph II. bis Ferdinand Hanusch*, Wien 1985, S.265-341.

（30）E.Mischler, Tatsachen der Verwahrlosung. Ereignisse einer Erhebung über die verwahrlosten und sittlich gefährdeten Kinder in Steiermark, J.M. Baernreither (Hg.), *Gutachten zu den Verhandlungsgegenständen des Ersten Österreichischen Kinderschutzkongresses in Wien*. 2.Bd., Wien 1907, S.276.

（31）オーストリアの居住権（Heimatrecht）については若干の説明が必要であろう。六〇年代の自由主義改革における居住権取得条件はきわめて硬直的であった。そのため、一九世紀後半、社会的流動性が高まるなかで、生まれ育った土地と居住権が一致しない人々が急増した。実際の居住地と居住権地が異なる場合、自治体の自助原則のもと、福祉（救貧）コストは居住権地に請求されることになっていたが、この負担が財政力の弱い農村自治体にとって重荷となっていた。九六年になってようやく一定の居住年数によって居住権変更を認める法改正が行われた。本文中で述べる捨て子院再建期は、ちょうど居住権法改正と自治体自助原則の大幅見直しの時期に当たる。J. Klabouch, *Die Gemeindeselbstverwaltung in Österreich 1848-1918*, Wien 1968, S.63-65.

（32）以下の三つの領邦法が主軸となった。すなわち、九六年一一月施行の「公的救貧に関する法」（*Steiermärkisches Landesgesetzblatt*（以下 LGBl と略記）Nr.63, 1896）、九七年六月施行の「有償のケアを受けている二歳以下の子どもの保護に関する法」（LGBl. Nr.66, 1896）、九八年八月施行の「領邦立グラーツ捨て子院の設置に関する法」（LGBl.Nr.58, 1898）である。

（33）Wittschieben, *Das Findelwesen*, S.7-14.

（34）ウィーンの施設でも改革が行われた。Pawlowsky, *Mutter ledig*, S. 266-268.

（35）捨て子院という名称を選択した理由のひとつは財政的理由にあった。なぜなら、「捨て子院」であれば、他の領邦に居住権を持つ場合、当該領邦に費用負担を要請できるからである。Anruf an die Bevölkerung des Herzogthums Steiermark, H. Reicher, *Der Kinderschutz und die Armen-Kinderpflege in Steiermark*, Graz 1900, S.173.

（36）なお、「乳母の義務」は廃止され人工乳に切り替えられた。Wittschieben, *Das Findelwesen*, S.15-16.

（37）「母親の秘密」の放棄は廃止前の改革議論のときから提起されていた。Wittschieben, *ibid.*, S.9.

（38）以下では母親の職業、出生地、居住地、家族状況などについて詳細な分析が行われている。*ibid.*, S.53-117.

（39）LGBl. Nr.66, 1896.

（40）これをモデルにオーストリア第一共和国では全国里子保護法（一九一九年）が施行された。Ziss, *Ziehkinder*, S.308-309.

（41）H.Reicher, Die rechtlichen und tätsachlichen Zustände auf dem Gebiete der Vormudschaft, J.M. Baernreither (Hg.), *Gutachten*, Wien 1907, S.90.

（42）W. Hecke, Abhandlungen. Die Pflegekinderhaltung in Österreich, *Statistische Monatsschrift*, Jg. XX (XLI), 1915, S.539, 545.

（43）LGBl.Nr.66, 1896, Reicher, *Der Kinderschutz*, S.6-15, 114-124.

（44）Auskunftstelle des Landesbandes für Wohlthätigkeit in Steiermark (Hg.), *Erklärung zur Darstellung des Kinderschutzes und der* Armenkinderpflege in Steiermark auf der Welt-Ausstellung in Paris 1900, Graz 1900.

（45）Wittschieben, *Das Findelanstalt*, S.46-47.

（46）M. Rahikainen, *Centuries of Child Labor: European Experiences from the Seventeenth to the Twentieth Century*, Cornwall, 2003, p.93-94. アルプス山地西部のティロールやフォアアールベルクでは、二〇世紀初頭まで、季節労働力として児童労働を実際に売買する「子

ども市場（Kindermarkt）」が定期的に開かれていた。これについては、以下に詳しい。O. Uhlig, *Die Schwabenkinder aus Tirol und Voralberg*, 2.Aufl., Innsbruck/ Stuttgart 1983.

（47）したがって婚外子、里子、奉公人は世代間で連鎖することが多く、この連鎖は同時代からすでに問題視されていた。Wittschieben, *Das Findelwesen*, S.106-116.

（48）E.Mischler, *Das Armenwesen in Steiermark (=Statistische Mitteilungen über Steiermark. 1.Heft)*, Graz 1896, S.147-148.

（49）社会民主党員でもある小学校教員クラウスがまとめた以下の調査結果がその集大成といえる。S. Kraus, *Kinderarbeit und gesetzlicher Kinderschutz in Österreich*, Wien/Leipzig 1904.

（50）Arbeitsstatitisches Amt K.K. Handelsministerium (Hg.), *Erhebung über die Kinderarbeit in Österreich im Jahre 1908*, 3Bde, Wien 1911-1913.

（51）なお、この会議には今日でも著名な人物が出席していた。児童労働部門での発言者としては、オーストリア第一共和国および戦間期ウィーン（「赤いウィーン」）の教育改革を先導したグレッケル（O.Glöckel）、オーストリア第一共和国の最初の大統領ハイニッシュ（M.Hainisch）、オーストリアにおいて看護師の専門職化に尽力し、女性運動家としても著名なアールト（I.Arlt）などが挙げられる。また会議全体の議長ベルンライター（J.M.Baernreither）は帝政期から活躍する有力な官僚であり、第一次世界大戦末期には新設の国民健康・社会問題担当大臣に就いた。Zentralstelle für Kinderschutz und Jugendfürsorge in Wien (Hg.), *Gutachten, Berichte und Materialien zu den Verhandlungsgegenständen des Zweiten Österreichischen Kinderschutzkongresses in Salzburg, 1913*, Wein 1913（以下、*KSKII Gutachten* と略記）, id. (Hg.), *Protokoll über die Verhandlungen des Zweiten Österreichischen Kinderschutzkongresses in Salzburg, 4. Bis 6. September 1913*, Wien 1913（以下、*KSKII Protokoll* と略記）.

（52）F. Žižek, Verbreitung und Erscheinungsformen der Kinderarbeit in Österreich, *KSKII Gutachten*, S.203-292.

（53）Žižek, Verbreitung und Erscheinungsformen, S.255.

（54）この発言者はそれぞれシュタイアーマルクの高等小学校教員のクラウス、そして社会民主党下院議員のドイチュであった。*KSKII Protokoll*, S.63, 82.

（55）議事録によると、児童労働部門の議論ではのべ三七名が登壇したが、そのうち児童労働の全面的禁止に対する支持を表明した発言者は一〇名だった。これに対し、農業労働を積極的に肯定する傾向が強い発言者は一五名に上った。残り一二名のうち、議長のハイニッシュを含む一〇名は、現実的な折衷案として部分的規制を支持した。*ibid.*, S.27-104.

(56) *ibid.*, S.42-44.

(57) *ibid.*, S.36-39.

(58) *ibid.*, S.54-57.

(59) たとえば、感化院監督官ラダウアー、上級教員のサルフォン、司教座参事会員代理のアイシンク、司教座教会の説教者ヒナー、ウィーンの開業医グルスなど。*ibid.*, S.81-91.

(60) *ibid.*, S.97.

(61) *ibid.*

(62) 注2に挙げた文献のほかに、スイスへの疎開児童の回想録としては以下を参照。A. Partl/ W.Pohl (Hg.), *Verschickt in die Schweiz. Kriegskinder entdecken eine bessere Welt*, Wien/ Köln/ Weimar 2005.

第III部　「保護と遺棄」の射程と広がり

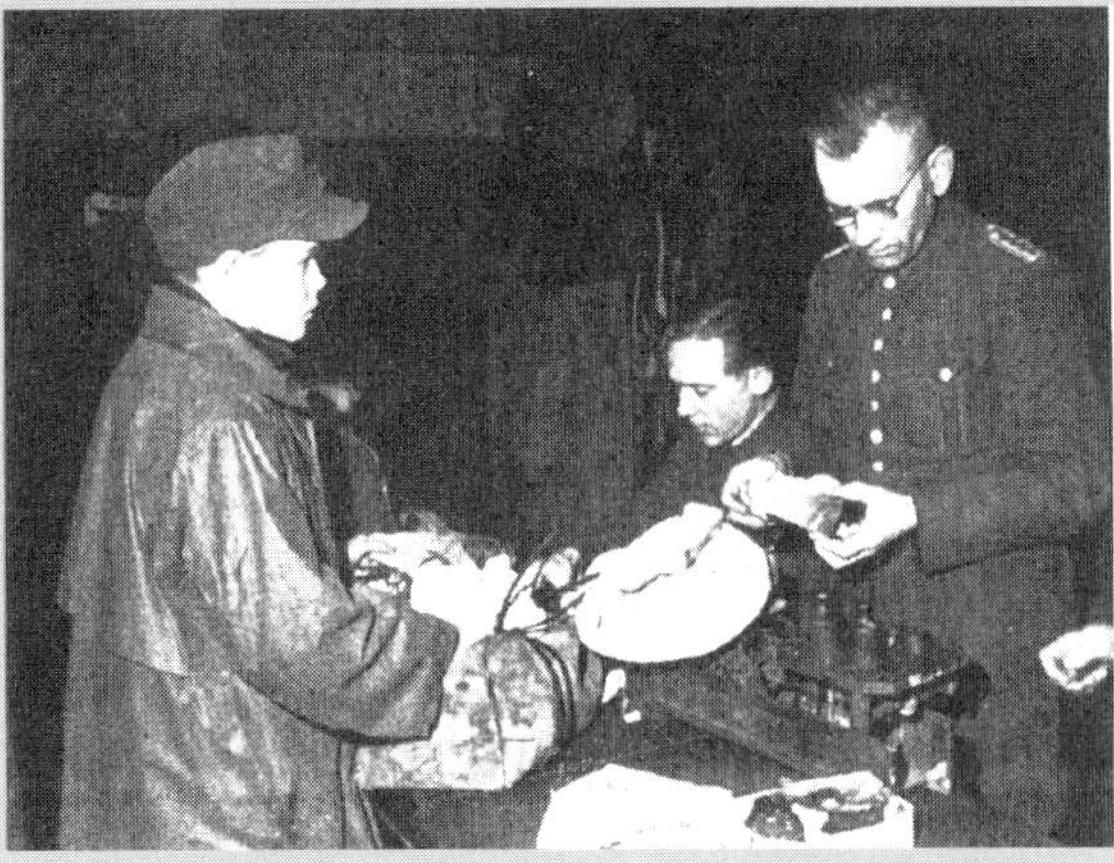

買い出しの際に捕まった子ども
（出典）Priamus, Heinz-Jürgen, *Die Ruinenkinder*, Düsseldorf 1985, S.44.

第6章　「保護／遺棄」の法的基準とその変化
――ドイツを中心に

三成美保

はじめに

「保護／遺棄」の法的基準とは、保護されるべき対象を法定し、遺棄を保護放棄の一つとして処罰する基準のことをさす。しかし、「保護／遺棄」の境界はじつに流動的で、一定条件下での遺棄が権利とみなされる場合もあれば、不処罰のときもある。こうした法的基準の形成は、それぞれの文化の死生観や子ども観が深く関わっている。死生観や子ども観には、経済的条件・宗教的背景・医学水準などが反映されている。

「保護／遺棄」の選別基準に関して西洋社会の流れを大まかに整理すると、五つの局面に区分することができる。

Ⅰ　家父長の「遺棄権」の承認（古代）
Ⅱ　宗教的な「子の差異化」と子の生命の「絶対的保護」（中世～近世）
Ⅲ　選別基準の「制度化」と「医療化」（一九世紀～二〇世紀半ば）

Ⅳ　「胎児の生命」と「女性の自己決定権」の対抗（一九七〇年代以降）
Ⅴ　「胚の保護」と「研究の自由」の対抗（一九九〇年代以降）

以下では、ドイツを中心に「保護／遺棄」の法的基準の変化をたどり、今後の課題を展望してみたい。

第一節　西洋古代社会における子の「選別的遺棄」

家父長の遺棄権

西洋社会では、子殺しの風習は長い伝統をもつ。古代ギリシア・ローマ法でも古代ゲルマン法でも、家父長男性には子を遺棄する権利（遺棄権 expone）が認められていた。嬰児遺棄は、ギリシアではヘレニズム期（前四世紀末～前一世紀末）に増え、イタリアでは共和政期（前五〇九～前二七年）よりも帝政期（前二七～四七六年）に増えたという。[1] たとえば、アリストテレスは、障碍児の遺棄と人口調節のための中絶を推奨している。ローマの十二表法等も身体障碍児の殺害を認めている。

障害児を育てることを禁止する法律が必要である。しかし子どもの数に関しては、既存の慣習が、生まれた子どもの遺棄を認めないなら、子孫の増加を制限しなければならない。また、こういった規制に反した性交によって子どもをみごもった場合には、子どもの感覚や生命が発達しないうちに、中絶する必要がある。というのは、合法的か非合法的中絶かといった境界線は、感覚や生命があるかどうかといったことが、分かれ目になるからだ。[2]（アリストテレス『政治学』七・一四・一〇）

ロムルスは提案し住民を強制して総ての男児たる子孫と女児にして長女なる者とを養育すべく、然も三歳未満の出生児は一人と言えども殺害すべからずとせり。但し、生まれたる出生直後不具児或は畸形児なる場合のみは除外せり。[3]（ローマの王法）

キケロ（法律について三・八・一九）＝十二表法が奇形児に関して顕著なように、（奇形児は）すみやかに殺害された。[4]

（十二表法・第四表一）

（引用中に一部、現在では不適切な表現とされるものが含まれるが、歴史的用語であることからそのまま使用した）

古代法における子の遺棄とは、新生児を「家」に収容しないという決定を意味した。遺棄の主な理由は、「生存能力なき子」「障碍児」「不吉な日の生まれ」「姦生子」である。しばしば、子はかごに入れられて木の下に置かれるか、水に流された。家に収容された後、命名や禊ぎ[5]（洗礼）の後、養育行為を行った後や食事をさせた後などに子を遺棄すると「殺人」として処罰された。[6]上層市民では「奇形」出生や婚外出生が忌避されたが、下層民では経済苦による遺棄が圧倒的であったと推測される。とくに、多子家庭での後出生子の遺棄、女児遺棄が多かった。[7]遺棄された嬰児の多くは死亡した。しかし、本村凌二によると、古代ローマでは、嬰児遺棄に独特の機能があった。嬰児遺棄が奴隷供給源として機能していたというのである。

共和政末期から帝政初期のイタリアでは、総人口六〇〇～七五〇〇万人のうち、一歳以上の奴隷は二〇〇～三〇〇万人にのぼった。奴隷では男性比率がきわめて高かったため、奴隷内部での再生産はむずかしい。また、「ローマの平和」（一～三世紀）のもとで戦争捕虜が例外化したため、帝国外部から奴隷を調達するのも困難になった。そこで有力な奴隷供給源として浮上したのが棄児である。拾われた乳幼児には乳母がつけられ、奴隷商人によって組織的に養育されていたと推測される。需要は高く、ローマの家庭では、愛らしい幼児奴隷は、子の遊び相手として、あるいは、大人の気晴らし・慰み者として重宝された。しかし、この場合も女児より男児が選好された[8]。ローマの諸皇帝は嬰児殺・嬰児遺棄の防止に努めた。三一五年勅法は、全イタリアの都市に対し、「親の手による子殺しをやめさせて、もっと明るい希望へ向かわせる」ための法律の前提として、「貧乏のために養うことができない子どもがいることを親が申し出たなら」、国庫と帝室財産から食糧衣服を支給すると定めた。また、三二二年のコンスタンティヌスの勅法は、「食糧に乏しく生活物資を欠く地方の人々が、自分の子どもを売り、あるいは担保に入れると朕は聞いた」と述べて、金銭と生活物資を施与分配する権限を、全アフリカの知事と国庫管理官に与えている[9]。

貧しい子どもたちのための扶養基金制度（アリメンタ制度）は、皇帝や元老院貴族などの富裕な有力者たちによる贈与行為の一つで、二世紀に成立した。扶養基金には、イタリア本土で発達した公的基金と属州で発展した私的基金があった。ローマ市では、皇帝金庫からの支出により五〇〇〇人の少年が扶養されていた。男女と嫡庶では大きな差があり、嫡出男子が優遇された[10]。

堕胎／中絶

アリストテレスによれば、堕胎が非合法になるのは、胎児の「感覚や生命があるかどうか」で決まり、生命成立時は男児では受胎後四〇日目、女児では九〇日目とされた[11]。これを「生気説」とよぶ。カトリック教会は、一八六九年に公式に否定するまで、長く「生気説」の立場をとっていた。実際には、古代ギリシア・ローマ社会では流産・早産・自己堕胎の区別があまりなかったようである。堕胎については「流れる」という表現が多用されている。自己堕胎は処罰されなかったが、「ヒポクラテスの誓い」は堕胎薬投与を禁止し、アクィーリウス法（前三世紀）は産婆による堕胎薬投与により妊婦が死亡した場合について定めている。

ユウェナーリスは、一世紀のローマ社会における堕胎の流行を書き記している。ローマ法では、基本的に胎児を人格とはみなさない。中絶は胎児に対する罪とは考えられず、家父長の同意なき中絶は家父長に対する罪とされた。したがって、ローマ法大全（六世紀）には自己堕胎を処罰する規定はとくになく、「薬物利用による殺人」[12]（妊婦の殺害）と「父権の侵害」（胎児の殺害）に言及がある。[13]

婚外子の処遇

ローマ法によれば、婚外子は父とは宗族関係も血族関係ももたず、母と血族関係にたった。しかし、帝政期以降、自然子（内縁子／未婚男女の婚前出生子）の優遇が顕著となる。自然子には、扶養料請求権と限定的な相続権が認められた。アウグストゥス帝は一連の婚姻立法（ユリア法）を公布して内縁を婚姻にかえようと努めた。その一環として、準正制度が確立する。準正された自然子は嫡出子と同等の権利をもつとみなされた。一方、売淫子（売春により生まれた子）・姦生子（姦通により生まれた子）・乱倫子（近親相姦により生まれた子）はけっして準正されず、扶養料請求権も相続権も認められなかった。[14]六世紀にユスティニアヌス帝もまた、父に自然子の扶養を義務づけたが、その他の婚外子に対する扶養義務は否定した。

> 破廉恥な関係、近親相姦、忌むべき性交渉——これらは婚姻とはいえない——から生まれた者は、自然子とはよばれず、父に扶養されず、現行の法律といっさいのかかわりをもたない。[15]（『新勅法彙纂』八九・一五）

ローマ法とは異なり、古ゲルマン法では婚外子差別はほとんど見られない。夫のムント（保護）下にいる妻妾が産んだ子は、懐胎時期にかかわらず「嫡出」とみなされ、夫の家に収容された。夫のムントに服さない女性から生まれた子であっても、自由身分の女性との永続的な結合から生まれた子は、嫡出子と同様に父の家に収容され、相続権や王位継承権をもつことができた。他方、父母の一時的な結合から生まれた子は「私生子」とよばれ、父とは法的関係をもたず、母の親族集団（ジッペ）に収容された。また、非自由人（奴隷）の子には相続権等が否定された[16]。

第二節　キリスト教化の影響――「差異化」と「絶対的保護」

「子の差異化」と「子の生命の絶対的保護」

「保護／遺棄」基準に関して、キリスト教化は矛盾する影響を及ぼした。①教会婚姻規範に照らした「子の差異化」と②「子の生命の絶対的保護」である。

①「子の差異化」とは、「嫡出／非嫡出」の差別をさす。王族がキリスト教に改宗したとはいえ、メロヴィング期には、正妻（王妃）以外の子もまた完全な相続能力をもち、王位継承権をもっていた。しかし、カロリング期には婚外子の地位が悪化し、父に対する相続権が制限されはじめる。教会法が確立し、キリスト教化が一般民衆にまで及んだ一二世紀以降、婚外子は完全に相続権を失ってしまう。教会は、すべての婚外子に「罪の子」との烙印を押した。婚外子には聖職叙任権は認められず、ツンフトからも公職からも排除された[17]。ただし、「許嫁の子 Brautkind」は、婚約破棄が母の責任ではない場合に権利を保障された[18]。

②「子の生命の絶対的保護」の観点から、あらゆる生殖コントロールが禁止された。キリスト教化とともに、家父長権から遺棄権が消え、家父長による子の扶養養育義務が前面にあらわれる。四肢欠損の場合には「生存能力」がないとみなされて嬰児殺が黙認されたが、女児遺棄の風習は消え、障碍児への差別もタテマエ上は否定さ

れた[19]。しかし、「産む性」たる女性の身体や生命よりも、生まれ来る子の生命が尊重されるという新たな問題が生まれた。避妊も堕胎も禁じられたからである。カトリック教会は、婚姻目的を「生殖・姦淫防止・相互扶助」におき[20]、夫婦間の性関係は生殖目的のためにだけ許された。その結果は、たび重なる妊娠・出産として妻が一方的に引き受けねばならず、妻はしばしば生命の危険にさらされたのである。

婚外出生と嬰児殺

「子の差異化」と「子の生命の絶対的保護」があいまって、保護と遺棄のはざまに置かれたのが婚外子である。たしかに、①教会法も世俗法も婚外子の扶養を確保するよう働きかけた。しかし、②婚外出産が「姦淫」という罪の証拠とされたため、禁止されたはずの嬰児殺はなくならず、嬰児殺は妊娠・出産をあくまで隠さねばならないケース、すなわち婚外妊娠・出産に限られていく。

①教会法は婚約不履行訴訟を認めた。教会裁判所で子の父と認められた場合（強制認知）、その者は子の母と結婚するか、あるいは持参金相当の慰謝料と分娩費用・子の養育費用を彼女に支払わねばならなかった[21]。また、教会が堕胎も嬰児殺も禁じたため、教会や修道院を拠点として捨て子養育院が発展し、里子制度も広まった。一方、世俗社会では、相続権否定とひきかえに、中世後期のいくつかの法は、父は婚外子に対して財産を贈与しなければならないと定めた[22]。そのさい、最近相続人の同意を得る必要はなかった。ここから、父に対する婚外子の扶養請求権が発展したと考えられる。

婚外子は、母に対してはつねに相続権をもった（「いかなる子もその母の私生子 Kebskind ではない」）。例外的に、ザクセン法は、婚外子は父母のどちらとも法的な血族関係をもたないと定めていた[23]。母子関係については、イギリス法がザクセン法と似た内容をもつ。イギリスでは、婚外子と母は法的血族関係にはたたず、子は母に対して単に弱められた扶養請求権をもつにすぎないとされた。一九二六年嫡出法により、婚外子もまた母に対する相続権を持つようになったが、母の嫡出子の後順位におかれた。

ローマ法継受の影響が及んだ一五世紀後半、ローマ法にならって婚外子概念が整理される。「自然子」「売淫子」「姦生子／乱倫子」（「忌むべき生まれの子」）の三種が区別されるようになったのである。[24] こうした区別は後世の法に大きな影響を及ぼした。たとえば、フランス法は、革命期に自然子の相続権を認め、一九七二年改革で姦生子以外の婚外子と嫡出子の差別を廃止する。しかし、姦生子に対する相続差別が撤廃されたのは、二〇〇一年のことである。

②一六～一八世紀のドイツで殺された嬰児は、ほとんどが婚外子である。[25] ローマ法を継受して編纂されたカロリナ刑法典（一五三二年）は、嬰児殺犯女性に対し、生き埋め刑か杭刺し刑を定めている。嬰児殺は、通常の殺人罪（斬首刑）よりも重かったのである。ただし、「生命と肢体」という文言が示す通り、生存能力がない子や四肢が欠ける子の殺害は除外されている（第一三一条）。嬰児遺棄については、子が死んだ場合には死刑か身体刑であるが、子が助かった場合には刑が軽い（第一三二条）。子が助かることが前提にされているのは、教会や養育院への捨子風習によるものだろう。

第一三一条　女が、自己が生命と肢体とを与えたる自己の児を、密かに、悪意にて、意思して殺害するときは、彼女は通常生き埋めにせられ、かつ大地に杭刺しにせらる。[26]（カロリナ刑法典）

近世の嬰児殺犯は、ほとんど例外なく実母であった。彼女は、妊娠・出産の事情に関係なく死刑となった。ゲーテ『ファウスト』のグレートヒェン悲劇のモデルとなったズザンナ事件（一七七二年）は、その最終段階の事例である。宿屋で働くズザンナは宿泊客に強姦されて妊娠し、洗濯場で一人で子を産み落としたが、子は死んでしまう。弁護人の弁護むなしく、彼女は公開斬首刑に処せられた。[27]

胎児の権利と「生存能力」

古法では、子の「生存能力」（母体を離れても生存可能なこと）は、権利や刑罰に関して重要な判断基準とされた。[28] フランク族最古の部族法典である『サリカ法典』（五〇七年）によれば、「母胎内の子」や「子が名を持つ前」に殺した者は、一〇〇シリングの人命金（贖罪金）を支払わねばならなかった。[29] 一方、一〇歳以下の未成年男子あるいは生殖能力ある自由人女性を殺害した場合は六〇〇ソリドスとされた。妊婦の人命金は、自由人女性分六〇〇ソリドスと胎児分一〇〇ソリドスを合わせた七〇〇ソリドスとされた（表6-1）。胎児が一定の法的価値をもつ存在として位置づけられていることがわかる。

表6-1　サリカ法典（6世紀初頭）小児殺について（第24章）

節	場合	贖罪金（ソリドス）
1	10歳以下の少年を殺害したとき	600
2	長髪の少年を殺害したとき（＊刈髪の式＝武装資格を認める成人儀式以前の少年）	600
3	妊娠中の自由人女性を殴って、女性が死亡したとき	700
4	子を母の胎内で殺害したとき子が生まれて名を持つ前に殺害したとき	100
5	12歳未満の少年が罪を犯したとき	平和金支払免除
6	生殖能力をもつ自由人女性を殺害したとき	600
7	生殖能力を失った女性を殺害したとき	200

出典：『サリカ法典』創文社、1977年、85～87頁をもとに作成。

『バイエルン部族法典』（八世紀前半）の堕胎罪規定は、母死亡時と胎児死亡時を分けている。胎児は、さらに「生存能力」がある場合とそうでない場合に分けられ、「生存能力」ある胎児の堕胎は自由人男性と同額の人命金

表6－2　バイエルン部族法典（8世紀前半）堕胎に関する条文（第8章）

節	場合		処罰
18	女が、堕胎させる目的で飲み物を与えたとき		奴隷は鞭200 自由人は自由身分喪失により奴隷となる
19	何らかの打撃によって、堕胎させようとしたとき	女性が死亡	殺人者として処罰 （自由人女性＝320ソリドス） （※武装能力なき女性の殺害は男性の殺害の2倍額となる［Ⅳ-30］）
		胎児のみ死亡 （生存に堪え得ないとき）	20ソリドス
		胎児のみ死亡 （生存に堪えうるとき）	160ソリドス （※自由人男性殺害と同額）
20	堕胎させたとき		まず12ソリドス、その後7代まで（つまり家系が絶えるまで）毎年の秋に、1ソリドスを支払う（怠れば再び12ソリドス）
21	親族の永きにわたる悲嘆について		霊魂は堕胎によって地獄に引き渡されるため
22	女奴隷が虐待されて流産したとき （子が生存に堪え得ないとき）		4ソリドス
23	女奴隷が虐待されて流産したとき （子が生存に堪えうるとき）		女奴隷の主人に10ソリドス

出典：『バイエルン部族法典』創文社、1977年をもとに作成。

（一六〇ソリドス）とされていた（表6－2）。西ゴート法は、子が洗礼をうけるか、一〇日以上生存しなければ相続権がないと定めていた。一三世紀前半の『ザクセンシュピーゲル・ラント法』は、「生存能力」ある胎児の相続権を認めている。そのさい、四人の男たちが「耳証人」となり、子が「四壁に声を響かせた」ことを証言した（一・三三）[30]。

近世には「生存能力」なき子の権利能力をめぐって見解が分かれていた。しかし、有力説は「生存能力」があることを権利主体の要件としていた。近代法の規定は、二方向に分かれる。プロイセン一般ラント法（一七九四年）やオーストリア一般民法典（一八一一年）、ドイツ民法典（一八九六年）は、「生存能力」の有無の証明が困難という理由で権利能力の要件とはしていない[31]。日本民法典（一八九八年）もドイツ民法典に倣っている。これに対し、フランス民法典（一八〇四年）は、「生存能力」の要件をあげている[32]。

第三節　近代市民社会における選別基準の「制度化」と「医療化」

「選別的保護」の強化

近代市民社会では、子どもを大人とは違う存在として保護する傾向が強まる。しかし、それは「選別的保護」であったことに留意しなければならない。保護基準は、親の法的婚姻関係と子の精神的「健全性」である。婚姻の「制度」化が強まるにつれて、婚外子差別は拡大した。一方、精神医学・優生学の発展により、「治癒不能」な精神障碍者が選別され、かれらの生殖能力が奪われていく。「保護／遺棄」の選別基準が「制度化」し、「医療化」したのである。

嬰児殺規定の変化

婚外子の「保護／遺棄」をめぐっては、近世自然法と近代市民法の間に大きな開きがある。一八世紀の代表的な自然法学者C・ヴォルフによれば、市民法上の親子関係は嫡出親子の間でしか生じないが、血縁関係がある限り、自然法上の親子関係が存在する。嫡出・婚外出生を問わず、子には扶養される権利があるので、相続時には扶養義務が完了しているかどうかが考慮されねばならない。扶養義務が完了していなければ、その分を子は遺産から優先的に取得することができるとヴォルフは考えた(33)。

生まれたばかりの子は、自己の生存に必要なことをみずから配慮したり、自己の行為を自然法にしたがって決定したり、独力で人間らしい生活をおくる能力をまだそなえていない。人は、自己の種を維持するべきであるので、子をもうける者は子にも人間らしい生活を独力でいとなむ能力をあたえてやらなければならない。そのためには養育が必要であるから、子をもうける者は、子を養育しなければならない。養育には、父と母の世話と熱意が必要であり、二人とも、子の養育に献身すべきである。[34]（ヴォルフ『自然法・万民法提要』一七五四年）

啓蒙期を代表するプロイセン一般ラント法[35]（一七九四年）は、二万条におよぶ総合法典である。家族法規定は二五〇〇条（全体の八分の一）に達し、そのうち親子法が全七七三条を占める（うち、婚外子規定は第二部第二章第九節五九二〜六六四条）。また、刑事法部分で嬰児殺関連規定が全一一五条（第二部第二〇章第一一節八八七〜九九一条）もある。立法者は、婚外子の保護と嬰児殺防止に強い関心を抱いていたことをうかがわせる。一般ラント法は、嬰児殺犯を斬首刑に処すとしたが、他方で、結婚の約束をして捨てられた無責女性を救済し、胎児には後見人をつけ、後見人は父の可能性がある男性すべてに扶養料を請求すると定めた（「不貞の抗弁」[36]の禁止）。また、嬰児殺を防止するため、妊娠が判明したときに同衾男性の責任を明記した。[37]

「無責女性の救済」は、当時の公論であった。しかし、それは、婚外子の生命よりも「女性の名誉」を重んじるという考え方を反映していた。たとえば、ペスタロッチーは、婚外子を生んだという恥を隠すことこそが女性としての美徳であり、その美徳が家庭を守る（つまり、夫以外の子を産まない）と主張した。カントは、婚外子は市民社会のなかの「禁制品」であり、生命を保護される権利はないとまで言っている。カントは徹底した同害報復論者（殺人罪には死刑）であったにもかかわらず、未婚の母が婚外子を殺すことは「女性の名誉を守るための特別な行為」であるから、死刑にはあたらないとした。[38]

婚外子として生まれた子どもは、法律［つまり婚姻］外に、したがってまた法律の保護の外に生まれたのである。そ

表6－3　バイエルン王国刑法典（1813年）
（嬰児殺 kindermord・堕胎・遺棄、第157～177条）

<table>
<tr><th colspan="5">犯罪とその状況</th><th>刑罰（斜体字は条文番号）</th></tr>
<tr><td rowspan="9">嬰児殺</td><td colspan="4">嬰児殺</td><td>無期懲役刑</td></tr>
<tr><td colspan="4">母親が公然たる娼婦の場合</td><td>鎖刑</td></tr>
<tr><td colspan="4">再犯</td><td>死刑</td></tr>
<tr><td rowspan="5">刑の減軽</td><td colspan="3">構成要件満たすが殺害意図を証明できない</td><td>重懲役刑（12年以上16年以下）</td></tr>
<tr><td rowspan="4">構成要件を満たさない</td><td colspan="2">殺害意図が確実</td><td>重懲役刑（8年以上12年以下）</td></tr>
<tr><td rowspan="2">殺害意図が不確実</td><td></td><td>懲役刑（4年以上8年以下）</td></tr>
<tr><td>妊娠隠蔽あり</td><td>懲役刑（14年以下）</td></tr>
<tr><td colspan="2">子どもの死体がない</td><td>重懲役刑（8年以上12年以下）</td></tr>
<tr><td colspan="4">出産中の嬰児殺</td><td>上記嬰児殺規定を適用</td></tr>
<tr><td colspan="5">堕胎（本人・堕胎施術者）</td><td>懲役刑（4年以上8年以下）</td></tr>
<tr><td rowspan="3">遺棄</td><td colspan="4">生命の危険が全くない状態での遺棄</td><td>遺棄（軽懲役6月以上1年以下）(370)
死亡（懲役刑1年以上4年以下）</td></tr>
<tr><td colspan="4">生命の危険がないであろう状態での遺棄</td><td>遺棄（懲役刑1年以上4年以下）
死亡（懲役刑4年以上8年以下）</td></tr>
<tr><td colspan="4">生命の危険がある状態での遺棄による死亡</td><td>殺人概当（無期懲役刑？）</td></tr>
</table>

出典：*Strafgesetzbuch für das Königreich Baiern*. München 1813 (ND Frankfurt/M. 1986), S. 66ff. より作成。

の子どもは公共体へといわば［禁制品のように］運びこまれたのであり、したがって公共体もまた子どもの存在を［その子どもは本来ならこうした方法で存在するべきではなかったのだから］無視し、したがってまたその子どもの抹殺をも無視することができる。ところが、婚外出産が知れわたった場合に生ずる母親の恥辱は、どんな命令によってもこれを排除することはできないのである。（カント『人倫の形而上学』一七九七年）

ドイツ最初の近代刑法典であるバイエルン王国刑法典（一八一三年）では、嬰児殺の最高刑は無期懲役刑である（表6-3）。一般殺人罪（死刑）のほうが刑が重い。ただし、嬰児殺は、母が婚外新生児を殺害した場合に限られた。母が「女性の名誉」を守るために恥の証拠である婚外子を殺害してもやむなしとされたわけである。嬰児遺棄もまた、さまざまに刑の減軽が予定されていた。養育院への捨て子などが考慮されているため、遺棄時に子の「生命の危険」があったかどうかが判断の基準となる。また、一九世紀に導入された陪審裁判では、嬰児殺女性は無罪になることが多く、たとえ有罪判決を受けても刑期は短く、女性は数年の懲役後に村に戻り、普通に暮らしている[39]。

プロイセン刑法典（一八五一年）では、尊属殺は死刑（第一七九条）、嬰児殺は五～二〇年の懲役（第一八〇条）、堕胎は五年以下の懲役（第一八一条）、七歳以下の子どももあるいは病人等の監護を怠った者は三月以下の懲役（第一八三条）と定められた。こうした規定は、ドイツ帝国刑法典（一八七一年）に継承される。嬰児殺処罰規定と中絶合法化規定との整合性が問題にされ、嬰児殺規定がドイツ刑法典から削除されたのは、一九九六年である。

婚姻の「制度」化と婚外子保護の後退

一九世紀以降の近代市民法は、家族を国家の基礎として位置づけた。自由・平等を保障されたのは家父長たる市民男性にすぎず、父の自由意思が重視された。フランス民法典（一八〇四年）では、父が子として認知できるのは自然子だけであるが、その認知も父の自由意思にまかされ、子から請求することはできない（「父の捜索」の禁止）[40]。婚外子とその母は「市民家族の安寧を脅かすスキャンダルのもと」とみなされ、婚外子保護は近世よりも後退した[41]。

ドイツでもまた、近代私法学の父サヴィニーが「制度」としての婚姻を主張した。プロイセン一般ラント法は、一九世紀前半の改正作業で見直しがはじまる。訴訟でも母子にとっての不利な判決が相次ぐ[42]。プロイセン非嫡出子法（一八五四年）は、父親が特定できないときの同衾男性の共同責任を否定し、さまざまな扶養義務減免を定めた。ドイツ民法典（一八九六年）において、婚外子の法的保護は決定的に弱まる。当時、婚外子出生は「社会問題」の一つとみなされ、未婚の母に対する社会的不信は非常に高まっていた。ドイツ民法典は、父子間の法的親子関係を否定し、未婚の母の親権を否定したのである。しかし、「社会問題」を放置できず、福祉政策も万全でないため、父に婚外子の扶養義務を課した。父子には家族法上の関係がないため[43]、相続権は発生せず、子は父姓も名乗れず、父家にも収容されない。しかし、父子間には債権法上の関係があるとされ、子には扶養請求権が保障された。これがいわゆる「支払いの父」である。しかし、扶養請求権は無条件に認められたわけではない。「不貞の抗弁」が復活し、懐胎時に母が複数の男性と同衾した場合には、関係男性のすべてが子の父であることを否定できた[44]。全婚外子の三五パーセントで父性が争われ、婚外子の四分の一が「不貞の抗弁」を出されている。多くの婚外子が扶養料を請求できない立場に追いやられたことがわかる[45]。婚外子保護の低下が母の不品行をより強く読み込む発想と結びついていたことと照らし合わせると、婚外子の生命は母の性的品行に左右されるようになったと見ることができる。長く続いた婚外子差別は、一九六九年、事実上撤廃される。

第四節 「人間の尊厳」をめぐる攻防——胎児から胚へ

「未出生の生命」の「保護／遺棄」の基準とは？

今日のバイオテクノロジー[46]は、子の「保護／遺棄」のあり方を決定的に変えつつある。選別基準が変わったのではない。①選別場面と②選別手法が変わったのである。

①選別場面に関するもっとも深刻な問題が、「生命の始期」をめぐる見解の不統一である。「保護／遺棄」の法的基準は、「生命ある存在」に「人間の尊厳」を認める一方で、「生命未満の存在」をバイオテクノロジーの研究材料とみなす基準とむすびつく[47]。その意味で、「未出生の生命」の「保護／遺棄」基準は、国策や経済的利益に容易に誘導されるきわめて恣意的な基準になりかねない。

②「未出生の生命」の「保護／遺棄」をめぐって選別手法の「医療化」がいっそう高度になる。子殺しよりも中絶、しかも胎児情報を得た上での中絶、さらに胚段階での診断――これらは、嬰児殺や堕胎に伴う生々しい苦痛や苦悩を軽減するように見える。が、それは同時に生殖行為から人間性を奪うことにつながる。治療困難あるいは治癒不可とされる遺伝的障碍については、出生の権利が脅かされる事態すら発生してしまう。それだけではない。先端医療が「望ましい子／望ましくない子」の選別に介入して、受精卵段階で「望ましくない子」を選別的に遺棄し、「望ましい子」の「創出」すら可能になりつつある。遺伝子操作を通じて「すぐれた遺伝子」をもつ子を生み出そうとする考え方（リベラル優生学）は、とくにアメリカで一九九〇年代以降、強まっている。美容整形やドーピング・向精神薬などの「エンハンスメント[48]（増殖的介入）」はすでに広く行き渡っており、遺伝子操作による「デザイナー・ベビー」やクローン人間作成などの「狭義のエンハンスメント」も現実味を帯びている。しかし、エンハンスメントは根源的な障碍者差別を含む。

遺棄基準としての「障碍」の位相

遺棄権は、優生思想の歴史のはじまりでもあった。先述の通り、古代～中世では「四肢の欠損」、すなわち「身体障碍」が重視された。キリスト教の影響とともにあからさまな優生思想は影を潜めるが、身体障碍児の遺棄・殺害は事実上放任された。しかし、医学の発展とともに「精神障碍」の比重が高まる。しかも、遺伝学の進歩につれて、一九世紀半ば以降、「精神障碍」の遺伝的性格が強調されはじめた。

近代的精神医学に大きな影響を与えたのは、カントの悟性論である。『実践的観点からみた人間学』（一七九八年）で、カントは精神病を四つに分類し、身体的兆候のないタイプ（「発熱のない狂気」）こそが、真の精神病（理性の障害・悟性の誤り）であるとみなした[49]。他方で、啓蒙末期、国家が「医療・衛生管理の担い手」として登場し、生殖管理が国家的利害と結びつくようになる。ドイツでは、こうした考え方は、「近代衛生学／公衆衛生学の祖」といわれるJ・P・フランクにより普及した。フランクは、「医療ポリツァイ」の観点から、富国強兵の論理にしたがって「受胎から死、そして死者の埋葬に至るまで」（『完全なる医療ポリツァイの体系』第五巻、一八一三年）の「健康」を論じた。医療ポリツァイのなかには、精神医学も含まれた。(50)

「精神医学 Psychiatrie」という語は、一八〇三年にハレの医師ライルがはじめて用い（『精神的治療法の応用に関する叙事詩』）、大学での講義は、一八一一年にライプツィヒ大学ではじまった。(51)ドイツ最初の精神医学教科書（一八四五年）を書いたグリージンガーは、精神病のすべての原因を脳に求めて「脳病」とよび、治癒可能な脳病と治癒不能な脳病に二分した。そして、治癒不能な精神病や原因不明の精神病は「遺伝性」が高いと論じた。一九世紀末以降、ドイツでは大学精神病院が主流となり、脳神経学と精神医学が結びついた形で理論研究が著しく発展する。(52)ナチス優生学に医師が多く参加し、安楽死や人体実験に積極的に関わった背景には、脳解剖学重視のもと、成果を競い合う伝統があった。

「社会ダーウィニズム」は、一八七〇年代以降、第一次大戦直前まで欧米で大流行した。これにはさまざまな潮流があり、政治的にも左右両極を含む。しかし、キリスト教的世界観に代えて自然科学に拠り所を求める点では共通していた。「社会的不適格者」の「淘汰」が課題とされるようになり、精神障碍者もそこに含まれた。こうした「社会的不適合者」の遺伝的継承を阻止するためにうまれた新興学問が優生学である。二〇世紀初頭に欧米各国で採用された優生政策は、精神障碍者の出生を阻むことをめざした。(53)

精神障碍者の処遇は伝統的に「隔離」であったが、スイスの精神科医フォレルによってはじめて精神障碍者に断種が施される（一八九二年）。少年への断種は、一八九九年にアメリカで行われた。感化院に収容された若年軽犯罪者に対して精管切除手術を実施したのである。やがて、アメリカでも断種対象者に精神障碍者が加えられていく。[54]ドイツ優生学（人種衛生学）の創始者Ａ・プレッツは、優生学の究極的課題は「生殖細胞の淘汰」にあると述べている。

第一は、……いわゆる自然淘汰を性的淘汰へと変化させることであります。そうすることによって、劣悪な資質をもつ個人は子供を生むことも、また彼らの劣悪な遺伝子を継承させることもなくなるでしょう。第二は究極的な解決策でありますが、淘汰一般を人間の組織体の段階から細胞の段階、とくに生殖細胞の段階へと変化させることであります。[55]（プレッツ『人種概念と社会概念』一九一〇年）

ナチス断種法（「遺伝性疾患をもつ子孫を予防する法律」一九三三年）は、遺伝性疾患八種（先天性精神薄弱〔精神遅滞〕・精神分裂症〔統合失調〕・躁鬱・遺伝性てんかん・ハンチントン病・盲目・聾唖・重大な奇形）と重度のアルコール依存症を断種対象と定めた。「先天性精神薄弱」と「精神分裂症」が被断種者の九割近くを占め、被害者は男女半々、総数はおよそ四〇万人と見積もられている。[56]

精神障碍児の安楽死——ナチス

西欧キリスト教社会は、そもそも安楽死を認めなかった。しかし、一九世紀になると、障碍者の安楽死を積極的に肯定する言説が登場する。二〇世紀初頭には、精神医学、遺伝学、優生学、社会進化論などが結びつき、安楽死肯定へと大きく舵がとられた。賛否両論のなか、決定的な影響を及ぼしたのが、刑法学者ビンディングと精神科医ホッヘの共著『生きるに値しない命を終わらせるための行為の解禁』（一九二〇年）である。同年の世論調査では、精神的障碍児の両親または保護監督者の七三パーセントが子どもの殺害に肯定的という結果がでている。[57]

第二のグループは治療不能な知的障害者からなる。ただし、生まれつきか、それとも、例えば麻痺患者のように苦しみの最終段階でそうなったのかは問わない。この人たちには生きようとする意志もなければ、死のうとする意志もない。そのため、考慮されるべき殺害への同意も彼らの側にはないし、他方で殺害が生存意思に抵触し、これを侵害したにちがいないということもない。彼らの生にはいかなる目的もないが、そのことを彼らは耐えがたいとは感じていない。家族にとっても、社会にとっても彼らはとてつもない重荷になっている。彼らが死んだとしてもほとんど心が傷つくことはない。もちろん、場合によっては母親や誠実な介護婦の感情では別であろうが。ともかく、彼らには手厚い介護が必要なので、この必要性にもとづいて、絶対的に生きている価値がない命を何年も何十年もかろうじて生かし続けることを仕事とする職業が成り立っているのである。ここには恐るべき不条理が含まれている。つまり、生命力が尊厳なき目的のために濫用されていることは否定できない。[58]（ビンディング／ホッヘ『生きるに値しない命』一九二〇年）

優生学は、遺伝性障碍児の出生防止をめざすもので、安楽死を直接肯定するものではない。しかし、優生学的断種に失敗した場合の中絶容認と障碍児が生まれた場合の安楽死擁護は深く結びついていた。これらの法政策は、ナチスによって連続的に展開されていく。[59]

父が心身に障碍をもつ新生児の安楽死（当時は「慈悲殺」とも言われた）を求めた「クナウアー事件」（一九三八／三九年）をきっかけに、障碍児の安楽死計画が始まる。一九三九年五月、ヒトラーの侍医ブラントを中心に「遺伝性および先天性重症患児の学術的登録に関する帝国委員会」が組織され、八月一八日、各自治体に安楽死対象者たる障碍児の登録を義務づける極秘通達が出された。すべての医師と助産婦に、新生児を含む三歳未満の障碍児（白痴・蒙古症、小頭症、水頭症、すべての身体障碍［とくに四肢欠損、重度の頭蓋裂、脊椎裂など］、リットル病などの各種麻痺）の届け出が義務化されたのである。報告した助産婦には二マルクの報奨金が与えられ、違反者は一五〇マルクの罰金か四週間の投獄に処せられた[60]。一九三九年七月以降、安楽死計画は成人へも拡大される（T4作戦）。T4作戦終了後（一九四一年八月）も、重度障碍児の安楽死は続けられた。約五〇〇〇人の乳幼児が安楽死の犠牲になったと言われる[61]。殺害された子どもたちはしばしば医学実験材料とされた[62]。

堕胎罪をめぐる攻防――「未出生の生命」の保護

ドイツ語で「堕胎 Abtreibung」という表現がはじめて登場するのは、一五三二年カロリナ刑法典である（第一三三条）。堕胎については、胎児が「生存能力」を持つ場合（妊娠末期）には、自己堕胎も他者堕胎も死刑とされた。妊娠期間で刑罰に差をもうけるのは、プロイセン一般ラント法も同様である。同法は、自己堕胎につき、堕胎未遂（懲役六月～一年）、妊娠三〇週以内の堕胎（同二～六年）、妊娠末期の堕胎（同八～一〇年）にそれぞれ懲役刑を定めた[63]。一八一三年バイエルン王国刑法典は、自己堕胎を四～八年の労働院、他者堕胎を一六～二〇年の懲治院と定めた。これに対し、一八五一年プロイセン刑法典は、「受胎」時点から生命を保護対象とし、受胎後の堕胎を一様に処罰対象（重懲役五年以下）とした（第一八一条）。これは、ドイツ帝国刑法典（一八七一年）に継承され、中絶は全面的に禁じられた（第二一八条）。しかし、刑罰は比較的軽く、しばしば情状酌量により一年の軽懲役刑となった。

一九～二〇世紀転換期頃から、フェミニズムにより刑法二一八条改正による中絶制限緩和への要求が高まる。一九二〇年代、子ども数の制限（都市中産層）やヤミ堕胎の利用（労働者層）といった社会情勢を背景に、一九二二年、社会民主党の司法大臣ラートブルフは妊娠初期の中絶を認める刑法改正を提示した。改正は実現しなかったが、一九二七年にライヒ裁判所は「医学的適応」（妊娠継続による母体の危険）による中絶を「超法規的緊急避難」と認める。胎児の生命と母体の健康を比較衡量するという立場を示したのである。

ナチスは中絶を解禁した。一九三五年改正断種法により、「医学的適応」と「優生学的適応」（親に障碍がある場合）による中絶を認めたのである。しかし、女性の「自己決定権」を容認したわけではない。優生学的断種は、断種法逃れで駆け込み妊娠した女性に中絶を強いるというものであった。子どもの出生を確保するために、保健所は綿密な調査を行って中絶を監視した。ナチス的利害にかなった「健全子」（身体的に健康で、ナチスを支持するアーリア人）を国家が率先して保護し、その基準からもれる子を、親を基準にして生まれないようにする（断種・中絶）か、生きていることを暴力的に排除（安楽死）したのである。この場合、婚外子であっても、ナチス的価値観にかなったアーリア系の子は保護されたが、混血児や非アーリア系の子は排除された。

第二次大戦直後のドイツでは、相次ぐレイプ被害に対応すべく、公費による中絶が認められた。しかし、やがてふたたび中絶は「医学的適応」に限定されてしまう。危険なヤミ堕胎が急増する一方、一九六〇年代にドイツ以外で中絶が解禁されると裕福な層は国外へと「堕胎旅行」に出かけた。一九七〇年代初頭、フェミニズムの第二の波の高まりをうけ、ドイツでも妊娠中絶の是非をめぐって激論がかわされる。一九七三年世論調査では、女性の八三パーセントが刑法二一八条に反対していた。[64]

一九七五年第一次堕胎判決は、「何人も、生命への権利及び身体を害されない権利を有する」（基本法二条二項二文）[65]の「何人も」は「未出生の人間的存在も含む」とした。そして、「受胎後一四日目以降の胚」を「人間の尊厳」（同一条一項）の主体と認めたのである。[66]女性には「人格発展権」（同二条一項）により自己決定権が保障されるが、胎児の生命保護は妊婦の自己決定権に優越するとされた。[67]一九七六年中絶法では、中絶は一定要件を満たした場合に限定されたが、「子宮内で受精卵が着床を完了する前」（刑法二一九条ｄ）の行為は除外された。つまり、

「着床」時点が「生命のはじまり」とされたのである。

一九九〇年の東西ドイツ統一後、両国で異なる中絶法の統一をめぐって国民的激論が高まった。一九九五年中絶法は、中絶を希望する女性にカウンセリングを受けることを求めた。カウンセリングを妊婦の自己決定権を支援するものとするか（社会民主党）、胎児の生命を守るものとするか（キリスト教民主同盟）で政治的意見が対立し、最終的には与党キリスト教民主同盟の案が採用された。すなわち、カウンセリングは「未出生の生命の保護に奉仕する」ものとされ、「女性は、未出生の生命は妊娠のあらゆる段階において、女性に対してさえ独自の生きる権利を持つこと」を自覚しなければならないとされたのである（刑法二一九条一項）。自己決定にもとづく中絶（妊娠一二週まで可能）は保険適用外とされ、強姦や医学的理由などにもとづく中絶には保険が適用されるなどの差異化もなされた。

生殖医学と「保護／遺棄」

一九七〇年代、中絶の権利が「女性の自己決定権」として主張されるようになると、「障碍」の有無の確認対象は親から胎児に移った。出生前診断の普及である。一九八〇年代に体外受精に成功すると、それはさらに胚段階に至る。着床前診断の開始である。二つの診断は質的に大きく異なる。出生前診断は障碍をもつ可能性のある胎児を選別遺棄する「消極的優生学」につながるが、着床前診断は「望ましい子」を創出するという「積極的優生学」につながる。

ドイツでは、出生前診断（一九七〇年に初の実施）が、中絶の条件付き解禁とともに法定医療保険対象となり（一九七六年）、一九八六年には保険点数が高くなる。検査会社と開業医の提携がすすみ、高学歴女性を中心に出生前診断は「過度に販路を拡大」した。[68] 遺伝子診断可能な侵襲的診断（羊水穿刺・絨毛生検）が急速に増え、一九九八年時点では妊娠一〇件につき一件が侵襲的診断を受けていた。また、一九七〇年代後半には、ナチスを彷彿とさせるような優生学的算術が公然と論じられはじめる。一九七七年に権威ある学会賞を受けた論文は、出生前診断費用とダウン症児の介護費用を比較し、前者は後者の四分の一ですむので効率的と論じている[69]。当時、選択的中絶を批判する論調は弱かった。一九六〇年代にドイツで二七〇〇名もの被害者を出したサリドマイド薬禍のせいで、優生学的理由による中絶は薬害に対する個人の権利として肯定的にとらえられたからである。「子が遺伝的素質のため若しくは出生前の有害な影響のためにその健康状態に除去しえない損傷を被り、その損傷が妊婦に妊娠の継続を要求しえないほどに重大であると認めるべき有力な根拠があるとき」（一九七五年刑法二一八条a（2）1）には受胎後二二週までの中絶を認めるとのいわゆる「胎児条項」は、一九九五年に削除される[70]。

一九八二年、ドイツも体外受精に成功する。一九八四年、体外受精・遺伝子技術に関する法案作成のため、政府審議機関（ベンダ委員会）が設置された。委員会の報告書（一九八五年ベンダ報告書）は、胚を「種に固有な生命」とみなして、「余剰胚」（体外受精時に子宮に戻されなかった胚）の研究利用を制限した。

障碍をもった子供を『誤って産んだ』という世間の非難を免れるために、両親は、出生前診断と妊娠中絶を行うことが自分の義務であると感じるようになるかもしれない。だが、障碍児を胎児という適当な時期に堕胎しなかったという非難を両親にあびせることによって、最終的には障碍者の生きる権利を否認する結果となるような考え方は、法的ならびに倫理的に問題があるばかりでなく、障碍者のわれわれの社会内への受け入れと宥和をますます困難にさせるであろう[71]。

ベンダ報告書をもとに各分野の意見も集約して[72]、一九九〇年、世界でもっとも厳しいバイオテクノロジー規制法の一つと言われる胚保護法（全一三条）が成立した[73]。同法は、胚を「人間の尊厳」の担い手とみなし、余剰胚の利用や着床前診断、代理母、クローン胚の産生などを厳しく規制・禁止した。法が成立したとき、連邦医師会はドイツの「国際的孤立」を嘆きながら、こう諦念を表明した。「他の国々ではすでに今日、わが国ほどの憂慮なしに胚を用いたり、胚を対象とした研究がなされている。このままでも仕方ないのだろう。というのも、暗澹たる過去が刻み込まれているわれわれの道徳観を全世界が分かちあってくれるなどと考えるべきではないからだ[74]」。

体外受精の成功率はきわめて低く、リスクも高い。一人の子が産まれるまでに、平均、六〇個の卵を受精させ、四八個の受精卵への生検を行い、一二・六個の胚を移植せねばならないという調査結果もある[75]。生まれ来る子の「保護」を語ろうとするとき、そのために遺棄された多くの「未出生の生命」があることを忘れてはならない。

おわりに

アメリカとは異なり、ドイツはエンハンスメントに抑制的である[76]。それでも、バイオテクノロジーのすさまじい経済効果を、国家は無視できない。シュレーダー首相は、「経済発展のカギを握っているテクノロジーがもつ経済的チャンスをあえて活用しないままでいいのか」と問いかけ、直属の「国家倫理評議会」を立ち上げた[77]（二〇〇一年）。二〇〇二年に成立した幹細胞法は、すでに作成済みのES細胞の輸入を解禁し、バイオ研究の促進をはかった。

一方、一九八〇年代以降、ドイツでも「望まれずに生まれた子」に関する訴訟（「損害としての子」訴訟）が相次いだ[78]。それは、不妊治療が失敗した場合や、遺伝カウンセリングや出生前診断の誤りあるいはそれらが実施されなかったために障碍児が生まれた場合に、親が医師に対して損害賠償（子の扶養料を含む）を請求する訴訟をさす。裁判で損害賠償支払いを命じられた医師たちが、子を「損害」とみなすのは「人間の尊厳」を保障した基本法に反するとして、憲法異議を申し立てた。しかし、一九九七年、連邦憲法裁判所は、「損害」は子の存在自体ではなく、子の扶養に関わるものであるため、違憲ではないと判示した[79]。

これらの訴訟の結果、守られたのは子の生命ではない。医師が自己防衛のために出生前診断を煽るようになり、「保護／遺棄」基準の医療化はとどまるところを知らない。さらに、ドイツでこれまで例外なく禁じられてきた着床前診断が重篤な遺伝病に限って認められるようになった（二〇一一年）。また、二〇一一年の妊娠葛藤法改正により、飛躍的に精度が上がった新しい出生前診断について妊婦に説明する義務が医師に課せられるようになった。「未出生の生命」は、国家利害と医薬産業の利益に翻弄され続けている。しかし、それでも日本よりはマシだろう。日本では生命の始期についての議論が不十分であり、「未出生の生命」に関する「保護／遺棄」のルール作りすらまともになされていない。今後は、出生後の子と「未出生の生命」の「保護／遺棄」を連動させながら議論を深めることが求められる。

注

（1）本村凌二『薄闇のローマ世界――嬰児遺棄と奴隷制』東京大学出版会、一九九三年、一三〇頁。
（2）アリストテレス（山本光雄訳）『政治学』岩波文庫、一九六一年。

（3）『西洋法制史料選一　古代——久保正幡先生還暦記念』創文社、一九八一年、五頁。
（4）佐藤篤士訳『LEX XII TABULARUM 一二表法原文・邦訳および解説』早稲田大学比較法研究所、一九六九年、六三頁。
（5）命名は太古の氏名呪術に起因し、人への支配と当該人物の権利能力の開始を意味するため、ムント権者に留保された。H・ミッタイス（世良晃志郎・廣中俊雄訳）『ドイツ私法概説』創文社、一九六一年、一〇六頁。
（6）*Handwörterbuch der Rechtsgeschichte (HRG)*. 5 Bde., 1992, Bd.1., S.268.
（7）本村『薄闇のローマ世界』一三三頁以下。
（8）本村『薄闇のローマ世界』一一一、一四八、一五三頁
（9）吉野悟『ローマ法とその社会』近藤出版社、一九七六年、一〇九頁。
（10）たとえば、ウェレイアのアリメンタ制度での年間基金額は、嫡出男子四万七〇四〇セステルティウス［以下S］（一人当たりの年間支給額一九二S）、同女子は四八九六S（同一四四S）であったが、庶出男子（一四四S）と同女子（一二〇S）は各一名の支給にすぎない。古山正人他編訳『西洋古代史料集』東京大学出版会、一九八七年、一七四頁、歴史学研究会編『世界史史料一　古代のオリエントと地中海世界』岩波書店、二〇一二年、二八九〜二九一頁。
（11）アリストテレス『動物誌』七―三。
（12）Pan.48.19.38.5 (*Corpus Iuris Civilis*, 3 Bde., Berlin 1963, ND Hildesheim 1988).
（13）Pan.47.2 (*Corpus Iuris Civilis*). マイケル・J・ゴーマン（平野あい子訳）『初代教会と中絶』すぐ書房、一九九〇年、二三頁以下。
（14）Nov.89,12,6 (*Corpus Iuris Civilis*, Bd.3). 三成美保『ジェンダーの法史学——近代ドイツの家族とセクシュアリティ』勁草書房、二〇〇五年、二〇三頁以下。三成美保「ドイツ近代法の形成とジェンダー言説」早稲田大学比較法研究所編『比較法と法律学——新世紀を展望して』成文堂、二〇一〇年。
（15）Nov.89,15 (*Corpus Iuris Civilis*, Bd.3).
（16）*HRG*. Bd.5. S.452-456, ミッタイス＝リーベリッヒ（世良晃志郎訳）『ドイツ法制史概説（改訂版）』創文社、一九七一年、一四四頁。
（17）「今後、裁判所、監獄、徴税、関税関係の役人は、嫡出の生まれでなくてはならない」（一五一六年バイエルン・ラント法）、「婚

外子は、裁判官、弁護人、証人になれない」（一五七〇年バイエルン裁判条令）。T. Engelmann, *Die rechtliche Stellung der unehelichen Kinder nach bayrischem Landrecht*, München 1896, S.83-85. K・シュルツ（三成美保訳）「中世後期都市のツンフト権・市民権における嫡出規範」『摂南法学』一四号、一九九五年、一五九頁以下。

（18）*HRG*. Bd.1, S.298-300. G. Schubart-Fikentscher, *Die Unehelichen-Frage in der Frühzeit der Aufklärung*, Berlin 1967.

（19）中世初期には、女児遺棄の風習があった。しかし、六〜八世紀の部族法典やザクセン地方の慣習法を書き記した「ザクセンシュピーゲル」（一三世紀前半）は、もはや遺棄権について言及していない。レジーヌ・ル・ジャン（加納修訳）『メロヴィング朝』白水社、二〇〇九年、一二五頁。久保正幡・石川武・直居淳訳『ザクセンシュピーゲル・ラント法』創文社、一九七七年。

（20）C・ショット（三成美保訳）「啓蒙主義における婚姻目的をめぐる議論」『法学雑誌』四一巻三号、一九九五年。

（21）三成『ジェンダーの法史学』九八頁以下、三成美保「宗教改革期におけるチューリヒ婚姻裁判所」『阪大法学』三九巻二号、一九八九年。

（22）G.K. Schmelzeisen (Hg)., *Quellen zur Neueren Privatrechtsgeschichte Deutschlands*, 2 Bde., Weimar 1968, I-1, S.21, 312f.

（23）ミッタイス『ドイツ法制史概説』一四四頁。

（24）*HRG*. Bd.5, S.452.

（25）ただし、中世ヨーロッパで嬰児殺犯が死刑に処せられたケースはほとんどない。嬰児殺に対する刑罰が強化されたのは、一六世紀以降である。「洗礼前の子の殺害は共同体に災いをもたらす」と信じられた。三成『ジェンダーの法史学』一一〇頁。

（26）G. Radbruch (Hg)., [1951], *Die Peinliche Gerichtsordnung Karls V.von 1532 (Carolina)*, Stuttgart［塙浩訳「カルル五世刑事裁判令（カロリナ）」同『西洋法史研究 四』信山社、一九九二年］.

（27）S. Birkner Hg., *Leben und Sterben der Kindsmorder in Susanna Margaretha Brandt*, Frankfurt/M.1973［S・ビルクナー編著（佐藤正樹訳）『ある子殺しの女の記録――一八世紀ドイツの裁判記録から』人文書院、一九九〇年］、三成『ジェンダーの法史学』一一四頁以下。

（28）*HRG*. Bd.4, S.292.

（29）久保正幡訳『サリカ法典』創文社、一九七七年、八五〜八七頁。

（30）『ザクセンシュピーゲル』七八頁。
（31）*HRG*. Bd.2, S.1657f.
（32）第七二五条は、「出産後に生存することができない子」には遺産相続をする権利がないと定める。前田達明編『史料民法典』成文堂、二〇〇四年、九〇六条も同様。
（33）C. Wolff, *Jus naturae*, 1740-1748, in: C. Wolff, *Gesammelte Werke (WGW)*, hg.von M. Thomann, Bd.18, §23. 三成『ジェンダーの法史学』二一〇頁以下。
（34）C. Wolff, *Institutiones juris naturae et gentium*, 1754 (*WGW*, Bd.26), §855. 石部雅亮「プロイセン普通国法における親権の特質――ヴォルフの自然法理論との関連において」『香川大学経済論叢』三二巻三・四・五号合併号、一九五九年、四一五頁、三成『ジェンダーの法史学』二一二頁。
（35）*Allgemeines Landrecht für die Preußischen Staaten von 1794*. Textausgabe mit einer Einf. von H.Hattenhaue und einer Bibliographie von G. Bernert, 3.erw. Aufl., Neuwied/ Kriftel/ Berlin 1996 (*ALR*).
（36）「不貞の抗弁」とは、懐胎時に母が複数の男性と同衾したことをもって、子の父であることを否定することをいう。
（37）結婚の約束をして生まれた子は、たとえ親が結婚しなくとも嫡出子とみなされた（*ALR* II. 1. § 1047ff.）。また、懐胎期に母が複数の男性と性的関係をもっており、父が特定できない場合には、子の後見人は彼らに対し、子が一四歳になるまでの扶養料を請求できると定めた（*ALR*II. 2. § 619f.）三成『ジェンダーの法史学』一三三頁。
（38）I. Kant, *Metaphysische Anfangsgrunde der Rechtslehre*, Königsberg 1797 (ND 1970)［カント（加藤新平他訳）「人倫の形而上学」野田又夫編『世界の名著三九　カント』中央公論社、一九七九年］. 三成『ジェンダーの法史学』一一九～一二三頁。
（39）S. Breit, "*Leichtfertigkeit" und ländliche Gesellschaft. Voreheliche Sexualität in der frühen Neuzeit*, München 1991. 三成賢次『法・地域・都市――近代ドイツ地方自治の歴史的展開』敬文堂、一九九七年、三成『ジェンダーの法史学』一一一頁。
（40）前田『史料民法典』三八頁。
（41）三成『ジェンダーの法史学』二二四頁。
（42）三成『ジェンダーの法史学』一三九頁以下。

(43) ドイツ民法第一五八九条「非嫡出子とその父は血族とはみなさない」。*Motive zu dem Entwurfe eines Bürgerlichen Gesetzbuches für das Deutsche Reich. Bd.IV. Familienrecht.* Amtliche Ausgabe, Berlin/ Leipzig 1888 (ND 1983).

(44) ドイツ民法第一七一七条「懐胎期間中に母と同衾した者は……非嫡出子の父とみなす。ただし、この期間中に母が他男とも同衾したときには、この限りではない」。

(45) 三成『ジェンダーの法史学』二四八頁以下。

(46) 市野川容孝編『生命倫理とは何か』平凡社、二〇〇二年。

(47) 粥川準二「人体資源利用のエコノミー」荻野美穂編『身体をめぐるレッスン二――資源としての身体』岩波書店、二〇〇六年、米本昌平『バイオポリティクス』中公新書、二〇〇六年。

(48) エンハンスメントは、広義には、ドーピングや美容整形、向精神薬服用などを含み、狭義には、遺伝子治療やクローン技術、受精卵（胚）段階での遺伝子操作などをさす。上田昌文・渡部麻衣子編『エンハンスメント論争――身体・精神の増強と先端科学技術』社会評論社、二〇〇八年。

(49) 小俣和一郎『近代精神医学の成立――「鎖解放」からナチズムへ』人文書院、二〇〇二年、小俣和一郎『精神医学の歴史』第三文明社、二〇〇五年、八九〜九四頁。

(50) 市野川容孝『身体／生命』岩波書店、二〇〇〇年、四四〜四八頁。

(51) 小俣『精神医学の歴史』一〇八頁。E・ショーター（木村定訳）『精神医学の歴史――隔離の時代から薬物治療の時代まで』青土社、一九九九年、九七頁。

(52) 小俣『精神医学の歴史』一三五頁。

(53) 三成『ジェンダーの法史学』二七六〜二七九頁。ナチス優生学については、W・ラフルーア、G・ベーメ（倉持武訳）『悪夢の医療史――人体実験・軍事技術・先端生命科学』勁草書房、二〇〇八年、R・ブライデンソール、A・グロスマン、M・カプラン（近藤和子訳）『生物学が運命を決めたとき――ワイマールとナチスドイツの女たち』社会評論社、一九九二年、廣野喜幸・市野川容孝・林真理編『生命科学の近現代史』勁草書房、二〇〇二年、中村満紀男編著『優生学と障害者』明石書店、二〇〇四年、S・トロンブレイ（藤田真利子訳）『優生思想の歴史――生殖への権利』明石書店、二〇〇〇年、ジョジアンヌ・

オルフ＝ナータン編（宇京頼三訳）『第三帝国下の科学――ナチズムの犠牲者か、加担者か』法政大学出版局、一九九六年、川越修『社会国家の生成――二〇世紀社会とナチズム』岩波書店、二〇〇四年、米本昌平・松原洋子・橳島次郎、市野川容孝『優生学と人間社会――生命科学の世紀はどこへ向かうのか』講談社、二〇〇〇年、S・キュール（麻生九美訳）『ナチ・コネクション――アメリカの優生学とナチ優生思想』明石書店、一九九九年など。S.Kühl, *Die Internationale der Rassisten. Aufstieg und Niedergang der internationalen Bewegung für Eugenik und Rassenhygiene im 20. Jahrhundert*, Frankfurt 1997, P. Weingart, J. Kroll, K. Bayertz, *Rasse, Blut und Gene. Geschichte der Eugenik und Rassenhygiene in Deutschland*, Frankfurt/M. 1992.

（54）トロンブレイ『優生思想の歴史』八四頁。

（55）K・ビンディング、A・ホッヘ（森下直貴・佐野誠訳）『「生きるに値しない命」とは誰のことか――ナチス安楽死思想の原典を読む』窓社、二〇〇一年、一二五頁。

（56）G. Bock, *Zwangssterilisation im Nationalsozialismus. Studien zur Rassenpolotik und Frauenpolitik*, Opladen 1986.

（57）ヒュー・G・ギャラハー（長瀬修訳）『ナチスドイツと障害者「安楽死」計画』現代書館、一九九六年、一三一頁。

（58）ビンディング／ホッヘ『生きるに値しない命』四五頁。

（59）三成『ジェンダーの法史学』二八六頁以下。

（60）M. B. Adams (ed.), *The wellborn science:Eugenics in Germany, France, Brazil, and Russia*, Oxford, 1990［M・B・アダムズ編（佐藤雅彦訳）『比較「優生学」史――独・仏・伯・露における「良き血筋を作る術」の展開』現代書館、一九九八年、一二頁］, E. Klee, *"Euthanasie" im NS-Staat: die "Vernichtung lebensunwerten Lebens*, Franfurt/M.1985［E・クレー（松下正明監訳）『第三帝国と安楽死――生きるに値しない生命の抹殺』批評社、一九九九年、九四〜九六頁］.

（61）ギャラハー『障害者「安楽死」計画』一三五〜一三八頁。

（62）A・ミッチャーリッヒ、F・ミールケ編（金森誠也、安藤勉訳）『人間性なき医学――ナチスと人体実験』ビイング・ネット・プレス、二〇〇一年、C・プロス、G・アリ編（林功三訳）『人間の価値――一九一九年から一九四五年までのドイツの医学』風行社、一九九三年。

（63）*ALR* II. 20. § 985-988.

（64）寺崎あき子「中絶を罰する刑法二一八条をめぐって」原ひろ子・舘かおる編『母性から次世代育成力へ――産み育てる社会のために』新曜社、一九九一年、一五二頁。市野川容孝「性と生殖をめぐる政治――あるドイツ現代史」江原由美子編『生殖技術とジェンダー』勁草書房、一九九六年。

（65）高田敏・初宿正典編訳『ドイツ憲法集（第六版）』信山社、二〇一〇年。

（66）*Entscheidungssammlung des Bundesverfassungsgerichts (BVerf GE)*, 39, 1,Urteil v.25.2. 1975, S.35-36.

（67）ドイツ憲法判例研究会編『ドイツの憲法判例』信山社、一九九六年。

（68）BT14/9020: Deutscher Bundestag Referat Öffentlichkeit (Hg.,) *Enquete-Kommission. Recht und Ethik der modernen Medizin. Schlussbericht*, Berlin 2002, S.69, S.73ff.［ドイツ連邦議会審議会答申／松田純監訳『人間の尊厳と遺伝子情報――現代医療の法と倫理（上）』、二〇〇四年、同『受精卵診断と生命政策の合意形成――現代医療の法と倫理（下）』知泉書館、二〇〇六年、下、九七頁・下、一〇四頁以下］、三成美保「戦後ドイツの生殖法制――『不妊の医療化』と女性身体の周縁化」服藤早苗・三成美保編『権力と身体』明石書店、二〇一一年、一七七頁。

（69）BT14/9020, S.74（下、一〇七頁以下）、三成「戦後ドイツの生殖法制」一七七頁。

（70）A・エーザー（上田健二・浅田和茂訳）『先端医療と刑法』成文堂、一九九〇年、一六七頁以下。

（71）Benda-Kommission, In-vitro-Fertilisation, Genemsanalyse und Gentherapie, in: *Gentechnologie* Bd.6, 1985, S.39f. アリキ・クリスタリ／市野川容孝「海外研究・生殖技術をめぐるドイツ国内の議論――ドイツ胚保護法の成立によせて」生命倫理研究会・生殖技術研究チーム一九九一年度報告書『出生前診断を考える』一九九二年、一七四頁。

（72）Günter/ Keller (Hg.,) *Fortpflanzungsmedizin und Humangenetik: Strafrechtliche Schranken?* Tübingen 1987［ギュンター・ケラー（中山監訳）『生殖医学と人類遺伝学――刑法によって制限すべきか？』成文堂、一九九一年］は、司法省草案をめぐって企画されたシンポジウム記録（一九八六／八七年）である。

（73）資料集生命倫理と法編集委員会編『資料集生命倫理と法』太陽出版、二〇〇三年。

（74）Deutsches Ärztenblatt1990, S.1985. 㭍島次郎・市野川容孝・武藤香織・米本昌平『先進諸国における生殖技術への対応――ヨーロッパとアメリカ、日本の比較研究』三菱化学生命科学研究所、一九九四年、六八頁。Benda-Kommission, In-vitro-Fertilisation,

クリスタリ・市野川「ドイツ胚保護法」一六四頁。
(75) BT14/9020, S.89f.（下、一四〇頁以下）、ＥＳＨＲＥ編・鈴森薫訳『生殖医療をめぐるバイオエシックス』メジカルビュー、二〇〇九年。三成「戦後ドイツの生殖法制」一七九頁。
(76) 生命管理倫理ドイツ情報センター編（松田純・小椋宗一郎訳）『エンハンスメント――バイオテクノロジーによる人間改造と倫理』知泉書館、二〇〇七年。
(77) Frankfurter Allgemeine 2001.5.3. 松田純『遺伝子技術の進展と人間の未来――ドイツ生命環境倫理学に学ぶ』知泉書館、二〇〇五年、九頁。
(78) 三成「戦後ドイツの生殖法制」一七七頁以下。
(79) *BverfGE*96, S.375-407、『ドイツ憲法判例Ⅲ』一―六。

第7章　慈善行為と孤児の救済
――近代イランの女性による教育活動

山﨑和美

はじめに

本章の考察対象は、「近代化」途上の一九世紀末から二〇世紀初めのイランであり、ガージャール朝（一七九六～一九二五年）末期からパフラヴィー朝（一九二五～一九七九年）初期に相当する。この間、イラン社会に大転換をもたらした二つの大きな事件、すなわちイラン立憲革命（一九〇五～一九一一年）[1]とレザー・シャー・パフラヴィー（在位一九二五～一九四一年）の即位があった。立憲革命により、イラン史上初めて国民議会（国会）設立と憲法制定が実現している。当時「西洋近代の衝撃」に直面した他の中東・イスラーム地域と同様に、社会的な改革の必要性を唱えた者たちは、イスラーム法（シャリーア）に基づく伝統的な価値観と慣習やしきたり、そして「西洋近代」との狭間で揺れ動き、葛藤やジレンマを抱えながらも、「イラン流の近代」を模索していった。

アラビア語で「シャリーア」と呼ばれるイスラーム法は、クルアーンやスンナ[2]などから導き出される「神の命令」だとされ、神の命令を「発見」し解釈する者がイスラーム法学者である。伝統的な社会規範の下で司法や教育などの領域を支配してきたのがウラマー[3]であり、彼らは「伝統的知識人（エリート）」とも言える存在である。他方、フランス・アメリカといった欧米の宣教団や文化団体が設立した外国人校で学ぶなど、「西洋近代」由来の思想や科学に触れた者たちは、新しい形の知識人として社会改革を求めていく。彼らが第一に着手したのは「教育の近代化」であった。伝統的な教育機関にはマクタブ[4]とマドラサ[5]があるが、近代的な識字教育を普及させようとする知識人（教育活動家）たちは、イスラーム化して以降存在してきた伝統的な教育を「旧式（ガディーム）」と呼ぶ一方で、「西洋近代」やオスマン帝国などの学校制度・カリキュラム・教授法を取り入れつつも自国流に「翻案[6]」した新しい近代的な教育を「新方式（ジャディード）」と呼んだ。旧式教育で独占的に教師を務めてきたウラマーをはじめとする保守的な人々は、新方式教育推進に向けた改革に反発する。「新方式」という教育システムが誕生して以降、イランでは「旧式」と「新方式」が併存してきた[8]。

一方、ガージャール朝時代には、稀ではあったが私的に勉学に励んで教養を重ねた女性知識人たちも存在した。一九世紀後半になると、アメリカやフランスをはじめとする外国人により女子学校が設立されるようになって、「西洋近代」由来の思想や科学に触れるイラン人女性も少しずつではあるが増えていき、これら女性知識人（女性活動家）は立憲革命期に私立女子学校を設立する。

しかし、イスラームが伝来して以降、イランではイスラーム法に基づき、女性を公の場から隔離すべきとする伝統的な社会規範や家族観が支配的であった。原則として、女性は伝統的な教育システムから除外され、学校で教育を受けることだけでなく教養を身につけて自己表現することさえも、保守的な人々から忌避され攻撃を受ける。女子に対する攻撃は、男子とは比較にならないほど激烈であった[9]。

激しい反発の中、前世紀転換期から二〇世紀初頭、とりわけ立憲革命の前後からレザー・シャー治下の初期にかけ、女性知識人たちは、孤児を対象とする慈善行為が自らの活動目的であると主張し、自身が設立した私立女子学校に孤児や貧困家庭の少女を無償で受け入れることを強調した。[10] 女性知識人がこのような戦略を採用したのはなぜなのか。その背景について考えてみたい。

第一節　伝統的社会規範と「西洋近代」との遭遇

イランでは教育活動と孤児を対象とする慈善行為が結びつけられる場合が多く、その土台にはイスラーム法に基づく伝統的な社会規範がある一方で、キリスト教の影響も大きかった。しかも、教育活動が慈善行為と連動する傾向は、女子教育の場でより顕著だった。既存の伝統社会からの反発が女子教育に対してはより激しさを増したため、自らが推進しようとする女子教育はイスラーム法に合致する慈善行為に適うと宣伝することにより、反発を回避する効果が期待できたからである。[11] したがって本節では、慈善行為と結合した教育活動を生み出す契機となったイスラーム法と「西洋近代」という二つの要素について説明したい。

イスラーム法と孤児の救済

イスラーム法では神が立法者であり、善悪は西洋の近代法のように人間の理性で判断されるのではなく、神の啓示によってのみ知られる。子どもの親権に関する規定はイスラーム法学の各法学派によって異なるが、シーア派の場合、母親は、男児の場合は二歳になるまで、女児の場合は七歳になるまでしか親権を許されない。しかも、その間に親族ではない男性と再婚した場合には、母親は親権を剥奪される。子どもに対する経済的支援は、いかなる場合にも父親に委ねられる。イスラーム法では、法定相続人になるという意味での養子縁組は想定されていないが、事実上の養子縁組の手段として非相続人に自身の不動産の三分の一を遺言で譲る方法などがあり、捨て子のように子どもの父親が不明な場合にもそれらの手段が認められる[12]。

預言者ムハンマドも孤児であったことから、クルアーンには孤児に関する規定が多く、孤児を虐げてはならない、孤児には自分の兄弟と同様に接すべき、孤児の財産の私物化は大罪、などとある[13]。「父のいない孤児」「母のいない孤児」という言い方もされるが、基本的には、孤児とは「父を失った子」を意味する[14]。

孤児や寡婦は慈善行為の対象とされ、イスラーム法における婚姻や家族に関する考え方と密接に結びつけられている。イスラーム法では、婚姻は家族制度の根幹をなす契約であり、イスラーム社会の基盤となる家族制度を支え、ムスリムを再生産するものとして重視されてきた。イスラーム法は原則として、婚姻契約以外の性的関係を認めず、それを犯した場合には姦通罪としてハッド刑[15]が適用される。女性の監督責任は彼女の一族（とくに父や兄）に帰せられ、その失敗は一族の名誉を傷つけ、恥と見なされる。イスラーム法に基づく男女の空間分離という社会規範や女性のヒジャーブ（ヴェール）着用慣行は、女性が親族以外の男性と接する機会を減らして「誤り（姦通）」を犯す可能性を低くし、一族の性的名誉を守るという観点から、イスラーム法厳守を強調する保守的な者たちによって正当化される。

イスラーム法は、一人の男性が複数の妻を公平に扱うことができる場合に限り、同時に四人まで妻を娶ることを認めるが、実際は経済的理由などにより多妻は稀である。イスラーム法に従えば、戦争により生まれた孤児と寡婦の救済が、一夫多妻制誕生の理由の一つだ。イスラーム法に基づく婚姻契約によって、夫には妻や子どもの扶養義務が、妻には夫に従属し夫と子どもの世話をする義務が生ずる。したがって、伝統的なイスラーム法の下では、父を亡くした子どもや夫と離別した妻は扶養や後見を受けられない公算が大きいため、孤児と寡婦の救済が慈善行為の主要な目的となりうるわけである。クルアーンは、孤児の後見人が富裕者ならば孤児の財産をいっさい使用してはならないが、貧者であれば後見のために適当な額を使用でき、財産を孤児に返還する時には証人を立てることが必要と定めている(16)。

イスラーム法に基づく慈善行為と子どもに関わる法の改革

イランで女性知識人が孤児を対象とする慈善行為を重視した背景には、イスラーム法に基づく社会規範や家族制度に加え、殉教者の追悼を重視するシーア派特有の世界観がある。権力者に抗い命を落とした殉教者を悼む宗教行事を重んじ、歴代イマームとその妻女や子孫を聖者として崇敬するなど(17)、シーア派の人々はスンナ派には見られない特殊な世界観を構築しており、他者の痛みを分かち合うことを重要視してきた。

孤児の保護に関わる制度・慣習としては、「サダカ」「ザカート」「ワクフ」などの慈善行為がある。集められた寄付金や物品は、イスラーム関連機関や慈善団体を通して、孤児をはじめとする社会的弱者に分配されてきた。パフラヴィー朝期以降、西洋由来の社会福祉制度や施設も取り入れられていくが、イスラーム法に基づく伝統的な相互扶助のシステムは、現在でも依然として重要な役割を果たしている。

学校などの公共施設に財産を寄進する「ワクフ」という慈善行為を、権力者や宗教的指導者のみならず、商人などの一般庶民や女性といった多種多様な人々が実行してきた。儀礼的規範として六信五行が定められており、六信はムスリムが信じなければならない六つの対象、五行はムスリムにとって義務とされる五つの行為を指す。イスラーム暦断食月に行われる斎戒は五行の一つであり、貧者や困窮者を思いやる相互扶助の精神に基づくものである。五行の第三に置かれる「ザカート」は、「定めの喜捨」あるいは「義務的喜捨」とも呼ばれ、財産に対し一定率の支払いが課せられるもので、政府の「ザカート」徴収機関、あるいはイスラーム関連機関により徴収される。クルアーンによれば、「ザカート」の受給対象は貧者・困窮者・旅行者などである。任意の自発的な喜捨である「サダカ」は金品の施しだけでなくあらゆる慈善行為を指し、目的は似ていても「ザカート」とは区別され、イスラーム関連機関や慈善団体などを通じ徴収・分配される。クルアーンによると、「サダカ」の対象は、第一に自分の家族と被扶養者、第二に親族・貧者・困窮者・寡婦・孤児・債務者・旅行者・イスラーム布教者、第三に救済を必要とする一般の人々だとされる。イスラーム法において孤児は、明確に慈善行為の対象とされているわけである。こうして相互扶助の精神の下、慈善行為が奨励され、一般の人々も熱心に取り組む。

なお、一九世紀になって近代化を目指したイスラーム諸国では、「西洋近代」をモデルとして「近代的」で中央集権化された司法制度の創設を目的とする改革が図られた。イランでも立憲革命に伴って改革が始まり、レザー・シャー治下で勢いを増した。改革の際、ヨーロッパの法的な概念と法典が採用され、新型の裁判所が創設されたが、女性の身分や家族に関する法については反発が激しかったため、多くの国々でイスラーム法の規定が残存し、イランでもシーア派法学の概念がほぼ無傷で残された。子どもや家族に関わる法的領域はパフラヴィー朝創設時に大転換を経験したが、イラン革命（一九七九年）後には正反対の方向へと向かう。

一九三〇年代まで、イランではシーア派のジャアファル学派[18]に従って解釈されるイスラーム法が子どもを含む家族に関わる問題を規定し、イスラーム法学者はこの法学派に従い、シャリーア法廷で家族に関わる事柄に判断を下した。一九二七年から一九三五年の間に、ベルギー・フランス・スイスの法典をモデルに婚姻・家族関係・子どもについて扱う「民法」が制定されたが、この法律はイスラーム法における家父長主義的な傾向を継承している[19]。一九三一年には婚姻契約に関する「婚姻法」が制定され、一九六七年に「家族保護法」が制定されるまで存在した。「家族保護法」は、離婚と子どもの親権取り決めに関する最終決定は裁判所が行うと定めているが、一九七五年に同じ名称の別の法律に置き換えられた。だが、それもイラン革命後、シーア派イスラーム法学に適うものに改変されている[20]。

欧米人の活動と教育・慈善活動

シーア派を信奉するペルシャ人が多数派を占めるイランであるが、多民族・多言語・多宗教国家でもあり、ゾロアスター教徒やユダヤ教徒も存在する。民族的マイノリティとしては、アーゼリー人が最大で、イラクとの国境付近に居住するクルド人やアラブ人の他、トルクメン人、バルーチ人、ロル族、ガシュガーイー族などの少数民族がおり、アッシリア人、アルメニア人、グルジア人などのキリスト教徒も存在する。キリスト教徒の多くは、オルーミーイェなどイラン北西部のアゼルバイジャン地方に居住している。

一九世紀前半には、アメリカ・プロテスタントやフランス・カトリックに加え、コメンスキー（コメニウス）の属したボヘミア兄弟団の流れを汲むモラヴィア兄弟団などの宣教師がイランで活動した。一九世紀後半以降になると、英国国教会、ドイツ・プロテスタント、スイス・プロテスタント、ロシア正教会の宣教師なども活動するようになるが、とくにフランスの文化団体の活動が目覚しかった。宣教団や文化団体に属する欧米人たちは、活動開始当初から教育だけでなく医療や慈善活動にも精力的に取り組み、次第に欧米人の学校に通うムスリムも増加していった。男子教育の場合は、国家のエリート養成という観点からフランス人学校が好まれ、フランス語教育が重視された一方、女子教育の分野に影響を与えたのは主に、アメリカとフランスの思想や制度である[21]。

イランで最初に女子教育に力を入れたのはアメリカのプロテスタントで、なかでも会衆派の宣教団であったが、その後、長老派がこれに取って代わった。イラン初の近代的な女子初等学校は、アメリカの長老派宣教師たちがアッシリア人の子どものために一八三八年にオルーミーイェに設立した女子学校で、宗教教育に加え家政学的な内容を教えた[22]。アメリカの宣教団は、一八四六〜一八四七年のコレラ流行時に救済活動を実施した。一八八一年には男子向けの医療活動を開始し、一八八九年には女性のための診療所を開設、アメリカ人医師がムスリムの要請に答え医学を教えた。この宣教団が設立したイラン・バセル女子学校は、一八八二年頃まで授業料を課さずに無償で食事と衣服を提供している。アメリカの宣教団は当初、学校と病院を無償としたが、二〇世紀初頭になると、富裕層でない生徒も可能な額を支払うよう推奨した。授業料を課すことが生徒の質をより高めると判断したからだという[23]。

フランス人宣教師に関しては、ラザリスト会（ヴィンセンシオの宣教会）に属する団体として、在俗の女性たちにより組織された慈善団体が、テヘラン、オルーミーイェ、タブリーズ、エスファハーンなどに女子学校を設立した[24]。この団体の修道女により一八七五／七六年にテヘランに設立されたサン・ジョゼフ女子学校にはあらゆる病気を治療する診療所と、二つの無償学級（二二人の女子生徒からなる学級と四六人の男子生徒からなる学級）が併設され、孤児の生徒二〇人が寄宿形式で学習した。後に「ジャンヌ・ダルク女子学校」と改名された同校では、一九一六年の時点で生徒六〇人のうち六名が授業料を免除され、一九二七／二八年には三三人の教師と三〇五人の生徒がおり、生徒のうち六五人が無償で教育を受けている[25]。

以上のように、さまざまな宗教的マイノリティが存在しているだけでなく、イランで活動した欧米の宗教関係者や文化団体もフランスとアメリカを筆頭に、イギリス・ドイツ・ロシア・スイスなど多様であったことから、一口に「西洋近代」と言ってもさまざまな要素が混在していることがわかる。当時、西欧の思想や科学技術は、オスマン帝国やロシア、コーカサスなどを経由して、イラン北西部のアゼルバイジャン地方に伝播してから、テヘランやその他の地方都市に伝わることが多かったが、実際の教育や慈善活動の場には、行為主体の「選択」や「翻案」の実態、また現場の状況に応じて多様性が出現した。

第二節　「新方式教育運動」と国家による無償義務教育への試み

立憲革命期の女性知識人による教育・慈善活動の契機として、前世紀転換期における男性知識人（教育活動家）による「新方式教育運動」も重要だろう。

イランで当初、初等教育での識字教育に尽力したのは国家ではなく民間の教育活動家であり、後に国家が無償義務教育に取り組む基盤を用意した。彼らの活動は孤児を対象とする慈善行為とも密接に結びついており、孤児院の設立許可を宰相から得た後、一八九七年一一月に教育活動に熱心な者たちとともに孤児の問題に関して審議する会議を催した者もいた(26)。

立憲革命前夜、イギリスやロシアをはじめとする欧州列強が進出する中で、「西洋近代」に由来する思想の影響を受けた知識人たちは、教養を身につけた母親が子どもの最初の教育者となる「健全な家族」が存在してはじめて「新しい愛国者」になりうる世代の育成が実現し、女性の恵まれない立場を改善すれば国家の独立と名誉が守られると主張した。彼らはこの「祖国発展を担う愛国者を養成する母親（愛国者の母）」という言説を女子教育必要論の論拠とするとともに、一般民衆の識字教育を重視する「新方式教育運動」を展開していく(27)。

「新方式教育運動」と慈善活動

一九世紀中頃になると、国家も新方式教育普及の必要性を認識するようになり、教育省やダーロルフォヌーンなどの新方式学校を創設したが、これらは政治・軍事エリート養成を目的とする高等・中等教育機関であり、女子は対象外であった。一方、一九世紀末には、初等・中等教育での私立の新方式学校を民間人が設立するという

「新方式教育運動」が隆盛を誇った。一般民衆の識字教育を目的とする初等教育機関の設立は、ミールザー・ハサン・ロシュディーイェ（一八五一～一九四四年）ら教育活動家の主導で始まり、ロシュディーイェ校の新しい教授法は新方式学校のモデルとなる。ロシュディーイェ校の設立を支援するなど、新方式教育を積極的に支持するアミーノッドウレ（一八四四～一九〇四年）が宰相に就任したことにより、彼らの活動が促進された。一八九八年二／三月、行政職の担い手となりうる知識人層の養成と、ヨーロッパ・モデルに倣った新方式学校の設立、識字教育の推進を目指して「教育協会」が設立され、教育事業や新方式学校設立に高官や政府要職にある政治家も参加するようになった。「教育協会」は、ヨーロッパ書籍の翻訳促進と新しい教科書の作成、機関紙『教育』発行の他、西洋型の公的図書館の設立や成人学級の開設など、公益に資する活動を行う。[28][29]

新方式教育の普及に尽力したヤフヤー・ドウラターバーディー（一八六二～一九四〇年）は「教育協会」の会員としての活動の他、教科書執筆やジャーナリズムへの参加まで広範に活動し、詳細な回想録を残した。アミーノッドウレ宰相の後援を得てロシュディーイェがテヘランに新方式学校を設立した際、ヤフヤーはこの学校の教師を務めた。彼は当初から祖国の子どもたちを「養育」する重要性を認め、国民への奉仕として孤児院を設立しようとの考えに至り、若者を集めて勉強や書道を教えている。[30]

ヤフヤーは一八九九年にサーダート校を設立した。同校の設立目的は、貧しい人々や「サイイドの子ども」のために無償で教育を提供し、彼らの生活を支援することであった。彼は、これら慈善的な学校は「宗教関係者たち」からの攻撃を撃退し、新方式教育の土台を強固にするための礎となるだろうと考えた。この学校はイスラーム法に適う慈善行為を実践したと歓迎されつつも、イスラーム法の順守を強調する保守的な者からの攻撃を免れなかった。とはいえ、ヤフヤーの慈善活動に対する考え方が、立憲革命期の女性知識人による私立女子学校運営に影響を与え、ロシュディーイェ校が私立女子学校のモデルとなったことは確実である。[31][32][33]

国家による無償義務教育普及の試み

「新方式教育運動」を経て、第二次立憲制（一九〇九〜一九一一年）期に活動した各政党の綱領には、識字教育の問題が「国民」や「国家」などの言葉と関連付けられながら登場し、「国民全ての義務教育・無償教育」の必要性を説く政党も存在した。教育省は一九世紀半ばに設立されたが、民間主導の「新方式教育運動」が活発化したことを受けて、第二次立憲制の頃には教育関連の法律が整備され始め、教育を教育省の統制下に置く試みが進展していく。

一九一〇年四月、「教育・ワクフ・美術省管轄法」[34]が制定された。この第一条によれば、中央にはこの省を統率する大臣と総局長がおり、その下に公教育局・教育局・視学局・会計局・教育審議会といった部局が、また各地方には同省の支部が置かれるなど、国家による統制強化の意図が浮かび上がる。こうした意図がとくに現れているのは視学局であるが、第七条は、初等・中等・高等教育機関を「清潔と保健衛生」に配慮して視察することが視学局の職務であると定める。第二条は、教育推進に関する法律の施行の他、無償義務教育を提供する初等教育課程のために手段を整え、中等・高等教育を普及することが同省大臣の職責だとする。第四条には、公教育局の職務は初等・中等教育業務の監督、成人学級の整備、孤児のための無償学校・寄宿学校の設立だとある。

一九一一年一一月には「教育基本法」[35]が制定された。この法の第二条には教育省がカリキュラムを定める、第三条には初等教育は国民の義務、とある。第四条によると、学習方法は自由だが、政府が定めた初等教育を誰もが習得しなければならない。第五条は、国民には自分の子どもを七歳から初等教育に従事させる義務があるが、学校教育だけでなく家庭教育の場合も許容されるとする。第八条によると、学校は旧式でも新方式でも「認可されたもの（公的なもの）」と「無認可のもの（公的でないもの）」に二分される。前者は政府により、後者は個人により運営される学校だ。第一二条によれば、視学官は認可された学校のみならず無認可の学校をも視察する権利を有した。第七条によれば、官立校では、ムスリム以外の国民が自らの信奉する宗教の教育を要請する権利はないが、イスラームの学習を強制されることもない。ただし第一七条には、初等・中等教育機関のカリキュラムは、宗教教育を含んでいなければならないとある。

「教育基本法」はさらに、次のような条文を定めて貧困層への配慮を示した。

第二四条：官立の無償ではないマドラサ[36]の経費は、生徒から徴収した授業料により賄われ、その余剰金は全て政府の責任下に置かれる。

第二五条：政府の経費により運営される無償のマクタブおよびマドラサは、経済力が無いことを各地区の公的な役人により公式に承認された、貧しい子どもと貧者のためだけに使用される。

第二七条：経済力の無い生徒の中等・高等教育機関への受け入れは、無償で、専門の法律に添った形でなされる。

これら条文からは、新方式のみならず旧式も含め、学校は全て国家の統制下に置くという意図の他、イスラーム法に適う慈善の精神に合致する形で、無償義務教育の普及を目指したことが読み取れる。

イラン立憲革命に至るまでの女子教育

こうして女子教育推進運動への基盤が少しずつ整えられる中、伝統的にムスリムの旧式学校に類似する学校を有してきた宗教的マイノリティが、一九世紀後半以降、新方式学校を設立するようになった。隠された真の目的は宣教でありつつも、ムスリムへの布教がきわめて困難なことから、欧米の宣教師たちはイラン北西部に居住するキリスト教徒を足掛かりに活動を開始したので、マイノリティは脅威を感じたのである。

例えば、アルメニア人女性たちは「アルメニア女性慈善協会」「アゼルバイジャン・アルメニア女性慈善同盟」といった慈善活動を目的とする女性団体を設立した。その他、迫害や虐殺を逃れてきたアルメニア人難民を救済するなどの慈善活動も行い、新方式学校を設立して生徒の授業料を免除し、衣服・文具などを支給した。ゾロアスター教徒が設立した新方式学校も慈善事業としての側面を備えており、ある男子学校では、二〇六人の生徒のうち一五四人が無償で学習に従事していたという。ゾロアスター教徒の女性たちも、慈善活動の一環として、新方式の女子学校を設立している(37)。

次節では、立憲革命以降のムスリム女性に関して詳しく考察していくが、ここで、立憲革命に至るまでの女子教育をめぐる伝統的な状況について言及しておきたい。ガージャール朝時代には、王族や都市部の上流階級・知識人の場合、家庭にて家庭教師や自身の男性親族からペルシャ語やアラビア語、フランス語や英語といった読み書き・計算などを学ぶ事例があったほか、なかにはムジュタヒド(38)として認められるほどの学識を身につける女性も存在した。ムスリム女性の回想録や欧米人の記録によれば、女児が男児の恰好をしてマクタブに通う事例に加え、女児対象の秘密学級もあったが、それらは概して学校とは言えない劣悪なレベルにあったという(39)。旧式の教育システムの下では一般に女子は学校に通学できず、女子を対象とする旧式学校も存在しなかったのである。

だが、外国人や宗教的マイノリティの女子学校が徐々に浸透してくると、前世紀転換期にはムスリムのための女子学校も設立されるようになった。ムスリムにより最初に設立された女子学校は、一八九七年にケルマーン郊外のチャーリヤース村に設立された私立学校である(40)。

第三節　立憲革命期における女子教育の推進と慈善活動

議会制度が復活した第二次立憲制期には、女性の活動も許容しうるような風潮が生み出され、社会的領域への女性参画の実現や女性の権利擁護を目的とする女性団体の結成など、女性の運動が活発になる。女性知識人たちは、テヘランで開かれるさまざまな会合に女性団体設立の必要性を議題として提出するなど議論を重ね、女性雑誌を発行し女子教育の必要性を強調した。(42) 当時、女性雑誌の発行者は多くの場合、女性団体や私立女子学校の設立者でもあり、彼女らによる教育・慈善事業は愛国主義的活動と結びついて草の根的に拡大、一大運動となる。なお、過渡期における彼女たちの女子学校は規模も小さく、おのずと「新方式学校」の形式をとった。(43)

(41)

「近代的イラン女性」と「西洋近代」

教育を受ける権利の要求という女性たちの「声」からは、「近代的イラン女性」という新しい理想的女性像を読み取ることができる。「欧米由来の近代的な衛生学・家政学の知識を有する家庭の母・妻・主婦としての役割を果たし、愛国心を有し、イスラームに根ざした適正な道徳心（品行、性格）を身につけて、子どもや夫を養育（訓練、養成）する女性」というイメージであり、こうした女性の育成が必然だと主張する。これは、イスラーム法に忠実である保守的な者たちからの攻撃を回避し、女子学校の正当性を訴えるために、女性知識人たちがさまざまな戦略を講じる中で生み出された女性像であり、前述した新しい知識人による「愛国者の母」言説を取り入れている。(44)

立憲革命期に私立女子学校を設立したのは、著名な立憲派活動家の妻子や姉妹など都市部の上中流階級・知識人家庭の出身者であり、幸運にも私的に教育を受けることのできた女性知識人（エリート女性）である。少し時代が下ると、欧米人の学校で学んだ女性も女子学校設立の担い手となり始めるが、これらエリート女性は西洋志向が強く、米欧の制度や思想を取り入れたいと強く願い、とくに初期においては階層主義的傾向を帯びていた。彼女らは、欧米由来の近代的衛生学・医学・家政学が「近代的イラン女性」にとって必要な知識であると女性雑誌において主張するが、それは西洋における第一波フェミニズムが有した「家庭の領域に女性を閉じ込める」という問題を共有しており、その枠を打ち破るものではなかった[45]。

彼女たちは、自らの女子学校でも「西洋近代」に由来する内容を教えることを目指した。女子の学校教育が整備されるに従い、西洋由来の近代的な衛生学や家政学などが女子学校のカリキュラムに加えられていくが、その土台を最初にイランに持ち込んだのはアメリカの宣教師であった。彼らの学校で学んだ女性が女子学校の新たな運営者となると、アメリカ人学校のカリキュラムを採用したり、アメリカの専門的家政書の翻訳を教科書として取り入れたりした。結果、初等教育課程の女子生徒には高度すぎて不適切な内容が教えられるなど、イランの実情にそぐわない事例も見受けられた[46]。ただし、当時はまだ教育システムとして確立していない過渡期の段階であり、個々の女子学校によって実態はさまざまであったことに留意が必要である。

同様の傾向は、一九一〇～一九三〇年代に教育省とその傘下の教育高等審議会が作成したカリキュラム案などにも見られる[47]。国家が養成しようとした女性像は立憲革命期の「近代的イラン女性」を受け継いでいたと言えよう。

女子学校における慈善活動と孤児

女性雑誌『花』は、女子学校の生徒募集広告を掲載する際、繰り返し「孤児の生徒を無償で受け入れる」点を

強調した。(48)『花』の一年目第四号では、女性の責務は慈善活動と夫・子どもの世話だと主張される。(49)

女性雑誌『女性の声』を発行したセディーゲ・ドウラターバーディー（一八八二～一九六二年）(50)の教育活動は、孤児や貧困家庭の子どもの救済を目指す慈善の精神と愛国主義に基づいていた。彼女がエスファハーンに設立した女子学校は四人の孤児を寄宿生として受け入れ、必要な物品全てはセディーゲにより提供されたという。(51)彼女は一九二〇年一一月二七日付の書簡に次のように記している。

識字能力のない少女たち、放浪者、孤児、物乞い、着る服のない人たち、［施しを求めて］走る馬車を追いかける人々は減少したのか……家のない少年少女は、賢明であるにもかかわらず、着る服がなく腹を空かせて、街頭や店の軒先で震え、犬や猫を胸に抱きながら、土埃の中を寝床にしている。年齢を重ねても同様に［貧しく家のない状態のままで］同じ場所で死に、彼らのいた場所も再び［同じように貧しい人々で］満杯となり、現在でもそのような人々が存在する……家がなく、食べ物がなく、教育を受けておらず、寝床のない犬は欧州には存在していないが、祖国［イラン］では数百万人もの幼児が、毎年、イランの不運な土埃の中で死を迎えており、最も悲惨な犠牲者となっている。(52)（［　］内は引用者、以下同じ）

この書簡は、「時代の要請」が教育推進を切望しているにもかかわらず、国庫では教育費よりも治安維持費が大きな額を占めているとして政府の教育に対する対策の遅れを痛烈に批判している。そして、教育は貧困状況から脱する手段であるとし、一刻も早く対策を講じるよう求める。

立憲革命の時代から一九二〇年代にテヘランに設立された女性団体の中で、愛国主義や慈善行為と連動する女子教育推進活動を行ったという観点からとくに重要なのは、「孤児協会」「祖国の貞節な淑女協会」「イラン女性の尽力協会」「イラン愛国女性協会」の四団体である。例えば「祖国の貞節な淑女協会」は一九一〇年八月一一日、孤児や貧困家庭の少女たちに無償教育を提供する初等学校をテヘランに設立し、この協会のメンバーが学用品や衣服を無償で彼女らに用意すると発表した。この協会の設立目的は、女性に関係する公共サービスや慈善活動を実施し、外国製品ボイコットと国産織物の普及を実現させることだとして、「庭園パーティー」と称す祝賀会を開催してチケット販売により得られた収益を慈善活動に充てようとした。だが、収益金を慈善目的に使い、会合や催し物に出席する際に女性はイスラーム法に従う衣服を着用すると表明したにもかかわらず、イスラーム法の厳守を強調する保守的な者たちは激しい攻撃を加えた(53)。

上記四団体のうち、「祖国の貞節な淑女協会」と「イラン女性の尽力協会」については別稿で詳解したので(54)、本章では慈善の観点からとくに重要な「孤児協会」に着目したい。

「孤児協会」と女子学校における授業料免除

ビービー・アスタラーバーディー（一八五八／五九〜一九二一年）(55)は、一九一〇年発行の『新しいイラン』紙において「愛国心のある女性たちへ」と題し、集会の主催者は参加者名を公表して国の政治・社会問題に関する自らの視点を述べるよう要請した(56)。イスラーム法に基づき女性の自己表現が忌み嫌われる社会規範の中で、女性が自らの名を公表して活動することはほとんど無かったため、こうした要請は画期的であった。これら一連の集会に出席した女性らの協力を受け、一九一〇年四月二三日、ビービーの発案により、テヘランで「孤児協会」が結成された(57)。「孤児協会」の目的は、孤児の少女のために教育機会を用意することだった(58)。

ビービーはダベスターネ・ドゥースィーゼガーン女子学校の校長でもあり、「孤児協会」は同校の運営に深く関わっていた。『マジュレス』紙に掲載されたこの女子学校に関する広告で、ビービーは「生徒二人のうち一人を無償で受け入れる」と強調した[59]。「孤児協会」の設立会議では、ビービーと教師らが同校での無償教育に責任を持つこと、他のメンバーや支持者らがこの女子学校に受け入れた孤児の生徒たちの学用品確保に義務を負うことが決まった。さらに「孤児協会」は、孤児や貧しい少女の学習のために、同校の一学級を使用すると主張した。

父親のいない少女若干数を集め、われわれは勉強、および、絨毯織と布地織という祖国［伝統］の二種類の技術を教えている。二年間の教育課程が満了すると、これら孤児はペルシャ語の読み書き能力を有するようになり、計算とこれら二種類の［伝統］技術を修得するであろう[60]。

こうした主張からわかるように、孤児の少女に教育を提供するという「孤児協会」の慈善活動は、ペルシャ語の識字教育に加え、祖国の伝統工芸品や産業の推奨を目指す愛国主義的活動と結びつけられていた[61]。

一九一〇年発行の『新しいイラン』紙には「孤児協会規約」が掲載されている。この規約によれば、会員は少なくとも、ひと月に一度は会議（毎週金曜に開催）に出席しなければならなかった。会費として自らの経済力に従い一〜二ゲラーンを寄付金箱に投入する定めで、会員でない場合は自身の望む額を一括あるいは分割で支払うとされている。こうして徴収された資金は女子学校の運営のために消費され、書籍・紙・筆・鉛筆・インク壺・練習用の帳面といった孤児のための学用品の費用となった。学用品以外に関しては、会員である女性たちの監督の下、孤児の家財道具や衣服の費用に用いるとされた。資金を提供した女性はこれら経費への全体監査を行い、とくに会員は毎週金曜に調査・審議したという。また、資金を拠出した女性は、月に一度、孤児の試験を実施しなければならないとも定められている[62]。このように、この規約は資金の徴収とその運営方法を具体的に定めており、会員の女性らが会議で議論を重ね、自主的な運営を目指していたことがわかる。

別稿において筆者は、立憲革命後に女性雑誌などに掲載されたいくつかの統計をもとに、一九一〇年代から一九二〇年代にテヘランに存在した一〇〇あまりの私立女子学校に関し説明した。それら統計によれば、ほとんどの女子学校に授業料を免除された女子生徒が在学していた。[63]『花』に掲載された統計によれば、一九一三年の時点でテヘランに存在する女子学校の生徒総数二四七四名のうち、一八一三人が月謝を払い、六六一人（割合にして約二六・七パーセント）が無償だった上に、テヘランの女子学校六三校のうち授業料を免除された生徒が不在なのは四校のみであった。在校生一二〇人のうち授業料を支払っていたのは一九人だけで、一〇一人が免除されている女子学校もあった。[64]一九一六年に教育省の視学局が女子学校に関し発表した統計によれば、学校数四七、生徒総数二七六一人のうち、授業料を徴収される生徒は一九三五人、授業料免除の生徒は八二六人（約二九・九パーセント）である。[65]慈善活動として各女子学校が孤児や貧困層の子どもを対象とする無償教育を心がけていたことが窺える。

慈善行為と愛国主義的活動

立憲革命期に女性知識人らが発行した女性雑誌には、女子教育推進が必要だとする主張に加えて、慈善行為と結合した愛国主義的活動を奨励する論調が多い。その論拠とされたのが、「愛国者の母」と「近代的イラン女性」養成の必要性である。女性の役割は家庭における夫・子どもの世話と慈善行為であるとして、これらを果たすための知識と教養を身につけられるよう女子教育を推進すべきと説いた。

当時の段階で国家の想定する「国民」の中に女性が想定されていたとは考えにくいが、「孤児協会」に顕著なように、女性たちは教育と結びついた愛国主義活動を熱心に行った。『花』と密接な関係を有した「イラン女性の尽力協会」は設立会議で、「祖国を守るために」外国製品ボイコット・国産織物使用奨励を目的とする活動を女子学校から発信していくと決定した[66]。セディーゲ・ドウラターバーディーは、自身が運営する女子学校の生徒たちが、外国産ではなく祖国伝統の技術で織られた青い国産布地の制服を着用していると強調した[67]。その他にも私立女子学校を設立した女性たちは、孤児や貧困家庭の少女を無償で受け入れた上で、織物などの伝統工芸品を祖国伝統の技術により作製させ販売していると主張した[68]。こうした草の根活動の影響は大きく、ナショナリズムの高揚に貢献し、愛国主義的な活動を広範に広めた。私立の女子学校は、女性たちによる民衆ナショナリズム発現の場となっていたわけである。

時代が下るにつれ、ムスリム女性が設立した私立女子学校が増加し、孤児や貧困層の子どもが積極的に受け入れられて教育の受け手が拡大すると、慈善活動の場としての機能が広がった。女子学校で提供された家政学的知識は、富裕層にとっては「近代的イラン女性」として婚姻後に家庭を運営する際に必要な知識であり、裁縫や刺繍などの手仕事はたしなみとして女性に必要な教養であった。一方、家政学的知識は、貧困層にとっては生活に直結する知識と言え、絨毯織などの手仕事は職業訓練的な意味合いもあった[69]。

慈善や愛国主義的な性質を帯びた女子教育推進運動を受けて、国家も次第に女子教育に取り組み始めた。ヒジュラ太陽暦（イラン暦）一二九七年バフマン月（西暦一九一九年一月二二日～二月二〇日）になると教育省内に女子教育局が設置され、イラン最初の官立女子学校である女子師範学校が設立された。その後、一二九七年（西暦一九一八年三月二二日～一九一九年三月二一日）から一二九八年（西暦一九一九年三月二二日～一九二〇年三月二〇日）年にかけ、政府は、無償の官立男子初等学校三〇校、無償の官立女子初等学校一〇校、官立男子中等学校九校をテヘランに設置する[70]。

さらに興味深いことに、教育省の統計からは、新方式での女子教育拡大に刺激を受ける形で、立憲革命後の一九二〇年代に旧式の女子学校（女子マクタブ）が建設されるようになり、女子マクタブ数とその生徒数も大幅に増加していることが窺える。[71] 男子と比較すると低い水準に限られ、政府も女子教育にさほど熱心ではなかったけれども、一九二〇年代における初等教育での女子学校教育は大幅な拡大傾向を示していた。

おわりに

イスラーム法に基づく男女の空間分離という社会規範や性的名誉規範が存在する中で、女性が公の場に出て教育を受け自己表現を行うことは、イスラーム法の厳守を強調する保守的な者から忌避され、激しい攻撃を受けた。既存の社会でも比較的受け入れやすく、女子教育の必要性を訴える上で最も有効であったのは、孤児を対象とする慈善活動と女子教育を結びつけるという戦略であり、これはイスラーム法の精神にも適っていた。女性知識人たちは自らが設立した女子学校で孤児対象の慈善活動を実践するとともに、外国製品ボイコットなどの愛国主義的な活動を行っていく。これは、イスラーム法に基づく社会規範が根強い一方で、「西洋近代の衝撃」に対峙して愛国主義が高揚しているという現実への対応でもあった。欧米人による慈善活動を目の当たりにして、女性知識人たちは、「西洋近代」とイスラームの狭間で葛藤と反発を抱えながらも、「イラン流の近代」を生み出していく。

重要なのは、女子教育推進を実践する女性たちが、「西洋近代」に由来するさまざまな要素の中から、自身の願望を達成させる可能性が高いものを「選択」し、自らが直面している現状に適合するように「翻案」して、主体的に採用したという点である。西洋あるいは「近代性」という要素は、現地の状況や行われた闘争に合わせて戦略的に解釈されていく。彼女たちの「選択」や「翻案」という行動に至るまでの環境も多様であったので、実際の行動には個々の現場に応じた多様性が生じた。したがって「西洋近代」あるいは「イラン流近代」は一枚岩ではなく、多種多様で例外に満ちており、決して一様な規範ではない。理想と現実の齟齬の間で揺れ動きつつも奮闘するイラン人女性の姿について検証を続けることを、今後も課題としていきたい。

また本章の第二節で、立憲革命期に教育に関連する法律が成立し、国家が無償義務教育の推進に尽力し始めたことを指摘したが、国家が想定する無償義務教育の対象に女性は含まれていたのであろうか。この問いは、当時国家が想定した「国民」の中に女性が含まれるのか否かという問題にも直結するが、熟慮には紙幅を要するため、次稿での課題としたい。現時点で言えるのは、「近代化」過程において教育や福祉の問題を統制する主体としての「国家」が登場してくるのは、パフラヴィー朝期に入ってからという点である。国家の統制や無償義務教育が徹底していない過渡期に相当する立憲革命期においては、女子教育推進活動を主導したのは女性知識人であり、彼女らの活動が後の国家による取り組み開始への布石となった。

注

（1）一九〇五年一二月より民衆蜂起が開始、第一次立憲制（一九〇六年一〇月～一九〇八年六月）、モハンマド・アリー・シャーの反革命クーデタ（一九〇八年六月）、小専制（一九〇八年七月～一九〇九年七月）、第二次立憲制（一九〇九年七月～一九一一年一二月）という過程を経た。

（2）ハディース［預言者ムハンマド（五七〇頃～六三二年）の言行録］から抽出されるムハンマドの慣行を意味するが、シーア派の場合には、法源として歴代イマームのハディース（言行録）がより重視され、スンナ派とは違うシーア派独自のイスラーム法学が成立している。「イマーム」とはムスリムの集団の指導者のことで、特に信仰実践の側面を強調したもの。

（3）イスラーム法学者を主とするイスラーム諸学の学者たち。
（4）クルアーン朗唱や計算を教える寺子屋風の初等教育機関。
（5）イスラーム法学、神学、クルアーン学、ハディース学などのイスラーム諸学を教え、ウラマーを養成する高等教育機関。
（6）M. M. Ringer, *Education, Religion, and the Discourse of Cultural Reform in Qajar Iran*, Costa Mesa, 2001, pp.109-143.
（7）本章では、イランにおいて西洋やロシア・オスマン帝国などをモデルに近代的な改革を進めようとする者たちを「改革派」とする一方、イスラーム法厳守を主張する者たちを「保守的」あるいは「保守派」と表記する。ただし、ウラマーが全て保守的というわけではなく、改革派のウラマーもおり、中には自分の娘を外国人学校に通わせる者もいた。
（8）山﨑和美「イランにおける女子近代教育の発展と女子教育に関する言説」『イスラム世界』第七三号、二〇〇九年、三四頁。
（9）新方式教育や女子教育に対する攻撃に関しては、山﨑和美「女子教育と識字――「近代的イラン女性」をめぐる議論とナショナリズム」『歴史学研究』第八七三号、二〇一〇年、五〇～五一頁。
（10）男子はアラビア語やペルシャ語で「ヤティーム」と言い、女子はアラビア語で「ヤティーマ」。ペルシャ語では女子は「ヤティーメ」であり、複数形は「アイターム」か「イーターム」。
（11）A. R. Arasteh, *Education and Social Awakening in Iran, 1850-1968*, Leiden, 1969, pp.155-165.
（12）"Family Law", *Encyclopædia Iranica*, http://www.iranicaonline.org/articles/family-law（二〇一二年一〇月三一日最終確認）。
（13）大塚和夫・小杉泰・小松久男・東長靖・羽田正・山内昌之編『岩波イスラーム辞典』岩波書店、二〇〇二年、三七一頁。
（14）柳橋博之『イスラーム家族法――婚姻・親子・親族』創文社、二〇〇一年、四七、六四頁。
（15）イスラーム法上、量刑を変えることのできない身体刑。
（16）大塚他『岩波イスラーム辞典』三六三、三七一、六四七～六四八、九七六～九七七、九九三頁。
（17）シーア派は、預言者ムハンマド没後のウンマ（イスラーム共同体）の指導者（イマーム）がアリー（ムハンマドの娘婿でいとこ。第四代正統カリフ）とその子孫のみであると主張し、アリーを除く三人の正統カリフ、およびウマイヤ朝とその開祖ムアーウィアを認めない。
（18）イスラーム法の五大法学派の一つで、シーア派の主流である十二イマーム派の法学派。

（19）"Civil Code", *Encyclopedia Iranica*, http://www.iranicaonline.org/articles/civil-code（二〇一二年一〇月三一日最終確認）。

（20）"Family Law", *Encyclopædia Iranica*, http://www.iranicaonline.org/articles/family-law（二〇一二年一〇月三一日最終確認）。現在のイラン・イスラーム共和国の「家族保護法」については、貫井万里・森田豊子訳註、佐藤秀信・細谷幸子・山﨑和美註、為永憲司凡例「イラン家族保護法案（二〇一二年一月二三日司法権公表）」『イスラーム地域研究ジャーナル』第五号、二〇一三年、一四八～一五九頁。

（21）欧米の宣教団や文化団体の教育活動については、山﨑和美「イランにおけるキリスト教宣教師の活動――近代教育を中心に」『駒澤大学佛教学部論集』第四二号、二〇一一年、二六六～二八八頁、山﨑和美「イラン近代教育と英仏の文化・宗教団体の活動」『駒澤大学佛教学部研究紀要』第七〇号、二〇一二年、七五～九二頁。J. K. Rostam-Kolayi, *The Women's Press, Modern Education and the State in Early Twentieth-Century Iran, 1900-30s* (Ph.D. Dissertation, University of California), 2000, p.72.

（22）A. Najmabadi, "Women's Education in the Qajar Period", *Encyclopædia Iranica*, vol.7, Costa Mesa, 1998, pp.233-234.

（23）H. Mahbūbī-Ardakānī, *Tārīkh-e Mo'assesāt-e Tamaddonī-ye Jadīd dar Īrān*, vol.1, Tehrān, 1354, p.369。本章では、ペルシャ語の書籍における年号はヒジュラ太陽暦（イラン暦）で表記。本文中の年号は基本的に西暦に換算して示す。なお、本文中で法規について触れる場合にはヒジュラ太陽暦（イラン暦）を記載し、換算可能な場合には西暦を併記するようにした。

（24）ラザリスト会は、一七三七年に列聖されたカトリックの司祭ヴァンサン・ド・ポール（ヴィンセンシオ、一五八一～一六六〇年）により一六二五年に創立。G. Curzon, *Persia and the Persian Question*, vol. 1, London, 1892, p.542; J. K. Rostam-Kolayi, "Foreign Education, the Women's Press, and the Discourse of Scientific Demesticity in Early-Twentieth-Century Iran", N. R. Keddie and R. Matthee (eds.), *Iran and the Surrounding World: Interactions in Culture and Cultural Politics*, Seattle/London, 2002, p.184.

（25）"Tārīkhche-ye Ma'āref-e Īrān", *Majalle-ye Ta'līm va Tarbiyat*, sāl-e chahārom, no.7 and 8, 1313, pp.360-364; E. Qāsemī Pūyā, *Madāres-e Jadīd dar Doure-ye Qājārīye, Bāniyān va Pīshravān*, Tehrān, 1377, pp.525, 527; *Shokūfe*, no.4-11, 1916, pp.2-4.

（26）A. Anwār, "Anjoman-e Ma'āref", *Encyclopædia Iranica*, vol.2, London/New York, 1987, pp.86-87.

（27）Tāj os-Saltane, *Khāterāt-e Taj os-Saltane*, M. Ettehādīye and S. Sa'dvandiyān (eds.), Tehrān, 1361, pp.7-8.

（28）"Amīn-al-Dawla, Mīrzā 'Alī Khān", *Encyclopædia Iranica*, http://www.iranicaonline.org/articles/amin-al-dawla-mirza-ali-khan（二〇一二

年一二月三日最終確認）。開明的政治家で欧風趣味でも知られる。モザッファロッディーン・シャーの下で宰相を務め（在任一八九六～一八九六年）、財政改革・教育改革を試みた。

（29）M. Kohandānī (ed.), *Shourā-ye ʻĀlī-ye Āmūzesh va Parvaresh dar Gozar-e Zamān (Mabānī-ye Qānūnī-ye Tashkīl-e Shourā, Esāmī-ye Aʻzā', Aham-e Mosavvabāt)*, Tehrān, 1379, pp.2, 9.

（30）Y. Doulatābādī, *Hayāt-e Yahyā*, Tehrān, vol.1, 1336, p.237.

（31）預言者ムハンマドの直系子孫および一部の傍系親族。

（32）Qāsemī Pūyā, *Madāres-e Jadīd dar Doure-ye Qājārīye*, pp.186-187.

（33）Ringer, *Education, Religion, and the Discourse of Cultural Reform in Qajar Iran*, pp.167-168.

（34）Qāsemī Pūyā, *Madāres-e Jadīd dar Doure-ye Qājārīye*, pp.250-252.

（35）S. Torābī Fārsānī (ed.), *Asnādī az Madāres-e Dokhtarān az Mashrūte tā Pahlavī*, Tehrān, 1378, pp.xvi-xviii.

（36）第二四条と第二五条における「マドラサ」とは、イスラームに伝統的な高等教育機関（注５）ではなく、新方式の学校（主に初等学校）。

（37）Qāsemī Pūyā, *Madāres-e Jadīd dar Doure-ye Qājārīye*, pp.530-531.

（38）イジュティハード（法解釈を示す資格）を有するイスラーム法学者。

（39）山﨑「イランにおける女子近代教育の発展と女子教育に関する言説」三三頁。

（40）*Nāserī-ye Tabrīz*, No.5-14, 1897, p.11; Mahbūbī-Ardakānī, *Tārīkh-e Moʻassesāt-e Tamaddonī-ye Jadīd dar Īrān*, p.369.

（41）女性を主な読者とする新聞や雑誌などの定期刊行物。

（42）M. H. Khosroupanāh, *Hadaf-hā va Mobāreze-ye Zan-e Īrānī az Enqelāb-e Mashrūte tā Saltanat-e Pahlavī*, Tehrān, 1381, p.147.

（43）山﨑和美「二〇世紀初頭テヘランにおける女子校設立と女子教育政策」『イスラム世界』第六四号、二〇〇五年、二一～四六頁。

（44）山﨑「女子教育と識字――「近代的イラン女性」をめぐる議論とナショナリズム」四九頁。

（45）山﨑「イランにおける女子近代教育の発展と女子教育に関する言説」五七頁。

（46）山﨑和美「一九一〇年代イランで女性により発行された定期刊行物――『ダーネシュ』と『ショクーフェ』」『国際文化研究』

第九号、二〇〇二年、四五～六四頁。

（47）山﨑「女子教育と識字――「近代的イラン女性」をめぐる議論とナショナリズム」五四～五五頁。

（48）*Shokūfe*, no.1-15, 1913, p.3.

（49）*Shokūfe*, no.1-4, 1913, p.3.

（50）ヤフヤー・ドウラターバーディーの妹で、彼らの父はエスファハーンの啓蒙的な宗教指導者。A. Najmābādī (ed.), *Sedīqe Doulatābādī: Nāme-hā, Neveshte-hā va Yād-hā*, 3 vols, Chicago, 1377; *Zabān-e Zanān*, no.2-7,1920, p.2.

（51）*Shokūfe*, no.4-8, 1916, p.2 .

（52）*Zabān-e Zanān*, no.1-54, 1920, pp.1-3.

（53）*Īrān-e Nou*, no.2-59, 1911, p.2; *Tamaddon*, no.4-9, 1911, pp.5-6.

（54）山﨑和美「近代イランの女性団体――女子教育推進とナショナリズム」『駒澤大学仏教学部論集』第四三号、二〇一二年三七六～三八二頁。

（55）A. Najmābādī (ed.), *Bībī khānom Astarābādī va khānom-e Afzal Vazīrī: Mādar va Dokhtarī az Pīsh-gāmān-e Ma'āref va Hoqūq-e Zanān*, Chicago,1375.

（56）*Īrān-e Nou*, no.1-150, 1910, p.1.

（57）*Sharq*, no.76, 1910, p.3.

（58）Khosroupanāh, *Hadaf-hā va Mobāreze-ye Zan-e Īrānī*, p.148.

（59）*Majles*, no.1-59, 1907, p.7.

（60）*Sharq*, no.76, h.q.1910, p.3.

（61）*Īrān-e Nou*, no. 1-105, 1910.

（62）Khosroupanāh, *Hadaf-hā va Mobāreze-ye Zan-e Īrānī*, pp.148, 274-275.

（63）山﨑「二〇世紀初頭テヘランにおける女子校設立と女子教育政策」二八～三〇、四三～四六頁。

（64）*Shokūfe*, no.2-20 , 1913, pp.3-4.

（65）*Shokūfe*, no.4-11, 1916, pp.2-4.
（66）*Shokūfe*, no.1-4, 1913 , p.3.
（67）*Shokūfe*, no.4-8, 1916, p.2.
（68）山﨑「近代イランの女性団体――女子教育推進とナショナリズム」三八四～三八六頁。
（69）*Shokūfe*, no.1-11, 1913, p.1.
（70）山﨑「二〇世紀初頭テヘランにおける女子校設立と女子教育政策」三一頁。
（71）M. A. Asghar Khān (ed.), *Sālnāme-ye Ehsāʾīye-ye 1304 hejrī-shamsī*, Tehrān, 1304, pp.5, 13; Vezārat-e Maʿāref va Ouqāf va Sanāyeʿ-e Mostazrafe (ed.), *Ehsāʾīye-ye Sāl-e 1308-1309*, Tehrān, 1309, pp.139-140.

第8章 「瓦礫の子どもたち」・「故郷を失った若者たち」
——占領下ドイツにおける児童保護

中野智世

はじめに

「崩壊社会」における児童保護

一九四五年五月八日、ドイツの無条件降伏によって、ヨーロッパにおける第二次世界大戦は終わりを告げた。一二年にわたるナチ体制は崩壊し、ドイツは、アメリカ、イギリス、フランス、ソ連の戦勝四ヵ国の分割占領下におかれた。

敗戦後のドイツは「崩壊社会」と称される。主要都市は空爆によって瓦礫と化し、寸断された交通・輸送システム、破壊されたインフラは、人々の日常生活を危機的状況に陥れた。飢えと寒さ、非衛生な生活環境による病気の蔓延が日常茶飯事となり、配給と闇市が当時を象徴する言葉となった。こうした戦後社会の混乱に拍車をかけたのが、未曾有の人口移動である。捕虜や復員兵、農村に疎開していた都市民の帰還、さらに、旧ドイツ領であった東欧諸国から一〇〇〇万人を超える人々が国内に流入した[1]。

こうした状況は、子どもや青少年にとってもはかり知れない影響を及ぼした。子どもも大人と同様に「その日暮らし」を余儀なくされただけではない。空爆や戦闘、疎開や避難のなかで、およそ一六〇万人の子どもが片親あるいは両親を失い、親も出身地もわからない孤児は一四万人にのぼったとされる[2]。一九四六年、ある福祉関係者は次のように慨嘆している。

この子どもたちはなんという運命に見舞われたのでしょう！　例えば、ある男の子は父親が戦争で行方不明となり、母親はロシア兵に殺され、兄弟も失って、故郷の家を焼け出されました。この子はミュンヘンの祖父母のもとへ向かいました。しかし、爆撃で家を破壊され、防空壕で生活していた祖父母は年老いて気力を失っており、小さな孫の面倒をみることができませんでした。この子は再びあてどなく浮浪するなかで仲間をみつけ、まもなく路上を故郷とするようになったのです[3]。

本章が対象とするのは、こうした「瓦礫の子どもたち」、「故郷を失った若者たち」と称される終戦直後の子ども・青少年に対する支援や保護的措置である。先の証言が示すように、終戦直後の混乱した社会においては、家族や親族、学校や地域社会など、平時であれば子どもを守り、包み込んでいたセーフティネットが寸断され、機能不全に陥った。万を数える子どもが家族や故郷を失うなかで、こうした子どもの生存と保護を引き受ける社会的受け皿は、はたして存在したのだろうか。もしそうなら、それはどのような人々・組織によって担われていたのだろうか。

そもそも、親や家族が保護しえないとみなされた「危険にさらされた子ども」については、ドイツでは、すでに二〇世紀初頭から児童保護として制度化が進められ、一九二二年のライヒ児童青少年福祉法（以下、児童福祉法と略記）によって一応の体系化をみていた。そこには、非嫡出子や里子の保護、母子保健、さらに非行児・犯罪児童の保護教育など、それぞれ性格の異なる多種多様な事業が盛り込まれており、その対象とされていたのは、何らかの事情によって「特別な困難」を抱える一握りの子どもたちであった。ところが、一九四五年の戦後ドイツは、これまでにない規模の「危険にさらされた子ども」に直面することになったのである。

本章のねらい

一般に、占領期の児童保護は、「非常時」ゆえに制度も政策も機能しなかった「無策」の時代として位置付けられている。一九四九年の東西ドイツ建国まで国家機構は存在せず、したがって国家レベルの統一的な制度・政策も行われえなかったからである。しかし、実際の保護の「現場」である自治体レベルに目を向けると、「国家なき占領下」にあっても、限界こそあれ、さまざまな取り組みがなされていたことがわかる。混乱と窮乏のなかで、子どもの困難にまず対応したのは、いち早く占領当局によって再建された自治体行政と地域のボランタリーな民間福祉団体であった。本章は、こうした自治体レベルでの児童保護を、ドイツ西部の一都市、デュッセルドルフ市を事例として検討する。(4)

かかる問題設定にたつ本章の研究史上の意義は、以下の二点に集約される。まずひとつには、伝統的な福祉史研究が制度政策の分析を主眼とし、政策主体としての「国家」を何より重視してきたのに対し、本章は、自治体行政やボランタリーな民間団体など、「現場」の担い手に着目し、現実の「保護」そのものを明らかにしようとする点である。現場からみれば、占領期は単なる「無策」の時代ではなく、現実の非常事態への対応に迫られた地域社会の多様な担い手が、状況に応じて自律的に、かつ協働して児童保護に取り組んだ時代であった。(5)

もうひとつの本章の特徴は、児童福祉の本来的な「保護」の側面に着目する点である。従来、ドイツ語圏における児童福祉史研究を牽引してきたのはいわゆる社会統制モデルであり、そこでは、国家・公権力による子どもの管理・統制が問われてきた。ナチ体制下の児童政策を筆頭に、「保護」の名の下での抑圧や規律化の契機が、批判的に検証されてきたといえよう(6)。むろん、福祉が必ずしも保護や解放ではなく管理や統制の手段でもあったことは常に問い続けるべき問題であり、今なおアクチュアリティを失っていない(7)。しかし、本章で取り上げる戦後社会をはじめ、現代でも最低限の保護に事欠く子どもの状況がある以上、現実の保護を支えるしくみやその実態もまた、同様に検討されるべき事象であろう。

なお、占領期の児童保護というテーマについては、社会事業や社会政策の通史における概観(8)を除けば、たちいった個別研究はみあたらない。その背景には、すでにみた分析パラダイムから生じる積極的関心の欠如のほか、戦後の混乱期における史料状況の困難さがある。ことに終戦直後においては、物資不足から基礎的な記録や統計の類もほとんど残されず、デュッセルドルフ市においても、行政関係の史料が一応の体裁を整えるのは一九四七年頃からで、民間福祉団体についても確認できる事実は断片的である。本章では、他の自治体に関する事例や同時代の証言などの補足的な史料を参照しつつ、可能な範囲での論証を試みたい(9)。

以下、まず第一節では、当時の子どもたちの置かれていた時代状況をつかむため、停戦直後のデュッセルドルフ市の状況を概観するとともに、占領当局、市行政、民間福祉団体など児童保護に携わる主要なアクターの位置づけを確認する。続く第二～四節では、子どもを対象として行われた取り組みのうち、給食と保養事業（第二節）、後見業務と養育支援（第三節）、非行・浮浪児童の保護（第四節）をとりあげる(10)。最後に、これらの事例から、「崩壊社会」における子どもの保護という本章のテーマをあらためて検討し、まとめとする。

なお、本論に入る前に用語について注釈しておきたい。日本では、児童福祉法にみられるように、大人と区別される福祉対象としては「児童」、「子ども」という表現が一般的である。他方ドイツでは、ながらく「青年」、「青少年」が用いられてきた[11]。例えば、ドイツ初の児童福祉法であるReichsjugendwohlfahrtsgesetzは、直訳すれば「ライヒ青年福祉法」となる。とはいえ、同法は、乳児から小児、学童、勤労青少年まで幅広い年齢層を対象としており、本章で扱う「故郷を失った若者たち」も、一〇歳以下の小児から二〇代半ばの青年まで広範な年齢層を含む。そこで本章では、原語にかかわらず、内容に即して、その都度「子ども」や「青少年」などと訳し分けることとする。

第一節　占領下デュッセルドルフ市における児童保護体制

瓦礫の街——終戦直後のデュッセルドルフ市

本章の舞台となるデュッセルドルフ市で戦闘が終結したのは、アメリカ軍が旧市街に進攻した一九四五年四月のことであった[12]。五月、無条件降伏によって休戦協定が結ばれた後、六月にはイギリス軍が占領統治を引き継ぎ、その後一九四九年の西ドイツ建国まで、デュッセルドルフ市はイギリスの占領下におかれた。終戦当時の同市の状況について、市の行政報告書は以下のように記している。

瓦礫の街……何千という人々が退避壕や地下室に住み、一本の市電すら走らない都市、住民は戦争の恐怖に震え、政治的過ちの末に意気消沈している都市、飢えと困窮が支配し、非行と堕落が社会不安を増長し、最低限の衛生規範さえもはや顧みられず、必要最低限のものにも事欠き、死者のための棺さえ用意できない都市[13]。

図８－１　瓦礫の街
出典：A. Houben, *Düsseldorf Stunde Null. 1945/46-Ende und Anfang*, Düsseldorf 1985, S. 80.

西部の主要工業都市と同様、デュッセルドルフ市も、戦時中の空爆によって大きな被害を受けた。住宅の四割、公共・商工業施設の三分の二が破壊され、鉄道施設や電気・水道などインフラ設備も損害を受け、都市機能は麻痺した。また、分割占領により東部からの物資供給が途絶え、近郊の農村地帯との輸送網も寸断されたため、食料はもちろん、あらゆる物資不足に悩まされることとなった。イギリス占領地区の標準配給量は、生存可能なレベルをはるかに下回っており、食糧難は、一九四六・四七年の冬には「飢餓の到来」が語られるまでに深刻化した。多くの人々が農村への買い出しや闇市での「自助」を余儀なくされるなか、飢餓浮腫による高齢者の死亡件数や栄養失調による結核の報告件数が急増した。さらに、終戦直後から、疎開者や戦争捕虜、旧ドイツ領であった東欧諸国からの避難民、被追放民が万単位で押し寄せ、その後も長く続く住宅難にいっそうの拍車をかけた（図８－１）。

戦後の混乱した社会状況は、子どもの生活環境や心身にとっても大きな影響を及ぼした。[14]一九四六年、一万二〇〇〇人の就学児童を対象とした調査報告によれば、戦死や行方不明、あるいは戦争捕虜となったために父親が不在である子どもは三割にのぼり、五パーセントの子どもは孤児などまったく身寄りのない児童であった。また、家族があっても、家族が散り散りに親戚のもとに身を寄せている子が一一パーセント、家族全員が一部屋での生活を余儀なくされている子が一四パーセント、冬用のコートや上着のない子が三割、下着の替えがない子が一割、靴がない子が四割など、多くの子どもたちが家族関係の不安定化を経験し、衣食住にもこと欠く状況にあることがうかがえる。食糧難による栄養失調、狭隘で不衛生な住環境の結果として、七、八割の子どもは「総じて標準以下の健康状態」にあり、乳児死亡率は通常の倍となる一四パーセントにまで跳ね上がった。

児童保護体制の「再建」

こうした児童・青少年問題は、戦後の諸問題の中でも、早くからイギリス軍政府が高い関心をもって対応を指示した領域のひとつであった。一九四五年九月、軍政府は「教育監督指令」第二〇号を発し、児童福祉に関する法体制をナチ期以前の状態に復帰させ、戦後危急となった児童保護業務に取り組むことを命じている。すなわち、ナチ時代の修正法案を無効とした上で、ヴァイマル共和国期に制定された児童福祉法を復活させ、その実施主体として、児童福祉行政および児童福祉に携わるボランタリーな民間福祉団体の再建を指示した(15)。

この軍令にもとづいて、デュッセルドルフ市でも児童保護体制が再建されることとなった。ナチ期以前の同市においては、児童福祉局と市公認の民間福祉団体との協力の下で児童保護業務が行われていた(16)。一九二三年、児童福祉法公布の翌年に設置された市児童福祉局は、同法にもとづき、孤児や非嫡出子の後見業務、里子や非行・犯罪児童の保護、少年裁判における司法扶助などの任務にあたっていたが、実際の保護業務においては、そのほとんどをボランタリーな民間団体に委ねていた。そもそも、法制化以前から児童保護に先駆的に取り組んできたのは民間団体、とりわけ教会系の慈善組織であり、同市では、乳児院や幼稚園、児童養護施設はほぼ例外なくこれら民間団体の運営であった。こうした状況は同市以外の自治体でも珍しくなく、先の児童福祉法も、民間団体の促進および行政との連携・協力を、「公私協働」の原則として公式に承認していた。[17]

こうした状況を一変させたのがナチ体制であった。デュッセルドルフ市でも、「ヒトラー・ユーゲント」、「ナチ民族福祉団」といったナチ組織が、官・民の担ってきた児童保護事業の多くを傘下に収め、その結果、児童福祉局の権限はその大半がナチ関連組織の手に移管された。民間団体も解散を命じられるか、ナチ党の民間福祉団体である「ナチ民族福祉団」の下におかれた。[18]イギリス占領当局が命じたのは、そうした状況をナチ期以前のヴァイマル共和国期の体制へと復帰させること、すなわち、行政からナチ組織を排除し、解散に追いやられていた、あるいは活動が制限されていた民間団体を復活させ、児童福祉領域の活動に「完全に復帰させる」ことであった。

デュッセルドルフ市でも、まずは児童福祉行政組織の「非ナチ化」が行われた。ナチ組織に委譲されていた権限は児童福祉局に返還され、元ナチ党員の職員が解雇された。また、民間福祉団体のうち、ナチ期に禁止・解散させられた労働者政党の民間福祉団体「労働者福祉団」、「人民支援団」が再建され、カトリック系「カリタス連盟」、プロテスタント系の「国内伝道会」、さらに「ドイツ赤十字」の三団体も、ナチ体制下の活動制限を解かれることとなった。

占領当局にとって、民主化や非ナチ化といった占領方針に沿った実効力のある組織を再建させることが重要課題であり、こと児童福祉においては、行政だけでなく民間団体も重要な担い手として認識されていた。軍令二〇号が「とりわけ教会系」の民間団体としているように、[19]ここでとくに念頭におかれていたのは新旧キリスト教両派の民間福祉団体である。民間団体のなかでも最も大規模であり、教会や信徒組織のネットワークを有するこれらの団体は、混乱した戦後社会において直ちに機能しえた数少ない「システム」であった。占領統治をスムーズに、かつコストをかけずに進めたい占領当局にとって、教会系民間団体の組織と人材の「活用」は不可欠であったといえる。デュッセルドルフ市においても、福祉行政が「再建」に時間をとられるなか、新旧キリスト教両派の「カリタス」と「国内伝道」が、戦後の混乱期にいち早く機動力を発揮していくこととなる。

このように、軍政府は、ナチ以前の法制度の復活を指示し、そのうえで、児童保護に関する実務をドイツ側の行政機構および民間団体に一任した。その背景には、高い自治能力をもつ行政機構や伝統ある民間団体への信頼、そして、国際的にも評価の高かったドイツの児童法制・体系に対する一定の評価があったといえよう[20]。以下では、こうした体制の下、実際にどのような保護や支援の取り組みが行われたのかを検討していく。

第二節　「ドイツの子どもたちに支援を！」——給食と保養事業

海外からの緊急援助

最初に考察するのは、子どもを対象とした物的支援である。敗戦直後のドイツは文字通りの欠乏社会であり、大人も子どもも衣食住にこと欠くなか、最初の支援の手は海外からさしのべられた。終戦後、ジャーナリストによって海外に広く伝えられた「ドイツの子どもの悲惨[21]」——やせこけた少年の姿、裸足でぼろをまとった浮浪児の写真など——は、中立国のみならず、かつての敵対国からも支援の波を呼び起こした。占領期には、世界各地の二七ヵ国、二〇〇以上の支援団体から、おおよそ六〇万トン、一二億ドイツマルク相当の支援物資が流れ込んだといわれる[22]。こうした支援のなかには、はじめから子どもを対象として指定するものも少なくなかった。乳幼児や母子、小児、就学児童などは、食料や医薬品の送り先としてとくに優先されるグループで、最大の供与元であったアメリカ民間慈善団体による支援も、しばしば子どもを優先的な対象とした。

デュッセルドルフ市では、すでに一九四五年一〇月、行政と民間福祉団体、経済団体が加わった半官半民組織

「デュッセルドルフ緊急援助」が結成され、炊き出しや古着の収集、石炭の分配などの支援活動を展開していた[23]。子ども向けの支援に関しても、こうした官民協力の下、物資の輸送・分配が行われている。例えば、一九四六年春には、アイルランドから「小さな子どもたちのため」の支援物資が届けられたが、その際、支援物資の市内への輸送を市行政が担い、燃料は軍政府が負担し、調理場や配給所の設置、調理や分配は、複数の民間団体によって行われた。市内八一ヵ所で、子ども一人あたり半リッター、三五〇カロリー相当のスープが、三～六歳までの二万人の子どもたちに配られたという[24]。

こうした緊急援助のノウハウは、一九二〇年代のハイパー・インフレーションや経済恐慌など、ドイツが経験したたび重なる非常時の折に蓄積されてきたものであった。デュッセルドルフ市では、一九二三年のインフレの際に、市内各地区ごとにゆるやかな官・民の連携がはじめて模索され、一九二九年の恐慌時には、冬季緊急支援事業として組織化されてきた経緯がある[25]。こうした経験が、一九四五年以降にも生かされたといえよう。また、現地での物資受け入れと配給において重要だったのは、現場での分配に直接携わる民間ボランティアの存在である。民間団体の多くは地域社会にネットワークをもち、地域の実情に通じていた。限られた支援物資を分配するにあたっては、彼・彼女らの協力が不可欠であった。

学校給食

比較的対象が限定されていた初期の支援に対し、すべての子どもたちを対象に、大々的かつ長期にわたって行われたのは学校給食である。学校給食は、当初、占領当局であるイギリス軍政府が導入したものであった。終戦から三ヵ月後の一九四五年八月、軍政府は早くも小学校を再開させ――退避壕が教室代わりで一日三交代制だったにせよ――、その後一一月末から、学校給食が開始された。週に四日、三〇〇カロリー相当のスープが六歳から一四歳までの子どもに提供されることになり、デュッセルドルフ市では当初は毎日一四〇〇人、一九四六年三月末からは毎日三万五〇〇〇人の学童に給食が提供された[26]。

これらは、当初、イギリス政府の資金で賄われており、戦費で疲弊していた同国の状況もあって、質量ともにささやかなものであった。しかし、次第に海外の慈善団体からの支援物資で補てんされるようになり、大幅に拡充されていく。ことに、元アメリカ大統領フーバーの提唱する支援プログラムによって、アメリカ政府から大量の支援物資が投入される一九四七年以降になると、給食の対象者は中等教育機関の生徒から後には大学生にまで拡大されていった。学校給食はその後一九五〇年代まで続けられ、当時、子ども時代を経験した人々にとって、もっとも頻繁に想起される海外からの支援となった[27]。

保養事業

子どもを対象に行われたもうひとつの支援の形として、郊外の保養施設に子どもを送る療養・保養事業がある。児童向け保養事業は、もともとは貧民街の子どもを対象とする慈善事業に端を発するもので、劣悪な住環境下で暮らす労働者の子どもたちに対する「予防的治療」として医学的見地から広く行われていた。終戦直後の子どもたちの生活状況、すなわち、電気や水道もなく日光も入らない地下室や退避壕で暮らす栄養失調の子どもの姿は、当時の人々にとっては、まさに前世紀の貧民児童の状況を思い起こさせるものであった。

デュッセルドルフ市では、たとえば、一九四六年夏から、地下壕、退避壕住まいの小児を対象とする保養事業がはじまっている。軍政府の委託により、カリタス連盟が郊外の城を子どもの保養施設に転用し、栄養失調や身体虚弱、結核の恐れのある「療養の必要な子どもたち」を受け入れるというもので、最初の年には、そこに六〇人の子どもたちが六週間にわたって滞在した。子どもの推薦は行政サイドのソーシャルワーカーが行い、滞在費用は海外の慈善団体によって担われ、食事の提供や日光浴、子どもたちの世話などの実務・運営は、カリタス傘下の修道会とその修道女たちの手に委ねられた。この「子どもの家」には、その後一九四七年夏までのあいだに五一〇人の子どもが滞在したという[28]。

また、一九四七、一九四八年には、スイス赤十字のイニシアティヴにより、スイスでの保養支援が企画された。その際に、現場での子どもたちの選別・送り出しから移送を担ったのは、やはり行政と民間団体であった。ソーシャルワーカーが推薦した防空壕・退避壕暮らしの「虚弱な」子どもたちが、民間ボランティアの協力を得て保養地に送りだされた。四七年には、約三五〇人の子どもがスイスの保養地に送られている[29]。

以上のように、子どもを対象とした物的支援は、占領当局、行政、民間団体の協力の下で進められた。占領当局にとって、子どもの身体・健康状態は高い関心事であった。感染症の蔓延といった駐留軍にとっても危険な事態を防ぐのはもちろんのこと、低い水準の配給や建物の接収などで高まっていた軍政府に対する住民の不満をやわらげるため、さらには、民主的な国家再建を導く「良き占領者」としての人道的観点からも、子どもの飢餓は防がれねばならなかった[30]。

こうした占領当局の意図を受けて、行政と民間団体が現場での担い手となったわけであるが、ここで留意しておきたいのは、支援の受け入れ・分配窓口として、自他ともに認められていたのは、行政以上にむしろ民間団体であったことである。とりわけ海外の支援団体は、しばしば、あえて民間団体を受け手として指定した。例えば、キリスト教系慈善団体は、同じ宗派・系列のドイツ側組織に優先的に物資の分配をゆだねた。これまで「ナチ」の手にあって、目下「再建」途上の行政組織よりも、共通の信仰を有する民間団体の方がより「信頼できる」パートナーであったからである[31]。また、すでにみたように、実際の支援の場においても、非ナチ化による人員不足に悩む行政にとって、経験あるボランティアを多数有する民間団体の協力は不可欠であった。こうした終戦直後の経験は、民間団体に対する社会的認知をいっそう高めることになり、戦後西ドイツにおける「公私協働」の強化と「民の優先」といったドイツ独特の官・民関係へと結実していく。

第三節　「家族」を失った子どもたちに対して——後見保護と養育支援

孤児・非嫡出子の後見保護

続いてとりあげるのは、家族の不安定化にともなう子どもの保護・養育問題である。戦後社会においては、父親の戦死や行方不明、家屋焼失による家族離散など、子どもの養育環境としての「家族」が大きく揺らいだ。また、離婚や再婚に加え、非嫡出子の出生数も急増し、さまざまな事情から親元で保護・養育されえない子どもの数が増加した。

すでに述べたように、ドイツでは、親の保護が及ばない孤児や非嫡出子、里子といった「危険にさらされた子ども」の保護は、公的児童保護事業の中核をなすものであった。民法と児童福祉法により、こうした子どもたちを法的、経済的、教育的に保護することを義務付けられていたのは自治体である。第二次大戦後再建された児童福祉局が真っ先に取り組んだのは、こうした子どもたちに対する保護業務であった。

当時、劇的に増えたのはいわゆる後見業務である。父親親権が一般的であったドイツでは、戦死や捕虜拘束、行方不明など長期にわたる父親の不在によって、後見人指定を必要とする子どもが急増した。デュッセルドルフ市においても、こうした理由から後見下におかれた児童数は、一九四五年の段階ですでに五〇〇〇人、その後も増え続けて一九四八年には七七〇〇人を突破している[32]。

後見業務と並んで急増したのが、非嫡出子に関する業務である。当時の民法は、未婚の母親の親権を認めていなかったため、非嫡出子として生まれた子どもは児童福祉局の官庁後見下におかれることになっていた。デュッセルドルフ市でも、「非嫡出子」として後見人指定を受けた子どもの数は戦後すぐに四〇〇〇人を突破し、戦前の倍近い数値となっている。ここには、占領軍関係者とドイツ女性との間に生まれた子どもも含まれており、一九四九年までの間に、三六二件が占領軍関係者を父親とするケースとして報告されている。

非嫡出子に関しては、父親の確定や認知請求、養育費請求なども自治体に義務付けられた保護業務であった。デュッセルドルフ市の年次行政報告書でも、こうした案件の急増がみてとれる。もっとも、避難民や帰還兵など大量の人々の移動が続き、各占領地区をまたいだ郵便や送金も制限されていた戦争直後の時期には、父親を捜しあてて養育費をとりたてることは容易ではなかった。また、父親が占領軍や国連機関の関係者である場合、取り決めにより、そもそも養育費を請求することすらできなかった。事態が平常化に向かうのは一九四八年以降、西側占領地区間の行き来がある程度可能になり、通貨改革によって経済状況が一応の安定を見てからのことである。

養育支援

親権や後見などの法的問題、養育費の確保などの経済的問題と並んで、子どもたちに、家族にかわる養育の場を用意することも児童福祉局の抱える業務であった。養子縁組の仲介、引受け先となる里親の選定・調査、各種児童施設への入所手配などである。とはいえ、大量の孤児が生じた戦後社会においては、養育の場の需要と供給のアンバランスは明らかであった。当時の経済・社会状況では、養子を望む家庭もなかなかあらわれず、有償・無償で里子を引き受ける里親家庭の数も七〇〇程度にとどまった。当時から望ましいとされていた里親養育の場が限られる以上、行き場のない子どもは市内の児童施設に預けられるほかはなく、養護施設の子ども数は一九四六年には二五一人、翌年には五四六人、一九四八年には六四四人を数え、一九四九年には七三六人に及んでいる。

こうした子どもたちの行き先であった乳児院や児童ホームなどの児童養護施設は、先述のように、そのほとんどが民間団体の設立・運営であった。孤児や非嫡出子など「見捨てられた」子どもたちの養育を伝統的に担ってきたのは、教会系の慈善団体であったためである。とはいえ、戦後には、こうした施設も空爆で全壊したり、損害がひどく閉鎖状態であったり、避難民の収容など他の目的に転用されるなど、利用状況は限られていた。一九四八年には、市の助成を受けて、児童ホームと乳児院あわせて市内に九施設が再建されたが[33]、児童福祉局の年次報告書は、実際の需要にはまったく足りていないと慨嘆している。

もうひとつ、戦後のあらたな問題として浮上したのは保育ニーズの急増である。戦後社会では、父親の不在や離婚等によって多くの母親が就労を余儀なくされた。一九四六年の調査では、「両親の離婚、母親の就労によって子どもの世話に支障が生じている」とされる子どもは、就学児童の一二パーセントにのぼると報告されている[34]。その結果、託児所に預けられる子どもの数は、一九四六年の五七五〇人から翌年には一挙に七三七五人、一九四八年には八〇〇〇人へと増加した。幼稚園や保育所などの託児施設もその大半が民間団体の運営であり、市当局は助成金交付などを通して施設再建を促したが、戦後の物資不足で思うようには進まず、施設の満杯状況が解消するのは占領期も末になってからであった。

前節でみた物的支援が非常時の緊急援助であったのに対し、本節でとりあげたのは、いわゆる「平時」の児童保護業務である。到底対応しきれない未曾有の業務拡大のなかでも、最低限ではあれ、取り組みが続けられていたことがうかがえる。また、行政を主としながらも、民間団体との協働はここでも不可欠であった。実際の保護・養育の担い手は民間の施設であり、物資不足の中でも、施設再建に向けた積極的な助成がなされていた。

第四節　「危険な子どもたち」に対して――「非行」・少年犯罪、浮浪児の保護

少年非行・少年犯罪

最後にとりあげるのは、治安上の「脅威」として、戦後に大きな社会問題となった少年非行・少年犯罪、浮浪児の保護である。これまでみてきたように、物的欠乏が極限に達した戦後社会においては、子どもであっても「生きるための闘い」に巻き込まれた。食料事情が悪化し、配給だけでは到底生き延びられない状況では、子どもも大人に混じって農村に買い出しに出かけ、闇市での売買にかかわった。デュッセルドルフ市のある少女は、当時を振り返って以下のように回想している。

> 物々交換なしでは生きのびることは不可能だった。銀食器をベーコンと、キツネの襟巻きをバターや、ときには煙草に。……コーヒーは、煙草と並んで一番人気のある嗜好品だった。闇畜殺のベーコンひと固まりを一ロートのコーヒーと交換してもらうため、私は、Ｏ地区の知り合いの家にしょっちゅう行かされた。[35]

こうした「手伝い」の末に、闇市での一斉手入れで捕まる子ども、配給切符のごまかし、石炭泥棒など窃盗罪で摘発される子どもが急増した。食料危機がピークに達した一九四六・四七年には、少年裁判の事案が激増し、検挙される子どもたちの中には「良い家庭の子」も少なくない、と報告されている。行政報告書は、その原因として「家族生活の弛緩」や「倫理・道徳観の動揺」をあげつつも、その直接的原因が困窮にあることは十分認識していた[36]（図８‐２）。

図８－２　瓦礫のなかの子ども
出典：H.-J. Priamus, *Die Ruinenkinder*, Düsseldorf 1985, S. 51.

こうした「非行」や「犯罪少年」に対する保護教育もまた、すでに二〇世紀への転換期に制度化され、児童福祉法によって自治体に義務付けられていた任務であった。行政報告書は、非行や犯罪によって児童福祉局の「教育的措置」下におかれた若者の数が「著しく増加」していることを伝えている。例えば、最も厳しい施設入所である「矯正教育」の件数は、一九四八年には男子で四〇〇件、女子で二二〇件を超え、保護教育など何らかの保護・監視下におかれている青少年の数は、それぞれ一八四二件、一二六二件となった。[37] また、「例を見ない規模」の少年犯罪の増加による、司法扶助件数の急増も報告されている。

矯正教育施設は、市ではなく広域行政レベルで設置されていたが、その多くもまた民間福祉団体、とくに新旧キリスト教系組織の運営する施設であった。デュッセルドルフ市で「矯正教育」を措置された児童は、これらの施設に収容されることになるのだが、いくら案件が急増しても、施設自体もまた戦争で被害を受け、その入所定員は限られていたため、施設収容は実際には「本当に必要なケース」に限られた。また、施設内での食料や衣服、物資不足はさらに深刻であり、施設職員も不足していたため、施設からの脱走も多かった。一九四六年には男子で一〇五件、女子で三一件の脱走が報告されており、行政の側も、物資の欠乏による処遇の悪さが原因であることを認めている。[38]

「故郷を失った」若者たち

少年非行や犯罪と重なり合う、あるいはその直接の原因でもあったのが、「故郷を失った」若者、浮浪児の問題である。その背景には、ポーランドなど旧ドイツ領であった東欧諸国からの大量の人口流入があった。東部国境から遠く離れた西部のデュッセルドルフ市にも、一九四八年末の段階で、一万人を超える避難民が流入し、当時の市の人口の二・二パーセントを占めるまでになっていた。[39]一般に、避難民のおよそ三分の一は二〇歳以下の若者であったとされるが、彼らのなかで家族・親族とのつながりを失った子ども、あるいは戦後の混乱の中で自発的に家族のもとを離れ、単独で西側地区に逃亡してきた若者、さらには、終戦時に兵役などでドイツ西部に滞在しており、敗戦後、東のソ連地区の故郷に帰れなくなった若者など、さまざまな背景をもつ子どもが、これら「故郷を失った」若者たちの実体であった。彼らは、路上で生活し、なかには、武装し徒党を組んで窃盗を繰り返す少年グループも生まれ、軍政府や行政サイドにとっては、早急に対応が必要な「危険」な存在となった。

これらの「故郷を失った」若者たちは児童福祉法の想定外の存在であり、何ら規定がなかった。そこでイギリス軍政府は、先の軍令二〇号により、彼らの収容・保護を新たな任務として各自治体に委ねた。これを受けて、イギリス占領地区の州児童局は、「ネンドルフ綱領」と称される共通の指針を策定し、こうした若者の「捕捉」や調査方法、収容施設等について詳細に規定した。[40]一四～一八歳の浮浪児を対象とした詳細な取り決めからは、「浮浪少年」を犯罪予備軍とみなし、徹底した管理下に置こうとする矯正教育的トーンがうかがえる。デュッセルドルフ市でも、「故郷の喪失、親の不在や死亡、家族離散などによって根無し草となり、しっかりした規則正しい暮らしを拒否し、何の計画も目的もなく放浪する若者」、と保護の対象を規定し、そうした若者が「市内に現れた場合」に、彼らを「正しい道に導き、定住を促す」ことをその任務としている。[41]

とはいえ、実際にこうした「浮浪青年」が現れても、彼らを一時的に保護する場や身辺調査を実施する要員も足りない状況で、実質的には打つ手がなかった。戦後初の一九四六・四七年の行政報告は、「施設や住まいの用意が何よりも緊急の課題である」にもかかわらず、現状ではまったく不十分にしか対処できず、その結果、「日に三〇から四〇人もの若者が外人部隊と契約を結び、続々と入隊している」状況を慨嘆している(42)。

「青少年ホーム」建設運動——管理から自立支援へ

「浮浪青年」に対する実質的な保護が可能になるのは、一九四八年頃である。彼らを一時的に保護する避難所や、寄宿舎・寮などのホームが、民間福祉団体のイニシアティヴによって設立され、仕事や住まいの提供が、少しづつではあれ、可能となった。デュッセルドルフ市で先駆的役割を果たしたのは、カトリック系の諸団体である。例えば、一九四八年一月には「故郷を失って路上や駅舎を居場所とする若者のため」の青少年ホーム、三月には「両親と故郷を失った一四歳から一八歳の青少年」のための徒弟ホームが建設された(43)。一九四九年の年次行政報告書では、児童福祉局が保護したおよそ六〇〇〇人の若者のうち、四割は住まいつきの研修先や仕事の斡旋をうけ、二割は一時的に施設に、約一割は親元に送り返されるなど、一応の措置がとられはじめたことがうかがえる。

これらの寮やホームは、いわゆる矯正教育における「施設収容」ではなく、「住まい」を提供し、生活の基盤を整えることをねらいとしていた。矯正教育の専門家会議が、あいもかわらず労働収容所などの抑圧的スタイルの措置を論じているあいだに、現場では、現状に対応した実践が生まれていたのである(44)。

こうしたこころみは、新しい支援の形として注目を集め、公式にも追認された。一九四八年九月には、イギリス占領地区の州青年局と労働局代表が「ギューターースロー綱領」と称される指針を発表し、「故郷を失った」若者のために職業や徒弟としての研修先、そして寮やホームなどの住まいを整備することを定めている(45)。ここでは、従来の保護とはことなって、あくまで若者自身の「自発性」にもとづく支援であることが強調された。その背景には、「故郷を失った」若者が、管理下に置くべき「危険」な「非行少年」ではなく、戦争とその帰結による犠牲者であるとの新しい認識があった。例えば、カリタスの支援統括者は、一九四七年夏のラジオ講演で、「故郷を失った」避難民の若者について次のように述べている。

避難民の若者が非行化する原因は……追放と故郷の喪失が生み出す諸問題のなかにある。……故郷の村の風景、家族、あらゆる思い出と記憶のつまった我が家の安心感……からの追放あるいは逃亡が、その原因である。……それまでの職業教育や学校での勉強は突然中断され、彼らは、両親や祖先が何世代にわたって築き上げてきたものすべてが破壊され、放棄されるのを目の当たりにしたのである。……故郷からの追放、飢えと欠乏、何週間にもわたる貨車の旅、同じ苦しみを背負う人々であふれた緊急避難所をくぐりぬけ、ようやく難民キャンプや仮設住宅に入ったとき、彼らの精神はくたびれ果てている……。そうしてたどり着いた新しい故郷で、彼らを待ち受けているものは何か？　欠乏と絶望、困窮と破壊である。……彼らは、自らの罪ではない運命に抗い、周囲の人々やあらゆる権威・秩序、そして神とその教えに対しても反抗する。……その眼には、もはや目指すべき目標も映らない。……我々のうち、誰がこの道を踏み外した若者を非難することができようか。誰が彼らに石を投げつけることができようか。……かつて、少年非行は、不十分・不適切な教育や好ましくない性向、悪しき機会によるものであったが、今日、それは、故郷と平穏の喪失や、例をみない異常な時代状況によって引き起こされた、より複合的な危機となった。それゆえ、我々のあらゆる取り組みも、今や多方面から行われねばならない(46)。

戦争が生み出した大量の「浮浪児」は、それまでの「非行」や「浮浪」に対する見方の修正を余儀なくするものであり、これらのホーム建設運動は、「よそ者」として住まいや働き口をなかなか見つけることのできない青年たちを支援しようとする自発的運動であった。ドイツ西部から始まったこうした活動は、その後、全国的なホーム建設運動へと発展し、「青少年救援事業」、「青少年自立支援事業」などさまざまな呼称の下で各地で展開され、ドイツ連邦共和国成立後は、「連邦青少年支援計画」の一環として多額の助成を受けつつ、さらに大規模に進められていくことになる(47)。

おわりに

本章は、占領下におかれたドイツの一都市を事例として、戦後社会における児童保護の実態を検討してきた。残された史料から再構成しえた像はごく一部の断片にすぎないが、ここから、戦後の「崩壊社会」という非常時の児童保護について、何を読み取ることができるだろうか。

まず確認できるのは、占領下の児童保護は、当然ではあるが、まず何より生存保障が最優先であったということである。子どもをまずは飢えや寒さから守ること、親の保護下にない子にはともかくも養育・保護の場所を提供することが中心であった。非常時であるからこそ、より脆弱な存在としての子どもを守る、少なくともその窮状は放置されるべきではないという社会的コンセンサスは、占領当局、行政、民間団体それぞれに見ることができる。非行・浮浪など子どもが社会にとって危険な存在となりうる場合も、「放置されるべきではない」という意味では同様であった。

むろん、戦後の児童・青少年が抱える未曾有の困難は、物資不足や分断統治下のさまざまな困難とあいまって、これら保護の「担い手」の手にはあまるものであった。実際の取り組みが緊急援助の域を出ないものであったことは、すでにみたとおりである。その意味では、「制度も政策も機能しえなかった非常時」という従来の評価は、的をえている。とはいえ、そうしたさなかでも支援や地道な保護は続けられ、物的欠乏がひと段落する頃には一応の平常化が可能となったことは、過小評価すべきではないだろう。

それを可能にしたのは、児童保護の現場を支える体制の強固な連続性である。法制度・体系としての児童福祉法は、国家なき占領下にあっても、児童保護の枠組みとして占領当局に認知され、自治体の業務を支える法的基盤となった。また、保護の担い手であった児童福祉行政、そして、それ以前から先駆的役割を果たしてきた民間福祉団体もまた、ナチ期の「断絶」を経験しながらも戦後速やかに再建され、両者の連携が、非常時への対応をスムーズにした。

こうした占領期の経験は、戦後西ドイツの児童福祉のあり方にも影響を与えていくことになる。すでに述べた「公私協働」原則の強化、行政に対する民間団体の優位を定めた「民の優越」はそのひとつであり、その後、福祉国家が拡大していく中でも、教会系をはじめとする地域のボランタリー団体に確固たる位置づけと役割を保障するものとなった。また、「故郷を失った」若者に対する「ホーム建設運動」のように、新たな支援のありかたとして展開していくものもあった。つまり、「上から」見渡した限りにおいては、「無策」にみえる占領期も、現場レベルでみれば、非常時ならではのさまざまな模索があり、次の時代へとつながる萌芽を秘めていたということができよう。

［付記］本研究は、日本学術振興会科学研究費助成事業基盤研究（C）（課題番号二一五二〇七六一）の助成を受けた。

注

（1）戦後のドイツ社会については、たとえば、C・クレスマン（石田勇治・木戸衛一訳）『戦後ドイツ史1945-1955——二重の建国』未來社、二〇〇七年、四一頁以下に詳しい。

（2）むろんこうした数値は推計であり、さまざまな調査による異なる数字があげられている。D.J.K. Peukert/R. Münchmeier, „Historische Entwicklungsstrukturen und Grundprobleme der Deutschen Jugendhilfe“, in: *Jugendhilfe - Historischer Rückblick und neuere Entwicklungen. Materialien zum 8. Jugendbericht*, Bd.1, Weinheim/ München 1990, S.1-50, hier 33ff; B. Thau, „Jugendnot als Massenphänomen - Die Jugendsozialarbeit des Landesjugendamtes in den Jahren 1945-1960“, in: M. Köster/ T. Küster (Hg.), *Zwischen Disziplinierung und Integration. Das Landesjugendamt als Träger öffentlicher Jugendhilfe in Westfalen und Lippe(1924-1999)*, Paderborn 1999, S.225-240, hier 225.

（3）E. Bamberger, „Kampf gegen Verwahrlosung und Straffälligkeit unserer Jugend“, in: *Aufgaben der Fürsorge zur Überwindung der deutschen Volksnot*, Berlin/ München/ Wien 1947, S.45-69, hier 49f.

（4）なお、本章では、ドイツ国籍の子どものみを分析対象とする。戦時中、強制労働のため連行された外国人の若年労働者や、ユダヤ人、シンティ、ロマなど収容所で終戦を迎えた子どもに対しては、本国や第三国への帰国支援など、別の枠組みからの分析が必要になるためである。第二次世界大戦後のいわゆる「流民（Displaced Person）」の子どもたちの処遇をめぐっては、T. Zahra, „Lost Children: Displacement, Family, and Nation in Postwar Europe“, in: *The Journal of Modern History*, 81, 2009, pp.45-86.

（5）国家以外の福祉の担い手に着目する見方は、「福祉の複合体」論として近年広く知られるようになった。参照、高田実「『福祉の複合体』の国際比較史」高田実・中野智世編著『近代ヨーロッパの探究 一五　福祉』ミネルヴァ書房、二〇一二年、二一〜二三頁。

（6）「社会的規律化」をキーワードに青少年保護を分析したポイカートの画期的著作（D. J. K.Peukert, *Grenzen der Sozialdisziplinierung. Aufstieg und Krise der deutschen Jugendfürsorge von 1878 bis 1932*, Köln 1986.）以来、抑圧的介入としての「保

護」の実態に迫る個別研究が蓄積されてきている。参照、M. Köster, *Jugend, Wohlfahrtsstaat und Gesellschaft im Wandel. Westfalen zwischen Kaiserreich und Bundesrepublik*, Paderborn 1999; Köster/ Küster, *Zwischen Disziplinierung und Integration*, 本章でもとりあげる「浮浪青年」への「規律化」をテーマとした塚本遼平「ヴェストファーレン地方の『故郷を失った』若者たち」『三田学会雑誌』一〇四巻第二号、二〇一一年、九九～一二〇頁、国家による子どもの「動員」と統制を描いた江口布由子「第一次大戦期のオーストリアにおける国家と子ども――『父を失った社会』の児童福祉」『歴史学研究』八一六号、二〇〇六年、一七～三二頁、五〇頁など。

（7）たとえば、近年、西欧諸国では、一九五〇年代の児童施設における処遇をめぐって、かつての施設入所者が、施設側に謝罪と補償を求める裁判が頻発している。彼らが「保護」されたはずの施設は「牢獄」であり、暴力と虐待の温床であったとの訴えを受け、ドイツの施設でも歴史的検証が始まっている。こうした経緯を含めた施設史の研究動向については、U. Kaminsky, „...Schläge im Namen des Herrn“ - Öffentliche Debatte und historische Annäherung. Eine Einführung“, in: W. Damberg/ B. Frings/ T. Jähnichen/ U. Kaminsky (Hg.), *Mutter Kirche - Vater Staat? Geschichte, Praxis und Debatten der konfessionellen Heimerziehung seit 1945*, Aschendorff 2010, S.5-26.

（8）今なお基礎文献であるC. Hasenclever, *Jugendhilfe und Jugendgesetzgebung seit 1900*, Göttingen 1978 のほか、E. R. Dickinson, *The Politics of German Child Welfare from the Empire to the Federal Republic*, Cambridge/ London, 1996. さらにドイツ福祉史のスタンダードであるC. Sachße/F. Tennstedt, *Geschichte der Armenfürsorge in Deutschland. Bd. 4, Fürsorge und Wohlfahrtspflege in der Nachkriegszeit 1945-1953*, Stuttgart 2012, S.133-147.

（9）ドイツの児童福祉史についての邦語文献は限られる。今なお有用な文献・史料紹介として、岡田英己子「ドイツ児童福祉史の文献研究――児童保護事業成立・発展期を中心として」『社会事業史研究』第一一号、一九八三年、一八三～二〇一頁、さらに占領期ドイツの社会事業を日本との比較を念頭に分析した、岡田英己子「敗戦とドイツの社会事業――『ゼロの時間』の連続性・非連続性をめぐって」『社会事業史研究』第二四号、一九九六年、一三～二七頁。

（10）当時のドイツにおける児童保護は、孤児や里子、非嫡出子や非行児などいわゆる「問題」を抱え保護や介入を要する子どもへの諸措置（Jugendfürsorge）と、余暇事業など児童青少年一般の健全育成（Jugendpflege）とに二分されるが、本章では前者のみを扱う。後者は、占領当局の非ナチ化・民主化政策にともなう青少年の「再教育」プログラムとも密接に関連しており、ナチ体制の清算といった別の文脈を加味した分析が不可欠であるためである。

(11) ドイツでは、すでに二〇世紀初頭から、「青年」が独自の社会集団とみなされ議論や政策の対象となってきたのに対し、「子ども」は家族の問題のなかで扱われ、「子ども」のみが独立した対象として注目されるようになったのはごく最近になってからである。Vgl. E. Reichwein, *Kinderarmut in der Bundesrepublik Deutschland. Lebenslagen, gesellschaftliche Wahrnehmung und Sozialpolitik*, Wiesbaden 2012, S.41ff.

(12) 以下、デュッセルドルフ市史に関する叙述は、P. Hüttenberger, *Düsseldorf. Geschichte von den Anfängen bis ins 20. Jahrhundert. Bd. 3, Die Industrie- und Verwaltungsstadt (20. Jahrhundert)*, Düsseldorf 1989; A. Houben, *Düsseldorf Stunde Null. 1945/46 - Ende und Anfang*, Düsseldorf 1985; J. De Angelis, *Hurra, wir leben noch! Düsseldorf nach 1945*, Gudensberg-Gleichen 2002.

(13) *Verwaltungsbericht der Landeshauptstadt Düsseldorf vom Zeitpunkt der Besetzung der Stadt 1945 bis zum 31. März 1949*, Düsseldorf 1950, S.11.

(14) Kinderelend in Düsseldorf, abgedruckt bei: Houben, *Stunde Null*, S. 86f. 乳児死亡率については、U. Brzosa, *100 Jahre Caritasverband für die Stadt Düsseldorf*, Köln/ Weimar/ Wien 2004, S.689.

(15) Verordnung der Britischen Militärregierung Nr. 20 über die Erziehungsaufsicht, abgedruckt bei: W. Tillmann, *Jugendwohlfahrtsrecht und Fürsorgerecht*, Teil I, Münster 1950, S.20ff.

(16) 以下の叙述は、T. Nakano, *Familienfürsorge in der Weimarer Republik. Das Beispiel Düsseldorf*, Düsseldorf 2008, S.154f, 161ff.

(17) ドイツにおける公的福祉と民間福祉団体の関係については、参照、中野智世「福祉国家を支える民間ボランタリズム——二〇世紀初頭ドイツを例として」高田・中野編著『福祉』一九七〜二三六頁。

(18) *Verwaltungsbericht der Stadt Düsseldorf 1933-1935*, Düsseldorf 1936, S.261.

(19) 同二〇号、一条d項。

(20) 参照、岡田「敗戦とドイツの社会事業」二四頁。

(21) たとえば、V. Gollancz, *In Darkest Germay*, London, 1947.

(22) H.-J. Wollasch, *Humanitäre Auslandshilfe für Deutschland nach dem Zweiten Weltkrieg*, Freiburg im Breisgau 1976, S.30.
(23) *Verwaltungsbericht, 1945-1949*, S.7.
(24) Brzosa, *Caritasverband*, S.691.
(25) Nakano, *Familienfürsorge*, S.209ff.
(26) De Angelis, *Hurra, wir leben noch!* S.25; Houben, *Stunde Null*, S.76; M.Schönecker, *Die Schulspeisungen in Nordrhein-Westfalen in den Nachkriegsjahren 1945-1952*, Düsseldorf 1954, S.11.
(27) Schönecker, *Schulspeisungen*, S.12ff.
(28) Familien- und Heilfürsorge, in: Stadtarchiv Düsseldorf（以下、SDと略記）, IV5768, o.D.; Brzosa, *Caritasverband*, S.706.
(29) *Verwaltungsbericht, 1945-1949*, S.133.
(30) H.-U. Sons, *Gesundheitspolitik während der Besatzungszeit. Das öffentliche Gesundheitswesen in Nordrhein-Westfalen 1945-1949*, Wuppertal 1983, S.104ff.
(31) 参照、Sachße/Tennstedt, *Geschichte der Armenfürsorge*, S.114ff; Wollasch, *Auslandshilfe*, S.26ff.
(32) 以下、本節内の各種数値は、Verwaltungsbericht, 1946/47, 1947/48, 1948/49, Jugendamt, in: SD, IV5768; *Verwaltungsbericht 1945-1949*, S.134ff.
(33) *Verwaltungsbericht 1945-1949*, S.134f.
(34) Houben, *Stunde Null*, S.87.
(35) G. Kaltwasser, Tausend Kalorien für Otto Normalverbraucher. Das tägliche Überleben im Hungerjahr 1946, in: 1946. Neuanfang: Leben in Düsseldorf, zitiert bei: Brzosa, *Caritasverband*, S.694.
(36) Verwaltungsbericht, 1947-48, in: SD, IV 5768, S.17.
(37) *Verwaltungsbericht 1945-1949*, S.136. なお、男子の非行・犯罪が窃盗や強盗であるのに対し、女子の場合は売春など「性的」非行や性犯罪が中心であった。女子の「性的」非行については、E. Gehltomholt/ S. Hering, *Das verwahrloste Mädchen - Diagnostik und Fürsorge in der Jugendhilfe zwischen Kriegsende und Reform (1945-1965)*, Opladen 2006.

（38）Verwaltungsbericht, 1946-47, in: SD, IV 5768, S.18.

（39）Hüttenberger, *Düsseldorf*, S.705.

（40）Nenndorfer Richtlinien vom 5.11.1945 in der Fassung vom 13.12.1945, abgedruckt bei: Tillmann, *Jugendwohlfahrtsrecht*, S.263ff. イギリス占領地区の保護規定については、塚本「ヴェストファーレン地方の『故郷を失った』若者たち」一〇八頁以下を参照。

（41）*Verwaltungsbericht 1945-1949*, S.136.

（42）Verwaltungsbericht, 1946/1947, Jugendamt, in: SD, IV5768, S.19.

（43）Brzosa, *Caritasverband*, S.707ff.

（44）参照、塚本「ヴェストファーレン地方の『故郷を失った』若者たち」一一四頁以下、Sachße/ Tennstedt, *Geschichte der Armenfürsorge*, S.138f.

（45）Zur Berufserziehung der Jugendlichen (Gütersloher Richtlinien), in: Tillmann, *Jugendwohlfahrtsrecht*, S.297f.

（46）E. Püschel, „Gefährdung heimatentwurzelter Jugend“, in: *Caritas*, 48 Jg., 1947, H. 9/10, S.167-173, hier S.169f.

（47）„Die „Heimstatt“, ein Beispiel guter Zusammenarbeit zwischen Jugendfürsorge und Jugendpflege“, in: *Nachrichtendienst des Deutschen Vereins für öffentliche und private Fürsorge*, Nr. 7/8, 1948, S.126f; Sachße/ Tennstedt, *Geschichte der Armenfürsorge*, S.138f; Hasenclever, *Jugendhilfe*, S.159f.

【視角と論点③】

両次世界大戦期ドイツの戦争障害者をめぐる保護と教育

ここでは、第一次と第二次の二つの世界大戦期ドイツに関して、除隊した戦争障害者を対象とする職業教育を確認することを通して、障害をもつようになった人びとへの保護と教育のあり方の一例を示したい。

戦争障害者とは

戦争障害者とここで呼んでいるのは、援護法にもとづく公的支援の対象者であり、一九二〇年制定の国家援護法（ＲＶＧ）第二条にある「軍務中の負傷・疾病により身体・精神障害をもつようになり除隊したもの」に加えて、「戦闘行為およびそれに準ずる行為に起因する負傷・疾病により身体・精神障害をもつようになった文民」（同八八条）をさす。戦争障害者とは、ドイツの場合、傷痍軍人よりも広い概念で、空爆の被害を受けた民間人や、爆撃機の爆音によって聾唖になった子どもも含むものである。しかし数が圧倒的に多いのは、やはり傷痍軍人であった。そのことは、ドイツ統計局発行の『経済と統計』誌の一九二四年版と一九五二年版で報告された戦争障害者の総数一五三万人（第一次世界大戦）および一五四万人（第二次世界大戦）のうち、いずれも九割が軍所属の男性であったことからもわかる。

「社会的な支援」の発展

こうした戦争障害者への公的支援にはどのようなもの

があったのだろうか。

第一次世界大戦期には、戦前に制定された位階に応じて算出される軍事年金のみであった。しかし開戦直後から増加の一途をたどった戦争障害者への対応は、すぐにも喫緊の課題となったため、民間団体や自治体が各々独自に社会的な支援を発展させていった。この社会的支援に包摂されたのは、治療やリハビリなどの医療扶助、職業教育と就労斡旋からなる社会扶助、農村への入植を促進する移住支援などである。こうした社会的な支援を方向づけたのは、民間の障害者団体「ドイツ身体障害者扶助連合」の理事であり、整形外科医でもあるK・ビエザルスキの次の発言であった。「克服しようという鋼の意志があれば、障害などないに等しい……戦争障害者は、もう一度働くことで社会生活に復帰すべきである」。障害は精神力で克服できると主張するビエザルスキは、戦争障害者は就労することで自立できる、また自立すべきだと唱えたのである。

このビエザルスキ言うところの「労働による自立」方針は、大戦中にドイツ全体の戦争障害者支援の方針ともなり、一九一五年以降、戦争障害者を労働市場に統合する政策がとられていった。戦争障害者と認定された兵士は、除隊時に怪我・病気の程度や職歴に応じて、再就職に向けた知識や技術を「あらたに／さらに／あらためて教育」する必要があるかどうか、あるとすればどのくらいの期間必要かが判定された。

ここで、職業教育の具体例を見てみよう。フランクフルト・アム・マインでは、市の戦争障害者扶助局が成人教育委員会と合同で、市内の陸軍病院や民間の病院に、治療のかたわら参加できる職業教育コースを設置した。その内容は、身体鍛錬や義肢使用法といった運動訓練のほか、基礎教育として正書法・算術・ドイツ語・外国語・物理・化学・国家学を、技能訓練として旋盤・簿記・タイプライターの講習などを提供する、というものであった。講習期間は三～六ヵ月であり、受講者数は一九一八年二月までの三年間でのべ八〇〇名ほどにのぼった。戦争障害者自身、コーエンやキーニッツの研究で明らかにされたように、「社会の有用な要素となる」心意気をもっており、「労働は生活の一部である」「働くことは男の務め」と見なすものも少なくなかった。

とはいえ、こうした行政や本人たちの努力や気概にもかかわらず、就職できた戦争障害者は、一九一六年一二月の国勢調査の時点で二二万九二四三人、全就業者のわずか一パーセントを占めるにとどまっていた。数値が伸びなかった要因には、戦争障害者用のポストの数・種類が少なかったことと、当事者への職の斡旋がうまく調整されていなかったこともあった。

国家による援護法の制定

敗戦後のヴァイマル共和国では、「戦争障害者および戦没兵士遺族に対する社会的援護は、各州、自治体および民間団体の協力のもと、国が引き受けるものとする」という方針のもと、包括的な国家援護システム策定がめざされた。その帰結として一九二〇年に制定されたRVGは、就労に必要な能力がどの程度失われたかを基準にした援護年金のほか、「社会扶助」に関する第二一条で、戦争障害者は無料で原則一年間（延長可能）、職業教育が受けられることを規定した。

ここで注意が必要なのは、援護年金の性質である。これは労働賃金の不足を補う意味合いが強く、それだけで生活費をまかなうことは想定されていなかったため、「社会扶助」にもとづく職業教育は、戦争障害者にとって生計を立てていくために就労する、その必要な前提条件であった。「労働による自立」とは、労働しなければ自立できないことを意味したのであり、国家「援護」とは、戦争障害者自身に自活の道をひらかせる手助けにすぎなかった。

こうした就労せざるを得ない実情であっても、ザクセとテンシュテットの概観によれば、戦争障害者の就職率は、一九二〇年代を通して行政で三パーセント程度、民間企業では製造業を中心に平均して八・六パーセントほどとそれほど高くない。多くの戦争障害者は、「労働による自立」を実現できなかったため、公的救貧か慈善に頼るしかなかった。

「労働による自立」という援護方針は、ディールやフーデマンの議論に見られるように、ナチ期の国防軍扶助・援護法（WFVG、一九三八年制定）でいっそう強められた。この法令は、援護年金は障害の部位や度合いに応じた障害手当に、労働不能と判定されたもののみ年金が付加されると規定したため、ほとんどの戦争障害者はいっ

表　フランクフルト市職業訓練校における商業コース（Ⅵ）時間割例

時間	月曜日	火曜日	木曜日	金曜日
10～11時		タイプライター		タイプライター
11～12時		タイプライター		タイプライター
〈昼休憩〉				
14～15時	ドイツ語速記	ドイツ語速記	ドイツ語速記	ドイツ語速記
15～16時	簿記	産業史・社会保険	商業算術	簿記
16～17時	商業算術	産業史・社会保険	商業算術	簿記
17～18時	タイプライター	経営学	経営学	タイプライター
18～19時	タイプライター	経営学	営業文書作成	タイプライター

出典：*Institut für Stadtgeschichte Frankfurt am Main*, Schulamt 7270.

そう就労の必要にせまられた。こうしたWFVGの方針は、ある陸軍軍医によれば、「年金による補償ではなく、除隊した兵士を市民的な生活に戻すことを課題」とし、「障害を負った兵士で労働能力があるものは、すべて就労すべき」という理念にもとづいていたためであった。それら「就労すべき」とされた第二次世界大戦期の戦争障害者に対する職業教育は、第三二条の「移行期支援」の項で、RVGと同様一年まで無料で受けられると規定された。

一九三九年に第二次世界大戦が勃発すると、あらたに出現した大量の戦争障害者を対象とする訓練コースは、第一次世界大戦期のそれにならうかたちで自治体が設置していった。先ほどと同じくフランクフルトの例をみると、市の職業訓練学校では、戦争障害者のためのコースとして、機械組立、電機技術、工芸、建築、食品加工・服飾、商業の六つの専門コースを設置している。このうち表に掲げた商業コースの時間割を見てみると、速記やタイプライター、簿記といった技能のほか、産業史・社会保険についてなど、幅広い分野の知識を習得するように組まれていることがわかる。

このほか党の組織であるナチ福祉団の史料には、軽度の戦争障害者を、増え続ける戦争障害者を支援するヘルパーとして養成する旨の回覧文書が残されている。一九四三年に開始されたこの養成コースの受講を希望する戦争障害者は、最初に適性検査を受けて、そこでヘルパー以外の職がふさわしいと判定されたものには、エンジニア、工芸、手工業など異なる職業教育コースの受講が推奨されたほか、別の職業、たとえばタイピスト、電話交換手、マッサージ師、教員などのポストを斡旋された（図）。

図　タイプライターを片手で操作する戦争障害者（第二次世界大戦期）

出典：*Deutsche Kriegsopferversorgung*, Jg. 12, F. 7 / 8 (April/Mai 1944), S. 9.

戦争障害者のなかには、「同情されたくない」自らの心情や、多くの労災障害者にならって再就職を果たすことで「特別に保護された地位から踏み出したい」気持ちを、社会政策関連や戦争犠牲者支援団体の機関誌に投稿し、「自立」をのぞむ意識を主張するものも多くみられた。

こうした努力はしかし、第一次世界大戦期と同様にそれほど成果には結びつかず、一九四〇年三月三一日の国勢調査では、就労していた戦争障害者は三三万五〇七六人であり、全就業者の二・三パーセント程度であった。就労率がそれほど上がらなかったのは、戦争障害者に斡旋されるポストが、相変わらず数・種類ともに限定されていたためである。

「労働による自立」原則の貫徹

以上で概観したように、いずれの世界大戦期においても、ドイツの戦争障害者支援は、「労働による自立」原則にもとづいて、就労支援を中核として構築された。とはいえ第一次世界大戦期には、国家援護は軍事年金以外になく、職業教育を実施した民間団体や各自治体の職業訓練校がその担い手の中心となった。この第一次世界大戦中の経験をもとに、敗戦後のヴァイマル期には戦争の帰結を国家が責任をもって負担する方針が示され、実務は各自治体、あるいは州に任された。そして第二次世界大戦期には、「労働による自立」がいっそう推し進められ、より多岐にわたる職業教育の機会が提示された。

しかし国勢調査などからも明らかなように、就職できたのは一部の戦争障害者にかぎられた。戦争障害者用のポストの数や種類が少なく、適正に斡旋が調整されていなかったことも、就労が進まない大きな要因であった。多くの戦争障害者は、就職もままならず、援護法が求める「労働による自立」ができないまま、かといって援護年金だけでは暮らしていけずに、公的救貧や慈善にすがって細々と生きていくしかなかった。彼らにとって、援護法に規定された「保護」や「教育」は、生存保障すらしない「支援」であった。

（北村陽子）

史料

Bundesarchiv Berlin - Lichterfelde: NS 37, Nr. 11.

Deutsche Kriegsopferversorgung, Jg. 12 (1944).

Die Deutsche Sozialpolitik, Jg. 53 (1944).

Institut für Stadtgeschichte Frankfurt am Main: Schulamt 7270.

Nachrichtendienst des Deutschen Vereins für öffentliche und private Fürsorge, Jg. 22 (1941).

Reichsgesetzblatt (RGBl) Teil I: 1919, 1920, 1921, 1938.

Statistisches Jahrbuch für das deutsche Reich, 1916 (1919); 1941/42 (1944).

Wirtschaft und Statistik, 4 (1924); N.F. 4 (1952).

参考文献

K. Biesalski, *Kriegskrüppelfürsorge, ein Aufklärungswort zum Trosten und zur Mahnung*, Leipzig 1915.

D. Cohen, *The war come home. Disabled Veterans in Britain and Germany 1914-1939*, University of California Press, 2001.

J. M. Diehl, *The thanks of the fatherland. German veterans after the Second World War*, The University of North Carolina Press, 1993.

R. Hudemann, Kriegsopferpolitik nach den beiden Weltkriegen, in: H. Pohl (Hg.), *Staatliche, städtische, betriebliche und kirchliche Sozialpolitik vom Mittelalter bis zur Gegenwart* (VSWG Beiheft 95), Stuttgart 1991, S.269 -293.

S. Kienitz, *Beschädigte Helden. Kriegsinvalidität und Körperbilder 1914-1923*, Paderborn 2008.

N. Löffelbein, *Ehrenbürger der Nation. Der Kriegsbeschädigten des Ersten Weltkriegs in Politik und Propagarda des Nationalsozialismus*, Essen 2013.

C. Sachße/ F. Tennstedt, *Geschichte der Armenfürsorge in Deutschland, Bd. 3: Der Wohlfahrtsstaat im Nationalsozialismus*, Stuttgart 1992.

北村陽子「社会のなかの戦争障害者——第一次世界大戦の傷跡」川越修・辻英史編『社会国家を生きる』法政大学出版会、二〇〇八年、一三九～一七〇頁。

北村陽子「戦間期ドイツにおける戦争障害者の社会的位置」『社会科学』第四〇巻第一号、二〇一〇年、五五～七五頁。

第9章　戦時期日本における「児童保護」の変容
――人口政策との関連を中心に

高岡裕之

はじめに

一九三七年七月に勃発した日中戦争がアジア・太平洋戦争へと拡大する過程で成立した日本の総力戦体制は、児童保護事業にも大きな影響を与えた。戦時期の児童保護事業は、一九三八年一月に創設された厚生省の管轄下に、「人的資源」の維持培養、人口の増強、「健兵健民」など、さまざまなスローガンないし「理念」を掲げて推進されることとなった。そしてその過程で、社会事業の一環に位置づけられてきた児童保護事業は再編され、新たに人口政策の一環としての妊産婦・乳幼児の保護を主眼とする戦時母子保護行政の枠組みが成立することとなる。

このような戦時期日本の「児童保護」問題に関しては、これまで主として保育所（託児所）に焦点を当てた研究が積み重ねられてきた。その多くが教育史ないし社会事業（社会福祉）史的観点に立つこれらの研究では、保育問題研究会や恩賜財団愛育会に代表される保育関係者の、戦時期における理論と実践の評価が大きな論点となっている。[1]そこで前提とされる戦時体制の全体的評価は、現代史研究の変化に照応して、「絶対主義」論をベースとする「天皇制ファシズム」論的なものから、総力戦の「現代化」作用を強調する「戦時動員体制」論的なものへと移り変わってきているが、[2]戦時期の児童保護事業を規定した厚生行政の性格については、その本質を「人的資源」政策として把握する枠組みが受け継がれている。このような枠組みは、「人的資源」政策が厚生省の成立と前後して登場し、総力戦体制下における「戦時社会政策」の基調となったという、戦後社会政策学における認識と結びついたものでもある。だが大河内一男『戦時社会政策論』（時潮社、一九四〇年）の影響を強く受けたこうした理解は、戦時期厚生行政の展開、とりわけアジア・太平洋戦争期のそれを十分に説明するものではない。

戦時期日本の「児童保護」問題に関しては、母子保健・小児保健など医学・衛生学系統の研究がいま一つの潮流をなしている。[3]この系統の研究では、戦時期に現在の母子健康手帳の原型である「妊産婦手帳」が誕生したことや、保健婦の制度化がなされ各種の乳幼児対策が推進されたことなどが注目され、それらの施策を推進した人々の役割が高く評価される傾向がある。[4]こうした研究は戦時期の厚生行政に関する重要な事実を提示するものであるが、当事者の回顧や証言に依拠するものも多く、必ずしも母子保健・小児保健をめぐる動向の全体像を示すものではない。

筆者は別の機会において、戦時期の厚生行政の展開を検討し、「戦時社会政策」とは単一の政策体系ではなく、相互に矛盾・対立・競合する面を持つ、①「体力」（＝兵力）、②「生産力」（＝人的資源）、③「人口」（＝民族）という三つの問題をめぐる政策論を基軸とした、複数の政策構想の束であったことを指摘した。[5]児童保護事業の変容を促したのは、こうした「戦時社会政策」のうち、とりわけ「民族」的観点に立脚した人口政策論の台頭であり、またその過程は厚生行政そのものの変容過程でもあったと考えられる。そこで本章では、このような見通しに基づき、戦時期日本における「児童保護」問題の変容過程を、人口政策との関係に注目しつつ検証してみたい。なお史料の引用に際しては、読みやすさを考慮して、カタカナ文はひらがな表記に改めた。

第一節　厚生省成立前後の「児童保護」問題

厚生省成立以前の児童保護事業

まず最初に、厚生省が成立する以前の児童保護事業について概観しておきたい。近代日本の児童保護事業は、明治以来の長い歴史を持ち、一九二〇～三〇年代においては社会事業の主要な柱の一つとして位置づけられていた。この時期における児童保護事業の構成は、一九二七年一二月、第四回社会事業調査会が決議した「児童保護事業に関する体系」（以下「体系」と略）に見てとれる。そこで示された児童保護事業の体系は、①妊産婦保護（産院、巡回産婆、妊産婦相談所等）、②乳幼児保護（託児所および乳幼児健康相談所、乳児院、牛乳配給所等）、③病弱児保護（虚弱児保養所、児童病院等）、④貧困児童保護（児童扶助法の制定等）、⑤少年職業指導・労働保護（少年職業紹介事業の改善等）、⑥児童虐待防止（児童虐待防止並びに保護に関する制度の確立）、⑦不良児童保護（感化法の改正）、⑧異常児童保護の八項目からなる。[6]

この「体系」は、児童保護事業確立に向けた目標を示すものでもあった。そのうち法制度に関わる⑥⑦は、一九三三年に児童虐待防止法、少年教護法が成立したことによって一応の実現をみた。④については、一般救貧法である救護法（一九二九年成立）にその趣旨が組み込まれたが、一九三〇年代の恐慌下に「母子心中」が多発したことを背景にあらためて法制定の要望が高まり、一九三七年三月、母子保護法が制定されることとなった。

また⑤に関しては、内務省・文部省の連携により少年職業紹介の仕組みが整備されたほか、工業労働者最低年齢法（一九二三年制定、二六年施行）等による児童労働の規制強化に続いて、商店従業員の保護が課題とされ（三三年法案要綱発表、三七年新法案要綱作成）、三八年三月に至り商店法が成立することになった。

これに対し、①②③は地方自治体・民間社会事業を担い手とする事業であったが、一九三〇年代に一定の進展をみたのは、②の託児所＝保育所と乳幼児健康相談所であった。中央社会事業協会編『日本社会事業年鑑　昭和十三年版』（一九四〇年）によれば、一九二六年に施設数三一二、収容人員約三万人であった昼間保育所は、一九三五年には施設数八七九、収容人員約六万六〇〇〇人と増加している。またこれらとは別に、農繁期に開設される農村の季節保育所も増加しており、一九三〇年に二五一九ヵ所、受託人員約一三万人だったのが、一九三七年度には一万一二六〇ヵ所、受託人員約六〇万人となっている。厚生省が成立した当時、全国的にもっとも広がりを有していた児童保護事業は保育事業であったといえる。

他方、乳幼児健康相談所とは、世界的にみて高い水準にあった日本の乳幼児死亡率改善を目的とする小児保健事業であった。先の「体系」は、乳幼児健康相談所を、前年に保健衛生調査会が作成した「小児保健所指針」に準拠するものとしている。それは「概《おおむ》ね医員一名、保健婦一名より成り、一定区域に於ける妊産婦の健康相談と小児の定期的健康診断を行ひ兼て是等妊産婦又は小児の家庭を訪問し其の日常に於ける家庭生活の衛生的指導監視に当る」施設であり、このような小児保健所こそが「今日諸外国に於て遍《あまね》く実施され相当な成績を挙げてゐる」、「乳幼児死亡率低減策として最も適切なる施設の一つ」とされていた。『日本社会事業年鑑　昭和十三年版』によれば、一九二六年には施設数五七、相談人員約一万人であった乳幼児健康相談所＝小児保健所は、三五年には施設数一四一、相談人員約一六万人になっている。

小児保健事業は一九三〇年代半ばになると、大都市部に限定すれば、保育所を上回る利用者を有するまでになっていた。これを大阪市の場合についてみると、一九三五年度の公私立保育所入所者数は五一三九人、年度末在籍者数は二九三一人であったのに対し（大阪府『大阪府統計書　昭和十年版』一九三七年より算出）、同年度の大阪乳幼児保護協会の直営小児保健所および協定施設による健康相談事業は合計約八万八〇〇〇件（うち来所五万一〇〇〇件・家庭訪問三万七〇〇〇件）、登録乳児数は約二万人であり、「大阪市全出生の四分の一弱を保護せりと推定」されている。(7) 当時における保育所利用者の限定性と、小児保健事業の発展ぶりがうかがわれる。もっとも農村部の乳幼児死亡への対策が始まるのは、恩賜財団愛育会による愛育村事業の開始（一九三六年）や、「妊産婦及乳幼児の衛生に関する事項」を業務の一つとする保健所制度の発足（一九三七年四月、保健所法公布）など、一九三〇年代後半に入ってのことであった。

なお右のような一九二〇～三〇年代の児童保護事業は、人口問題と直接結びつくものではなかった。なぜなら当時の人口問題は、人口増加と経済不況を背景とした「過剰人口問題」だったからである。(8) 先の「体系」が、「我邦人口の激増と過剰の事実より考察し往々児童保護問題の対策を忽《ゆるがせ》にする者なきにあらざるも、該事業は国民質の改善を目的とするものにして、人口の量の問題解決と混同すべきに非ざる」ことを強調しているように、当時の人口問題をめぐる状況は、むしろ児童保護事業に対する逆風となっていたのである。

厚生省の設立と児童保護事業

一九三八年一月の厚生省設立については、それを陸軍の意向に基づくものとする理解が広く行われてきた。しかし別の機会に検討したように、第一次近衛文麿内閣による厚生省（当初の省名案は「社会保健省」、閣議決定〔一九三七年七月九日〕時では「保健社会省」）の設立過程を実質的にリードしたのは内務省（とくに社会局）であり、国民「体位」の向上（＝「体力」の強化）を目指す「衛生省」を求めた陸軍の目論見は挫折したといってよい。(9)

こうして発足した設立当初の厚生省は、それゆえ同省の母体となった内務省社会局・衛生局の政策路線の延長線上にあった。厚生省社会局に児童保護事業を管轄する「児童課」が新たに設けられたことは、その一つの現れである。児童課の管轄は、①「母子保護に関する事項」、②「少年教護に関する事項」、③「児童虐待防止に関する事項」、④「保育隣保の施設に関する事項」（一九三九年四月追加）、⑤「其の他母性及児童の保護に関する事項」であったが（「厚生省分課規程」）、このうち①～③は母子保護法、少年教護法、児童虐待防止法にそれぞれ対応している。厚生省社会局児童課の設置は、一九三〇年代に進展した児童保護関連立法を前提としたものであった。

もっとも、厚生省の設立過程では、さらに進んで「児童局」の設置が要望されていた。一九三七年六月一四日、社会事業関係者有志懇談会の名で広田弘毅企画庁総裁に提出された「社会福祉国策に関する件建議」、および六月一九日、中央社会事業協会が近衛首相ら政府関係者に提出した「社会省の新設並児童局の特設方要望に関する件具申」がそれである[10]。両者の要望事項は同一であるが、「社会省」および「児童局」を設け、行政機構を統一・強化することは、第八回全国社会事業大会（一九三五年）において、強く要望されていたことであった。社会事業関係者は新省の設立に際し、児童保護行政の確立を期待していたのである。

では、このような期待を背景に発足した社会局児童課は、いかなる児童保護行政を展開しようとしたのか。そのことを示すのが、一九三九年三月、初代児童課長・伊藤清の名で刊行された『児童保護事業』（常磐書房）である。児童課職員の分担執筆になる同書は、その総論において、「児童は国家の基礎を窒固にする重要なる人的資源である」という点に、国家が積極的に児童保護に乗り出すべき論拠を求める一方、児童保護事業が発展すべき方向として、①「事後の保護より事前の予防へ」、②「児童保護より母性保護へ」、③「社会事業より積極的に児童全般の福祉の増進を目的とする事業」＝「Child Welfare（児童福祉）」へという三点を提示した。ここに登場する「人的資源」という概念は、国家総動員法（一九三八年四月公布）を契機に広く用いられるようになったものであり、「社会事業が「人的資源の保護育成」に目的を見出したとき、それはファシズムへの屈服を意味した」とも評されている。[11] しかし、そこで目標とされた①〜③は、欧米諸国の動向を参照しつつ設定された児童保護事業の拡張・発展路線であり、また同書の各論は、児童保護事業を、①母性保護事業、②母子保護事業、③乳幼児保護事業、④育児事業、⑤虐待児保護事業、⑥精神薄弱児保護事業、⑦身体異常児保護事業、⑧少年教護事業、⑨就学児童の保護、⑩就労児童の保護、⑪少年職業紹介並に職業紹介に分類して解説している。発足当初の社会局児童課は、従来の児童保護事業の流れを継承しつつ、いわばその「近代化」を目指そうとしていたといえよう。

ところで厚生省の設立に際しては、児童保護事業のうち、「妊産婦、乳幼児及児童の衛生に関する事項」は、社会局児童課ではなく、体力局の所管（設立時は企画課、一九三八年一一月より施設課）とされた。体力局は陸軍の要望に応じる形で、体力向上の企画・施設、体力調査、体育運動等を管轄するものとして設けられた部局である。[12] その所管業務に「妊産婦、乳幼児及児童の衛生に関する事項」が加えられたのは、妊産婦や乳幼児の衛生状況が、国民「体位」の動向と深く結びついていると考えられていたからである。しかし先述のように、衛生関係事業が児童保護事業に占める役割は大きく、児童保護関係者はあらためて行政機構の一元化を望むようになる。

右のような児童保護事業の動向は、一九三九年一〇月に開催された全国児童保護大会の「厚生大臣諮問に対する答申」によく示されている。この大会への諮問は「児童保護の万全を期し人的資源の拡充強化を図る」方策を問うものであり、これに対する答申は、①児童保護に関する統一的行政機関の設置、②児童保護中央連絡機関の充実、③とくに人的資源拡充に直接関係ある各種施設・制度の創設強化、④軍人遺家族子弟の援護徹底の四項目からなる。このうち①は、「現今児童保護行政に関しては、中央並地方に於て共に保健、保護教化等の各関係機関分立し、其の連絡統一を欠き斯業の遂行に支障を来たす点」が少なくないという理由から、「強力なる総合機関として、中央に於て児童局を厚生省に設置」し、「母性及児童福祉制度の企画調査」、「母性及児童の保健衛生」、

「乳幼児保育、母子保護、少年教護」等に関する事項を一元的に管轄することを求めるものであった。また③では、「母子保健施設の強化」（「妊産婦健康相談所、小児保健所の如き相談指導機関」の整備増設、「保健婦による巡回訪問制度」の全国市町村への設置など）と「乳幼児保育施設の普及」（工場・鉱山、市町村における保育所の完備、三歳児以下の乳幼児保育機関の普及など）を筆頭に、「虚弱児童養護の強化」、「心身欠陥児童保護の徹底強化」、「就労少年保護の強化」が挙げられ、児童保護全般の拡充が求められている[13]。

こうした答申からは、児童保護関係者が、社会局児童課の掲げる新たな児童保護の方向性を支持していたこと、またその実現の条件として児童保護行政の統一＝「児童局」の設置を強く求めていたことがうかがわれる。厚生省社会局児童課および児童保護関係者は、「人的資源の拡充強化」という戦時「国策」の下に、児童を「国防、経済、社会、文化の全般に亘る人的資源の根幹」（「厚生大臣諮問に対する答申」）と位置づけることで、児童保護行政の確立と児童保護事業の拡大強化を目指していたのである。

第二節　人口政策の台頭と「児童保護」

人口問題の変容と人口政策

前述のような児童保護事業の動向は、一九四〇年を境に大きく変容することになる。それをもたらしたのは、厚生省における人口政策論の台頭であり、その背景となったのは日中戦争下に生じた人口問題の変容であった[14]。

先述したように、一九二〇〜三〇年代の日本で大きな問題とされていたのは、人口増加と経済不況を背景とする「過剰人口問題」であり、その焦点は膨大な数に上ると推定された農村における潜在失業者の存在（「農村過剰人口問題」）であった。しかし日中戦争による兵力動員と軍需産業の活性化は、こうした状況を一変させた。「過剰人口」の重圧にあえいでいた農村は、青壮年層の応召と都市・工場への流出により、一転して労働力不足に陥る。厚生行政における「人的資源」論は、このような労働力不足に対応して労働力の適切な「配置」と「保全」をはかる、生産力拡充政策の一環として登場したものである。

日中戦争下に生じた人口問題のいま一つの変容は、出生数の減少に起因する人口増加率の急落である。日本（内地）の人口動態は、一九二〇年以降、出生率と死亡率が共に低下する「人口転換」の初期段階を示すようになっていたが、死亡率の低下が出生率の低下を上回るテンポで進んだため、年間の人口自然増加率（一九三〇〜三七年平均）は一三・七パーミル（人口千人あたりの割合）、増加数（同）は約九二万人に達していた。ところが日中戦争の影響が反映する一九三八年半ば以降の出生数は急減し、一九三八年の出生数は、前年の二一八万人（出生率三〇・九パーミル）から二五万人減じて一九二万人（同二七・二パーミル）となり、翌三九年には一九〇万人（同二六・六パーミル）となった。そのため一九三八年の人口自然増加は、前年の九七万人（増加率一三・八パーミル）に比して三〇万人減の六七万人（同九・四パーミル）、三九年には六三万人（同八・九パーミル）にまで低下したのである。

こうした状況を踏まえ、厚生省は一九三九年度に「人口問題に関する統轄事項」を所管事項に含む生活課を社会局に新設する一方、人口問題に関する初の国立調査研究機関である人口問題研究所（現、国立社会保障・人口問題研究所）を設立した。これが厚生省における人口政策の起点であり、その際の基本方針とされたのが「人的資源」の増殖・涵養であった。しかし厚生省の人口政策担当者は、人口学的観点から当時の「人的資源」政策＝生産力拡充政策を批判的に捉えていた。なぜなら工業化を優先する生産力拡充政策は、都市人口・工業人口の増大と農村人口の減少をもたらすが、それは出生率・人口増加率の低下を促進し、やがては人口減少の危機を招くものと考えられていたのである。こうした観点に立つ人口政策担当者たちは、戦時下の人口問題は、生産力拡充の観点

（「人的資源」の配置と保全）のみから判断されてはならず、「東亜共栄圏」建設の使命を担う日本民族「悠久の発展」という「民族」的観点こそが優先されるべきと主張した。かくして厚生省における人口政策は、当時の「人的資源」政策＝生産力拡充政策に対抗する、民族＝人口政策として形成されることとなる。こうした民族＝人口政策は、人口問題研究所および日本学術会議に設けられた第一一特別委員会（「民族科学研究」に関する委員会）を基盤とするグループを中心に検討が行われ、一九四〇年七月には「人口政策要綱案」（第一次案）が作成された。

他方、一九四〇年五～六月に行われた「電撃戦」により、ドイツが西欧諸国を支配下に収めるようになると、日本では「高度国防国家」の確立を目指す「新体制」運動が展開されることとなった。一九四〇年七月に成立した第二次近衛内閣は、人口政策を「高度国防国家」の「基本国策」の一つとして確立する方針を定め、一九四一年一月には民族＝人口政策グループの人々によって作成された「人口政策確立要綱」が閣議決定をみた。「人口政策確立要綱」の目標とされたのは、①「人口の永遠の発展性を確保すること」、②「増殖力及び資質に於いて他国を凌駕するものとすること」、③「高度国防国家に於ける兵力及び労力の必要を確保すること」、④「東亜諸民族に対する指導力を確保する為其の適正なる配置をなすこと」の四点であった。これらの目標達成に向けた具体的方策としては、教育・移民・国土計画を含む四〇近い項目が掲げられたが、そこには「妊産婦乳幼児等の保護に関する制度を樹立し産院及び乳児院の拡充、出産用衛生資材の配給確保、其の他之に必要なる諸方策を講ずること」、「乳幼児死亡率低下の中心目標を下痢腸炎、肺炎及先天性弱質に依る死亡の減少に置き、之が為都市農村を通じ母性及乳幼児の保護指導を目的とする保健婦を置くと共に保育所の設置、農村隣保施設の拡充、乳幼児必需品の確保、育児知識の普及を図り、併せて乳幼児死亡低下の運動を行ふこと」といった、児童保護事業に関わる項目も含まれていた。

「基本国策」たる「人口政策確立要綱」の決定は、厚生省における政策体系の再編成につながった。厚生省は、一九四一年五・六月に開催された道府県事務担当者との打合会において、厚生省が今後「人口政策確立要綱」に則って人口政策を具体化する計画であることを示し、「特に児童保護事業の如きは其の一方途として愈々重要性を痛感せらるるに至つた」と、人口政策の重点施策として「母性竝《ならび》に児童の適正なる保護」に尽力すべきことを強調した。[15] さらに一九四一年八月には厚生省官制の改正が行われ、体力局に代わり、「厚生省全局の総務局」としての性格をもつ「人口局」が新設され、人口政策を基軸とした厚生行政展開へ向けた体制が整えられた。この改正では、「人口問題解決の重点は母子対策に在る」という観点から人口局に「母子課」が設けられ、①「妊産婦及乳幼児の保護に関する事項」、②「保育施設に関する事項」、③「母子保護法の施行に関する事項」、④「虚弱児及異常児の保護に関する事項」、⑤「結婚及出産の奨励に関する事項」、⑥「他の主管に属せざる母性及児童の保護指導に関する事項」を管轄することとなった。[16] 従来これらのほとんどを管轄していた社会局児童課は廃止となり、社会局自体も「生活局」へと改称されている。こうして児童保護関係者が望んでいた「児童局」新設による児童保護行政確立という構想は挫折し、児童保護事業は民族＝人口の増強を目指す人口政策の一環に組み込まれることとなったのである。

人口政策と産婦人科医・小児科医

前述のように、厚生省における人口政策構想の作成を担ったのは、厚生省・人口問題研究所のメンバーを主力とする民族＝人口政策グループであった。だが彼らの動きは、さらに多くの人々・集団によってバックアップされていた。その代表は、人口問題に関心をもつ人々が結集した財団法人人口問題研究会（一九三三年設立）であるが、職能集団として人口政策にコミットを試みたのは医師たち、なかでも産婦人科医と小児科医であった。

産婦人科医の全国学会である日本婦人科学会は、一九三九年三月の総会において、人口政策の下地となる調査研究に乗り出し、「婦人科的社会衛生、延《ひい》ては民族発展への新研究を全会員によつて完成」することを決定した。これは産婦人科医が、職業の関係から人口動態に敏感であったためであるが、彼らの人口問題認識は民族＝人口政策グループにきわめて近いものであった。たとえば第一次世界大戦が母子衛生に与えた影響を論じた森山豊（当時甲南病院産婦人科部長）は、その結論として次のように述べている。

世界大戦の経験に徴しても、戦死数は人口全体に左程大影響を与へず最も恐るべきは戦争による出産減少である。殊に現在我国の戦死は出征総数に比して誠に僅少であり、且つ戦死者が各年齢階級に分散せるに反し、出産減少は特定年齢階級に集中する点に弊害の大なるものがある。……之今日周到、遠大なる人口政策樹立が要望せらるゝ所以《ゆえん》である。……かゝる一大転換期に際し、最近国立人口問題研究所が設立せられたるは誠に時宜に適した施設と称すべく、今後、成果に期待する所大である。然しかゝる人口問題の調査研究或は人口政策具現に際しては、単に為政者に一任する事なく、実地医家進んで之に協力して甫《はじ》めて其目的を達する事が出来ると信ずる。(17)

つまり日本が必要とする人口政策樹立のためには、妊娠・出産の専門家である産婦人科医の自発的協力が不可欠であるという訳である。このような使命感を抱く日本婦人科学会は、一九三九年から新たに地方部会を設置し、会員を総動員した「出産調査」に着手する。

産婦人科医には、直接厚生行政に参画する者もいた。一九四一年より厚生省嘱託（四三年より技師）となった瀬木三雄（東京大学医学部産婦人科教室助手）である。一九三八〜三九年にかけて文部省在外研究員としてドイツに留学していた瀬木は、一九三九年はじめ頃、指導教官の白木正博より「厚生省において母性衛生行政に発足する意向ある由に付、諸国のこの制度を兼ねて視察し帰るようにとの指令」の書簡を受け取った。(18) こうしてドイツの母子衛生施設を視察した瀬木が、白木の推薦により厚生省入りした後、産婦人科医界の妊婦届出制度への要望を踏まえて考案したのが妊産婦手帳制度（一九四二年度より実施）であった。瀬木によれば、「産科的にみたこの手帳制度の真の狙い」は、医師の健診を受ける妊婦がなお少数であった状況を打開し、妊婦の受診を促進することで、予防産科学的指導を普及する点にあったという[19]。なお瀬木は、厚生省で妊婦届出制度の必要を説明する際に、日本婦人科学会による「出産調査」を論拠として用いている[20]。妊産婦手帳制度成立の背景には、このような産婦人科医界をあげた人口政策への関与が存在したのであるが、同時にそれは、従来「社会的方面からのみ取扱はれて来た」母性保護のあり方を、「医学的保護に重点」を置くものへと改めることを主張するものでもあった[21]。

産婦人科医と共に、人口政策を支えたのが小児科医である。小児科医は産婦人科医と異なり、早くから児童保護事業との関連を有しており、行政・団体の担当者となる者も少なくなかった。一九三三年にはそれらの人々が中心となり、「小児保護事業施設近年の発達は小児科医の研究と指導と助力とを要求して」いるという趣旨の下に、「小児保健の研究と小児保健保護事業の発達助成」を目的とする小児保健研究会が発足している[22]。こうした関係から、厚生省を中心に民族＝人口政策グループが台頭すると、小児保健研究会の中心的メンバーが、民族＝人口政策グループの拠点の一つであった日本学術会議第一一特別委員会に加わっている[23]。

このような小児科医と人口政策のつながりは、乳幼児死亡率の低減という小児保健事業の課題が、民族＝人口政策に直結するものだったからでもある。それゆえ日中戦争下に出生率が急減すると、小児保健事業はいち早く人口政策的観点から推進されるようになった。たとえば大阪市の場合、「国力の発展は要するに優秀なる国民数の増加」にあり、「事変下に於ける児童保護こそは目下の緊要事」という観点から[24]、一九三九年度から保健部による小児保健事業が開始され、四〇年度にかけて四〇ヶ所の「育児相談所」（＝小児保健所）が設けられた。

一九三九年度には、「育児相談所」網の整備とあわせて乳幼児の一斉健診も企画されていたが、同年から厚生省体力局が「乳幼児体力向上指導」（乳幼児に対する一斉健診および健康相談）を開始することとなり、こちらは厚生省の事業として行われることとなった。また一九四〇年には、大阪市産婆会への委嘱により妊産婦・乳児の保健指導を行う「巡廻指導婦」事業がスタートし、さらに翌四一年には、「巡廻指導婦」の協力による妊婦健診事業が行われるなど、厚生省の人口政策を先取りする取り組みが行われている。

以上のように、産婦人科医と小児科医は、民族＝人口政策を医学的立場から支える二つの基盤であった。これらの集団は、アジア・太平洋戦争が始まるとより直接的な協力が求められるようになり、一九四二年一月には小児科医による日本小児保健報国会、二月には産婦人科医による日本母性保護会がそれぞれ設立されることとなった。[25]

人口政策と医界新体制運動

人口政策と産婦人科医・小児科医との関係は、すでにみたような職業的協力にとどまるものではなかった。そのことを示すのは、一九四〇年一二月、医界の「新体制」を目指す団体として結成された日本新医界建設同志会（以下「新医界」と略）である。

新医界は、「医道の昂揚を図り医の国家的使命を達成し、以て国に報する」（会則）ことを目的に設立された医師による翼賛団体であるが、[26]その趣意書では以下のような主張が展開されていた。すなわち、①「我等医人」はもはや「旧態依然疾病の診療予防と云ふが如き消極的一部面のみ」を仕事としていてはならず、「国力の根基たる我が民族力の充実と発展を図る事を我等の国家的使命なりと自覚」し、「国民体位の向上、労働能率の増進、人口増殖等の積極面」に「医の全能力を発揮活用」しなければならない、②「民族力の充実発展」のためには、「医学的の調査と指導とが必須不可欠」であり、そして「医人こそは生活指導者たるべき本来の資質を蔵し」ている、③したがって「我等は……今より直《ただち》に医界全分野の体制を国民生活指導の一線に嚮《むか》つて編成整備し……民族力昂揚の使命に邁進せねばならぬ」云々[27]。

右の主張にみられるように、新医界の目標は「民族力の充実と発展」であり、またその実現に向けて医師が国民の「生活指導者」となることにあった。このうち前者は民族＝人口政策との結びつきを示すものであり、後者は医師が疾病の治療・予防にとどまらず、国民生活そのものを医学的立場から指導すべしとする、ある種の「啓蒙」的主張といえる。このような新医界には、産業医学や結核対策など、生活指導・生活管理が重要な意味をもつ分野の医師たちが結集したが、新医界の中央委員会委員六名のうち、委員長の木下正一が産婦人科医（木下病院院長、父は日本婦人科学会名誉会長・木下正中）、久松栄一郎（横須賀海軍共済病院小児科医長）と小林彰（育嬰協会病院院長）が小児科医であったことに示されるように、そこで中核的な位置を占めたのは産婦人科医・小児科医であった。なお新医界で「乳幼児並母性問題に関する事項」を担当した第四委員会委員には、日本学術会議第一一特別委員会の委員であった斎藤潔・斎藤文雄、妊産婦手帳制度の考案者となる瀬木三雄、人口政策に対する産婦人科医の自発的協力を論じていた森山豊（当時愛育会附属病院産婦人科医長）らが就任している。

こうした特徴をもつ新医界は、大政翼賛会文化部員となっていた小田倉一（中央委員）を媒介に大政翼賛会と結びつき、「人口政策及国内態勢整備のための国民組織化の方策と完全に合致した大運動[28]」を展開した。その最大の事業は、大政翼賛会主催による医界新体制協議会を開催し（一九四一年一一月）、医界の翼賛体制構築に向けた突破口を開いたことである。また一九四二年七月には大政翼賛会に厚生部が新設され、同部の主導により「厚生省の方針に準拠し之と表裏一体の関係を保持しつゝ……皇国民族力の向上強化[29]」を目指す国民運動＝「健民運動」が大々的に展開されるようになるが、こうした動きを推進したのも小田倉（厚生部副部長）、木下（厚生部嘱託）、小林（同）ら新医界の幹部たちであった。民族＝人口政策は厚生省のみならず、このような医師たちの「新体制」運動によって支えられ、展開されたものでもあったのである。

第三節　アジア・太平洋戦争下の「児童保護」

「健兵健民」政策と「児童保護」問題

厚生行政が人口政策を基軸に再編成されつつあった一九四一年七月、陸軍軍医中将（予備）・小泉親彦が厚生大臣に就任した（一九四四年七月まで在任）。陸軍省医務局長時代に、国民「体力」強化の観点から「衛生省」設立論を唱え、厚生省創設に関わる最大の「推進力」としての役割を果たした小泉は、厚相に就任すると「健兵健民」というスローガンを掲げ、厚生行政の画期的強化に乗り出した。これがいわゆる「健兵健民」政策であるが、アジア・太平洋戦争期における厚生行政の根拠とされたのは、第二次近衛内閣期に策定された「人口政策確立要綱」および、「皇国国力の源泉にして大東亜共栄圏建設の推進力たる大和民族の躍進的増強」をはかるため、「人口政策確立要綱に掲げられたる諸方策を全面的且強力に実施する」ことを求めた大東亜建設審議会第三部会の答申「大東亜建設に伴ふ人口及民族政策」（一九四二年五月）であった[30]。小泉厚相の主導による「健兵健民」政策とは、こうした民族＝人口政策を小泉流にアレンジしつつ、その重点的実施を目指したものであったといえる。なお小泉厚相時代の厚生次官・武井群嗣（在任一九四一年一一月〜四四年四月）は、初代人口局長をつとめた人物であるが、彼は人口局長就任時、「人間を物扱ひするやうな感じ」がする「人的資源」という言葉は「嫌い」であると明言し、人口政策における「精神的なもの」の重要性を強調している[31]。こうして「人的資源」という言葉は厚生省の公文書から姿を消し、厚生行政の目的としては、民族＝人口の増強もしくは「健兵健民」の確保といった文言が用いられるようになる。

このような「健兵健民」政策において、児童保護事業は民族＝人口政策の要をなす「母子保護事業」として展開されることとなった。その施策は多岐にわたるが、そのうち母性保護事業の中核的制度となったのが妊産婦手帳制度（一九四二年七月「妊産婦手帳規程」公布）であった。前述のように産婦人科医の要望を背景に創設された同制度の主眼は、妊産婦に対する保健指導の実施による流産・死産や母体死亡の防止などにあったが、同時に妊産婦用必需物資や食糧の優先的配給を実施するための制度としても活用がはかられた[32]。

また乳幼児については、先述のように、一九三九年度から「乳幼児体力向上指導」が実施されていたが、同事業は一九四二年度より国民体力法（一九四〇年四月公布）に基づく「体力検査」として行われるようになった。これにより「乳幼児体力向上指導」を受けさせることは保護者の法的義務となり、また体力検査を受けた乳幼児には「体力手帳」が交付され、保健指導に活用されることとなった。「乳幼児体力向上指導」の対象者は当初〇歳児であったが、一九四二年度には〇～一歳児、四三年度には〇～二歳児、四四年度には〇～三歳児となり、四〇年度に一五〇万人であった受検乳幼児数は、四四年には四五五万人と拡大した。なおこの「乳幼児体力向上指導」では、一九四二年度の場合で一一パーセントの疾病児、一二・三パーセントの栄養要注意児が発見されている[33]。

右のような母性保護・乳幼児保護が推進されるなかで、拡充が目指されたのが保健所であった。一九四二年六月に策定された厚生省「国民保健指導方策要綱」は、「大東亜共栄圏の推進力たる皇国民族の躍進的増強」のため、今後五ヵ年間に保健所五五〇ヵ所、その支所一六五〇ヵ所を整備し、全国民を保健所を中心とする保健指導網の下に組み込む方針を打ち出した[34]。この保健指導は「特に母子保健並に結核予防に主力を注」ぐものであり、その筆頭に挙げられた母子保健対策では、「国民体力法に依る乳幼児の体力検査に基づく指導」と「妊産婦手帳制に依る妊産婦の保健指導」の徹底が中核とされている。

「国民保健指導方策要綱」は、「来所者の指導にのみ偏すること」なく、「社会各層」に対する積極的保健指導の必要を強調していた。そしてこのような積極的保健指導の担い手と目されたのが保健婦であった。もともとその名称・性格が一様でなかった保健婦は、厚生省が一九四一年七月に制定した「保健婦規則」により、「疾病予防の指導、母性又は乳児の保健衛生指導、傷病者の療養補導其の他日常生活上必要なる保健衛生指導の業務を為す者」と定義された。この段階で「保健婦規則」が制定されたのは、保健婦こそが「人口対策実施の第一線の戦士」であるという観点から、「保健婦の資格を一定する事に依つて其の指導に権威有らしめ、真に保健婦としての業務を担当し得る者を充分に各町村或は部落町村会等に迄配置し……以て人口政策並に国民保健上寄与せしめ」るためであった[35]。

保健婦の普及にあたっては、保健所保健婦のほか道府県による市区町村駐在保健婦の設置が進められたが、農村部における保健婦普及の中心となったのは国民健康保険組合であった。国民健康保険法（一九三八年四月公布）によりスタートした国民健康保険制度は、本来農村部における医療費負担の社会化を目的とするものであったが、アジア・太平洋戦争期には「健兵健民対策の根幹」をなす「総合的健民施設」という位置づけがなされ、医療費の支払いにとどまらず、母性・乳幼児保健を中心とする「保健施設」を行うことが求められた。そこでもっとも重視されたのが保健婦であり、「保健婦を置かないやうな組合は猫に爪のないのと何等選ぶ所はなく、其の使命を果し得ない」とまでいわれた[36]。こうして国保保健婦の設置が推進されたことにより、一九四一年に三四四人であったその人数は、四三年には三二七五人、四四年には七一七二人に達したとされている[37]。

このように保健対策に重点を置く母性保護・乳幼児保護事業が推進されるなかで、「児童保護」問題の内実は大きく変化した。全国児童愛護運動の変容はその一事例である。同運動は一九二七年から児童保護思想普及のため、中央社会事業協会などが行っていたキャンペーンであったが、「人口政策確立要綱」が登場した四一年には人口政策が中心に据えられ、①「人口増加の方策を講ずること」、②「母性並妊産婦保護の徹底を図ること」、③「乳幼児保護の徹底を期すること」、④「児童不良化防止並に保護の徹底を図ること」、⑤「児童保護施設の普及徹底を図ること」の五点に重点が置かれるようになった。しかし一九四二年から「健民運動」が開始されると、「従来実施し来れる各種の健康増進運動、児童愛護運動等も本運動の趣旨目標に沿ひ民族力増強運動の一翼」に組み込まれる。[38] かくして実施された「健民運動児童愛護」運動は、「皇国民族精神の確立徹底を期すると共に人口国策を基調とする出生増加に関する諸般の施策」、とりわけ母性・妊産婦保護と乳幼児死亡率の低減を主眼とする運動として展開され[39]、児童保護事業における社会事業的要素は後景に退けられることになった。

児童保護事業における社会事業的要素の後退は、保育所に対する厚生省の姿勢にもっともよく示されている。厚生省は一九四一年度より、保育所設置に対する国庫補助制度を創設したが、その対象とされたのは、農繁期に満三歳未満の乳幼児の保育をなす農村の季節保育所であり、都市の常設保育所は除外されていた。このことは、民族＝人口政策の思想と深く関わっている。すなわち民族＝人口政策グループは、人口の工業化・都市化の進展が人口増加に悪影響をもたらすとみており、とりわけ「婦人の産業配置には出産力の低下を招来する惧」があるとして、その抑制を提唱していた。[40] そのため「人口政策確立要綱」では、「女子の被傭者としての就業に就きては二十歳を超ゆる者の就業を可成抑制する方針を採る」ことが明記され、商工業部門における母親の就労は原則的に抑制すべきものとされていたのである。このような民族＝人口政策下において、都市で働く母親のための保育所の設置が奨励されなかったことは、当然のことであったといえる。発足当初の厚生省では、保育所の拡充が都市農村を通じて「現下喫緊の要務」[41]とされていた。しかし民族＝人口政策の下では、事実上、普及の対象が農村＝季節保育所に限定され、都市の保育所については政策的に放置される状況となったのである。

戦時厚生事業と「児童保護」

児童保護事業の保健事業化は、しかしながら、社会事業関係者の不満と反発を引き起こすものであった。このことは、大政翼賛会厚生部主事であった牧賢一[42]の行動によく示されている。もともと東京の社会事業界における理論的リーダーであった牧は、一九四二年の論文において、戦時下「厚生事業」の現状が「極度に医学的偏向を辿りつつあることに危惧を感じる」と述べ、「日本民族の人口増強策は単なる医学的保健政策のみで遂行し得るものではない」のであり、「われわれは社会事業が其の中に正当なる地位を占むるやう努力しなければならぬ」と主張した[43]。

牧はこうした主張を実践すべく、一九四二年九月、自らが所属する大政翼賛会厚生部に社会事業界の長老・生江孝之（日本女子大学教授）を委員長、磯村英一（東京市渋谷区長）、谷川貞夫（財団法人共励館館長）、松島正儀（財団法人東京育成園園長）、大久保満彦（中央社会事業協会社会事業研究所主事）ら、盟友の社会事業関係者を委員とする「厚生事業研究委員会」を設け、「戦時厚生施設整備拡充要綱」をまとめあげた。その主旨は、「生産増強のために、在来の社会事業（社会事業及び方面事業）を動員し、その多年の経験と努力を直接生産部門に寄与協力せしめ……国民生活の援護保育に万全を期」すというものであった[44]。そしてこうした指針に対する与論を喚起すべく、厚生省・地方庁の関係官、社会事業・工場・大日本産業報国会関係者などに参加を求めた戦時厚生事業整備拡充協議会が、東京（一九四二年一二月）および大阪（四三年一月）で開催された。

大政翼賛会による問題提起を背景に、一九四三年一月に開かれた内政部長会議では、石井政一生活局長が、牧らの主張を代弁する如く、次のような方針を述べた。

> 「これまで社会事業は」主として貧民の保護救済にその重点が置かれた為め一般には社会事業といへば、総べて消極的なる慈善的救貧とのみ理解せられる傾向があつたけれども……戦時下に於ては各般の社会政策の補充として国民中に一人たりとも戦力増強に寄与し得ざる者無からしむると共に、銃後産業従事者をして、後顧の憂ひ無く一意生産拡充に邁進せしむることを主目標として運営せらるべく……決して時局に縁遠き不要事業として閑却せらるべきものではない。かくて社会事業は、所謂国民厚生の新しき理念の下に……その活動と機能とを当面の問題たる生産力増強の面に向つて積極的に展開拡充しなければならない。[45]（［　］内は引用者）

かくして厚生省生活局は、社会事業を「生産力増強」のための施設と位置づけ、その整備を推進するようになる。

こうした社会事業行政の動向が、もっとも大きな影響を与えたのが児童保護事業であった。すなわち一九四三年三月、各地方長官宛に発せられた通牒「戦時社会事業の強化拡充に関する件」は、その筆頭に「保育施設の急速なる増設拡充」を挙げ、「設備は新築を行はず可成《なるべく》既存社会事業施設の活用又は寺院、教会、転廃業商店等既設建物の利用に依ること」、「保育従業者には可成女子勤労奉仕隊の動員協力を求むること」などの指示を行った。[46]また一九四三年度の「健民運動児童愛護実施要綱」では、「戦力増強国策を基調とする出生の増加、乳幼児死亡率の減少」に加えて、「生産力増強に必要なる母性及児童の保護」が掲げられ、「勤労母性の為戦時保育施設の機能を拡充強化する」ことや、「勤労家庭の児童、特に国民学校低学年の者に対する校外指導保護機能」を強化することなどが、とくに実施すべき事項として取り上げられた。[47]こうした方針に基づき、急速に拡大したのがいわゆる「戦時託児所」[48]であり、また東京都などでは、「父母共に勤労に従事する家庭の学童を昼間受託して、その保護指導に当」たる「児童指導所」＝学童保育事業が開始されている。[49]

以上のように一九四三年には、児童保護事業に典型的な「厚生事業」の「医学的偏向」に対する社会事業の側からの巻き返しが行われ、その結果、保育事業の拡充があらためて児童保護事業の重要課題として位置づけられることとなった。それは「人的資源」論の流れを引いた「生産力」政策論による、民族＝人口政策に対する巻き返しでもあったが、それは同時に、「生産力増強」を至上命題とする「国民皆働」論の一環をなすものであった。それゆえ牧らの「厚生事業」論は、国民一般に対する社会的「保護」を論じる半面で、「未活用勤労力」（＝女性）や「潜在勤労力」（＝「保護少年、盲・聾、肢体不自由者、精神薄弱者、老齢者等」）を「生産力」として動員するという勤労動員の徹底的強化を主張するものでもあった（「戦時厚生施設整備拡充要綱」）。このような「厚生事業」の論理は、戦時下における社会事業の「復権」をもたらすと同時に、「根こそぎ動員」に対する社会事業の協力に道を開くこととなったのである。

おわりに

本章で検討してきたように、戦時期日本の「児童保護」は、一貫した政策理念・政策体系の下で展開された訳ではなかった。そこには「人的資源」≒「生産力」政策と民族＝人口政策の二つの流れがあり、前者は主に社会事業、後者は保健事業とそれぞれ結びついていた。このうち戦時下にまず台頭したのは前者であったが、日中戦争下における人口問題の変容を背景として、「新体制」期には後者が厚生省の主流となり、「高度国防国家」の「基本国策」として位置づけられる。その結果、「児童保護」は民族＝人口政策の中核をなす、母子保健・小児保健事業として推進されることとなった。このような「児童保護」のあり方は、一九四三年になると、「生産力増強」との関連で社会事業が位置づけられたことで修正が加えられるが、敗戦に至るまで既婚女性が勤労動員の対象外とされ続けたことにみられるように、民族＝人口政策は戦時下社会の現実との乖離を強めつつも、なお「基本国策」としての位置を占めていた。

とはいえ、こうした「戦時社会政策」における民族＝人口政策の優越性には、大きな限界があったことも事実である。そのことを示すのは、乳幼児・妊産婦の疎開をめぐる議論である。

民族＝人口政策の推進者たち、とりわけ新医界に結集した小児科医・産婦人科医たちは、早くから本土空襲を想定した乳幼児・妊産婦保護策を検討していた。一九四一年一〇月、厚生省人口局の主催により、東部防衛総司令部や内務省防空局などの防空対策担当者をも交えて開催された非常時妊産婦及乳幼児保護対策懇談会は、彼らの政策提言の場として設定されたものであり、そこでは、新医界・母性保護会[50]「東京市空襲下妊産婦保護対策試案大綱」、小林彰「空襲時に於ける小児の保護対策」などの報告が行われた。[51]このうち前者は、文字通り空襲下における妊産婦保護のため、「救急分娩自動車」・「防空産院」・「非常時妊産婦保護本部」の設置を求めたものであった。これに対し小林報告は、「我が国の都市の建造物の防火上の不利な点多き事」などに鑑みて、乳幼児の空襲時保護対策は「農村に於ける長期の転地保護」、つまり農村部への疎開でなければならぬと断じ、こうした対策を「空襲を迎へる迄に完了」させる必要を主張するものであった。民族＝人口政策を推進しようとした医師たちのうち、少なくとも小児科医は、アジア・太平洋戦争開戦以前の段階から、乳幼児の疎開を提言していたのである。しかしながら、アジア・太平洋戦争開戦に際して示された防空対策は、一般人の都市からの退去を認めないばかりか、「老幼病者に対して絶対に退去を慫慂《しょうよう》せざること」を強調するものであった。[52]

疎開一般を否定するこうした方針の見直しがなされたのは、前線における米軍の優勢が明確となった一九四三年半ばのことであった。一九四三年九月に閣議決定された「現情勢下に於ける国政運営要綱」は、国内防衛態勢の確立との関連において、初めて「人員の地方分散の綜合的計画を樹立実行」すべきことを掲げた。こうした動向に敏感に対応したのは新医界の産婦人科医たちであり、たとえば瀬木三雄は、一九四一年の提案は「今日からみれば中規模の爆撃を想定した」ものであったが、「最近における欧州の事情を顧慮するに、之を以てしても尚甚だ不充分なる事が推察されるに至つた」とし、「大規模爆撃に対し防空上絶対安全なる個所を求める事は殆ど不可能」なので、「安全地域に対する妊婦の事前避難」を「是非実現せしめたい」と論じている[53]。かくして乳幼児に加えて妊産婦の疎開が、民族＝人口政策の推進者たちの要求として示されるようになった。だが乳幼児・妊産婦の疎開対策は、「現情勢下に於ける国政運営要綱」に基づく「都市疎開実施要綱」（一九四三年一二月二〇日閣議決定）では明示されず、四四年一月の「決戦非常措置要綱」に基づく「一般疎開促進要綱」（四四年三月三日閣議決定）においても、「帝都疎開促進要目」の中で「老幼者及要保護者」の縁故疎開の促進がうたわれるにとどまった。

一九四四年六月一五日には、中国大陸を発進した米軍Ｂ29による八幡初空襲が行われる一方、米軍のサイパン島上陸作戦が開始された。このような事態を踏まえ、恩賜財団大日本母子愛育会の小児保健部会は、六月一七日に厚生省で開かれた会合において、「空襲に対する乳幼児保護対策（案）」を提出し、①「乳幼児ある家庭に対しては強力に疎開を勧奨し特に危険区域内にあるものに付ては命令を以て疎開せしめる」、②「疎開者に対する荷造り材料の補助、荷物の運搬等は乳幼児ある家庭に優先とする」、③「地方疎開事務所（仮称）中に乳幼児保健管理をなすべき部を設け愛育会支部小児保健部救護所等と連絡し疎開者の乳幼児の保護をなす」ことの三点を中心とする対策の実行を提案した[54]。なお同部会の中心メンバーであった小林彰は、「空襲に対する乳幼児の保護は方法只一つ、疎開あるのみ」であり、「乳幼児疎開を強力に実施せずして空襲下の乳幼児を論ずる事は極言すればごま化しに過ぎない」ことを強調している[55]。

しかし政府は、六月三〇日、「学童疎開促進要綱」を閣議決定したものの、依然として乳幼児・妊産婦に対する特段の措置はとられなかった。政府の対応が進まないなかで大日本母子愛育会は、まず同会が経営する戸越保育所・愛育隣保館保育所の幼児を対象とする集団疎開計画をたて、埼玉県平野村妙楽寺に疎開保育園を開設した（一九四四年一一月二五日、第一陣出発）。また一九四四年秋からは、乳幼児・妊産婦を対象とする母子集団疎開の検討も始まり、山梨県甲府市の遠光寺を疎開本部とする計画がまとめられたが、その第一陣が東京を出発したのは、東京市街地に対する無差別焼夷弾空襲が実施された後の一九四五年三月二五日のことであった。[57]

東京空襲を目前に控えた一九四四年一一月七日、政府は「老幼者妊婦等の疎開実施要綱」を閣議決定し、①国民学校初等科児童、②乳幼児、③妊婦、④六五歳以上の「老者」、⑤「長期に亘る病者又は不具癈疾者にして介護を要するもの」の疎開を、移転奨励金の支給などを通じて促進することとした。だが乳幼児・妊産婦の集団疎開方策が示されたのは、米軍による大都市無差別空襲開始後、一九四五年四月二六日の次官会議決定「母子及妊婦疎開施設設置要綱」（①疎開母子寮、②疎開産院、③疎開保育所の設置の三項目からなる）においてであり、翌五月二五日には「妊産婦及乳幼児の疎開促進に必要なる施設を講ずるに要する経費」として、厚生省所管緊急対策費六四七万七〇〇〇円が認められている。[58]しかしこの頃になると米軍は、すでに大都市は破壊しつくしたと判断し、主要ターゲットを地方中小都市へと移行させるようになる。なお、遺体の埋葬記録から大阪空襲の犠牲者について分析した達脇明子の研究は、①男性よりも女性が多いこと、②年齢別では一〇歳未満の子供がもっとも多く、六〇歳以上の老人も相対的に多いことを特徴として指摘している。[59]乳幼児・妊産婦に関する政府の疎開対策は、まことに泥縄的であり、かつ手遅れと言わざるを得ないものであったのである。

以上のように、民族＝人口政策の推進者たちは、早くから乳幼児・妊産婦の疎開を提言していたにもかかわらず、その実行はより上位の戦時体制の論理によって阻まれ続けていた。戦時下日本における「児童保護」問題については、このような民族＝人口政策の限界をも見据えた上で、あらためてその全体構造が考察される必要があろう。

注

（1）日本保育学会編『日本幼児保育史』第四巻・第五巻、フレーベル館、一九七四年、浦辺史・宍戸健夫・村山祐一編『保育の歴史』青木書店、一九八一年、宍戸健夫『日本の幼児保育』上、青木書店、一九八八年、などを参照。比較的近年の研究としては、松本園子『昭和戦中期の保育問題研究会』新読書社、二〇〇三年、西脇二葉「戦時下愛育会における保育事業の展開」『上智大学教育学論集』三六号、二〇〇一年、河合隆平・高橋智「恩賜財団愛育会の母子愛育事業と困難児問題——総力戦体制下の母子衛生の近代化と「皇国民」の保護育成」『学校教育学研究論集』第七号、二〇〇三年、などがある。

（2）「天皇制ファシズム」論および「戦時動員体制」論については、高岡裕之「ファシズム・総力戦・近代化」『歴史評論』六四五号、二〇〇四年、などを参照。

（3）この系統の研究は多岐にわたるが、児童保護に関わるものとしては、毛利子来『現代日本小児保健史』ドメス出版、一九七二年、小栗史朗・木下安子・内堀千代子『保健婦の歩みと公衆衛生の歴史』医学書院、一九八五年、などが代表的研究である。なお産婆・保健婦については、最近刊行された木村尚子『出産と生殖をめぐる攻防——産婆・助産団体と産科医の一〇〇年』大月書店、二〇一三年、川上裕子『日本における保健婦事業の成立と展開』風間書房、二〇一三年、が、従来の研究水準を大きく引き上げている。

（4）代表的なものとして西内正彦・母子保健史刊行委員会『日本の母子保健と森山豊』母子保健史刊行委員会、一九八八年、がある。

（5）高岡裕之『総力戦体制と「福祉国家」』岩波書店、二〇一一年。

（6）内務省社会局『社会事業調査会報告（第二回）』一九三二年、三二～三五頁。

（7）『財団法人大阪乳幼児保護協会要覧』一九三七年。大阪乳幼児保護協会は、全国都市中もっとも高率であった大阪市の乳幼児死亡率を改善すべく、大阪府知事を会長、大阪市長を副会長として一九二七年に設立された社会事業団体であった。同協会については、村田恵子「大阪乳幼児保護協会における「家庭保護」事業の展開――母親教育論の検討を中心に」『日本社会教育学会紀要』第三五号、一九九九年、を参照。

（8）戦前日本における「過剰人口問題」については、高岡『総力戦体制と「福祉国家」』第二章を参照のこと。

（9）厚生省の設立過程における陸軍の役割と限界については、高岡『総力戦体制と「福祉国家」』第一章を参照のこと。

（10）「本協会で清浦会長名を以て当局に社会省新設並児童局特設方要望を具申」『社会事業彙報』第一一巻七号、一九三七年七月。

（11）池田敬正『日本社会福祉史』法律文化社、一九八六年、七五二頁。

（12）ただし発足当初における体力局の真の目的は、一九四〇年に開催が予定されていた東京オリンピックの準備であった。この点に関しては、高岡裕之「大日本体育会の成立」坂上康博・高岡裕之編『幻の東京オリンピックとその時代』青弓社、二〇〇九年、を参照のこと。

（13）中央社会事業協会編『日本社会事業年鑑　昭和十四・五年版』一九四一年、五六二～五六四頁。

（14）以下の叙述に関しては、高岡『総力戦体制と「福祉国家」』第四章を参照のこと。

（15）厚生省社会局「道府県社会課長事務打合会」『内務厚生時報』第六巻七号、一九四一年七月。

（16）厚生大臣官房「厚生省の行政機構の改革」『内務厚生時報』第六巻八号、一九四一年八月。

（17）森山豊「戦争と産婦人科（其の二）」『日本婦人科学会雑誌』第三四巻一二号、一九三九年一二月。

（18）瀬木三雄「日本における「母子衛生」の発達（一）」『産婦人科の世界』第九巻一号、一九五七年一月、同「母子衛生行政の胎生期（第一回）」『産婦人科の世界』第二九巻四号、一九七七年四月。

（19）瀬木「日本における「母子衛生」の発達（一）」。同論文によれば、妊産婦手帳制度実施後も医師認定による妊婦届出は、一九四二年＝一三・二パーセント、四三年＝一三・七パーセント、四四年＝一四・一パーセントであり、圧倒的多数は助産婦認定によるものだった。

(20)瀬木三雄「妊婦届出制と妊婦診察の重要性」『日本婦人科学会雑誌』第三六巻一二号、一九四一年一二月。
(21)『「母性保護の諸問題」を語る座談会』『日本医事新報』一九四一年六月一四日、における瀬木の発言。この座談会で瀬木は、ナチス政権下における出生率の上昇を「社会政策的意味から更に一歩を出て、人口政策といふものに最後の目標を置いた」結果であるとし、母性保護を人口政策として推進すべきと論じている。
(22)「小児保健研究会趣意」『小児保健研究』第一巻一号、一九三三年七月。
(23)第一特別委員会のメンバーについては、前掲高岡『総力戦体制と「福祉国家」』一八六頁を参照。
(24)広島英夫「事変と児童保護」『保健月報』第四七号、一九三九年一月。広島は小児保健研究会大阪地区評議員の一人。
(25)瀬木三雄「日本における「母子衛生」の発達（二）」『産婦人科の世界』第九巻四号、一九五七年四月。
(26)日本新医界建設同志会成立の背景やメンバー構成については、高岡裕之「医界新体制運動の成立――総力戦と医療・序説」『日本史研究』第四二四号、一九九七年一二月、を参照。
(27)「大政翼賛の機運熟す／趣意書を全国に発送／日本新医界建設同志会十五日発会」『医事公論』一九四〇年一二月七日。
(28)小田倉一「健民運動論」『文化健民運動資料』第三輯、高岡裕之編『資料集 総力戦と文化』第二巻、大月書店、二〇〇一年、資料三〇に所収。
(29)「人政翼賛会実践局厚生部事業概要」前掲高岡編『資料集　総力戦と文化』第二巻、資料二五に所収。
(30)企画院『大東亜建設基本方針』一九四二年、一三〜一七頁（『大東亜建設審議会関係史料　一』龍渓書舎、一九九五年所収）。高岡『総力戦体制と「福祉国家」』二二六頁も参照。
(31)「人口政策へ示唆／武井初代局長談」『医界週報』一九四一年八月一六日。
(32)厚生省次官「妊産婦保健指導及保護に関する件依命通牒」（一九四二年七月一三日）および厚生・内務・農林・商工次官「妊産婦の保護に関する件」（同日）、『厚生問題』第二六巻八号、一九四二年八月、参照。
(33)瀬木「日本における「母子衛生」の発達（一）」。
(34)「国民保健指導方策要綱」、国立公文書館所蔵逓信省・郵政省文書「簡易保険健康相談所、保健所統合関係書類」。
(35)厚生省人口局『保健婦に就いて』一九四一年。

(36)杉田三朗「国民健康保険組合の設立(四)」『国民健康保険』第五巻七号、一九四三年七月。戦時下の国民健康保険制度については、高岡『総力戦体制と「福祉国家」』第五章三節を参照。
(37)国民健康保険協会『国民健康保険小史』一九四八年、三〇〇頁。
(38)「健民運動実施に関する件通牒」『内務厚生時報』第七巻四号、一九四二年四月。なお健民運動の目標は、「皇国の使命達成は……皇国民族の量的及質的の飛躍的増強を基本条件とするの認識を徹底」することであり、その重点としては「皇国民族精神の昂揚」、「出生増加と結婚の奨励」、「母子保健の徹底」、「体力の錬成」、「国民生活の科学化」、「結核及性病の予防撲滅」の六項目が掲げられていた。
(39)「健民運動児童愛護実施要綱」『厚生問題』第二六巻四号、一九四二年四月。
(40)紀元二千六百年記念第四回人口問題全国協議会「政府諮問に対する答申」人口問題研究会『人口・民族・国土』一九四一年、一一～一四頁。
(41)伊藤清『児童保護事業』(「社会事業叢書」第六巻)常磐書房、一九三九年、一〇六頁。
(42)牧賢一については、重田信一・吉田久一編『社会福祉の歩みと牧賢一』全国社会福祉協議会、一九七七年、を参照。
(43)牧賢一「厚生事業新体制の課題(完)」『厚生問題』第二六巻九号、一九四二年九月。
(44)牧賢一「戦争と厚生事業――昭和十八年社会事業の動静」『厚生問題』第二七巻一二号、一九四三年一二月、戦時厚生事業実験施設指導研究委員会『戦時厚生事業運動の経過と概要』一九四四年。
(45)戦時厚生事業実験施設指導研究委員会『戦時厚生事業運動の経過と概要』二二～二四頁。
(46)「戦時社会事業の強化拡充に関する厚生次官通牒」『厚生問題』第二七巻五号、一九四三年五月。
(47)「健民運動児童愛護実施要綱」『厚生問題』第二七巻五号。
(48)戦時託児所については、日本保育学会編『日本幼児保育史』第五巻、浦辺ほか編『保育の歴史』を参照。
(49)谷川貞夫「決戦下に於ける東京都の厚生事業」『厚生問題』第二八巻四号、一九四四年四月。
(50)母性保護会は、一九四一年二月、木下正一らの提唱により、日本婦人科学会東京地方部会が中心となり、東京在住の産婦人科医(約六〇〇名)を会員として設立された国策協力団体。翌年二月に発足した日本母性保護会は、この母性保護会を全国組織化したものであった。
(51) これらの報告については、『小児保健研究』第九巻四号、一九四一年、を参照。
(52) 一九四一年一二月七日付各地方長官宛「空襲時に於ける退去及事前避難に関する件」内務省防空局『防空関係法令及例規』一九四二年、一六七頁。
(53) 瀬木三雄「空襲と母性保護」『医事公論』一九四三年九月二五日。
(54) 大日本母子愛育会は、戦時下の乳幼児・妊産婦保護対策の中核的組織たるべく、一九四三年一二月に愛育会に日本小児保健報国会・日本母性保護会を統合して設立された、厚生省の外廓団体。これにより日本小児保健報国会は、大日本母子愛育会の小児保健部会、日本母性保護会は同母性保健部会となった。
(55) 恩賜財団母子愛育会五十年史編纂委員会編『母子愛育会五十年史』社会福祉法人恩賜財団母子愛育会、一九八八年、二九〇頁参照。
(56) 小林彰「空襲時の乳幼児保健対策」『戦時医学』第一巻七号、一九四四年一〇月一日。
(57) 『母子愛育会五十年史』二八九～二九九頁参照。
(58) 「厚生省所管緊急対策費第一予備金より支出の件」国立公文書館所蔵公文類聚・第六十九編・昭和二十年・第四十八巻・財政八・会計八臨時補給三。
(59) 達脇明子「戦災仮埋葬遺体の処理について」『大阪の歴史』第二二号、一九八七年九月。

【視角と論点④】

総力戦体制下における障害児家族の保育と育児

人的資源論としての障害児言説

アジア・太平洋戦争下日本の社会政策は、総力戦体制の構築という国家的な課題と結びつきながらさまざまに構想され、対立と競合のうちにその実現がめざされた。そして総力戦遂行に必要な諸資源をいかに動員するかという戦時社会政策の文脈に期待を寄せつつ、従来看過されてきた問題の解決を図ろうとする動きも活発化してくる。そうしたなかでしばしば援用されたのが、人口の量的・質的把握と合理的な配置・統制を意図した「人的資源」論であった。

企画院調査官として戦時人口国策にコミットした美濃口時次郎によれば、「人的資源」とは「国防力」や「労働力」を保全する人間の身体や能力だけではなく、精神をも計測可能な「資源」として動員するための概念であり、総力戦を担う身体と能力・人格の確立が人間形成の課題とされた。その場合、「病人や癈疾者や白痴や精神病者などですでに肉体的に国防力または労働力として活躍し得るだけの能力を備へてゐない者はもちろん其の国社会の人的資源と見做すことは出来ない」(美濃口、三〇六頁)。したがって、労働力や戦力にならない社会的弱者は排除され、逆に国家への貢献が期待される者は保護や教育を通じて「人的資源」に包摂すべきということになる。

こうして弱者の典型である障害児の存在をめぐって関

係者は、障害児の能力・適性とその国家的・社会的な有用性を主張する言説を駆使して、国家による積極的な保護と教育の政策を引き出そうとした。同時代の補助学級教師が「可愛がられて生きていくこと」を知的障害児の教育目標にしたのも、障害児がその適性を十分に発揮できるように、社会の保護とケアを引き出そうとしたからである。そして各自の適性に応じて能力を発揮させることは、資源の損耗を防ぐという意味でも必要なことであった。

それでは、障害児が「人的資源」や「国民」になるとは具体的にどういうことなのか。ここでは、恩賜財団愛育会・愛育研究所が実験的に取り組んだ障害児保育（異常児保育）の問題を中心に、総力戦体制下における障害児の包摂と排除の様相を確かめてみたい。

恩賜財団愛育会と「異常児保育」

愛育会とは、皇太子誕生を記念した皇室の下賜金をもとに、一九三四年四月に設立された恩賜財団である。天皇の慈恵や権威を利用して乳幼児・母性保護の振興を企図した会の事業は「愛育事業」と呼ばれ、その特質は「児童及母性ニ対スル教化並ニ養護」、すなわち母子一体による教育と保護の統一にあった。愛育会は一九四三年、日本小児保健報国会と日本母性保護会を統合して「恩賜財団大日本母子愛育会」へと再編された。

一九三八年一一月、愛育会は愛育研究所（保健部・教養部）を開設する。児童心理・保育研究を担う教養部には「異常児」研究室（主任・三木安正）が置かれ、そのための実験保育室として「特別保育室」が設置された（保育室は一九四四年一一月に閉鎖）。特別保育室では中・軽度の知的障害幼児を対象に保育が実施され、毎月の保育料は五円とされた。その家庭の多くは、わが子の産育・教育に意識を傾注する「教育家族」とよばれる新中間層の人々であった。

愛育研究所が異常児研究に着手したのは、人口増加が求められる状況において、生まれてくる異常児を「国家の為に生き得る者」とするためにも、早期の適正な介入が必要であると考えられたからである。それでは異常児が「国家の為に生き得る」ために必要な資質や能力とは何か。

まず研究課題をみると、一九三九・四〇年度は「心理研究及ビ保育法、教材及ビ教員研究並ニ言語治療法研究」、一九四一年度は「作業教育、言語ノ理解、リズム感ノ養成等」、一九四三・四四年度は「数量及ビ色彩観念、作業教育、オ話ノ理解リズム感ノ養成等」、「言語遅滞児指導ノ四年間ニ亘ル一事例研究、異常児ノ家庭教育指導法ノ研究」、「生活訓練（殊ニ集団的生活訓練）ト作業教育」の研究が行われていた。

こうした研究課題にもとづき多様な保育が実践される一方、時局に応じて「宮城遥拝」「国歌謹聴」「戦争ゴッコ」のほか、「行進」「幼児体操」「音感練習」なども取り入れられていく。当時の保育記録によれば、海軍省に慰問袋を届けた際には、子どもたちは「カイグンサンニナルノ」と喜んだという。「コノ子達ニモ情勢ノ一端ヲ知ラシムル事ガ必要」ということで、「コノ頃、オ紙ガ段々少クナクナツテイクノヨ」と物資不足であることを説明することもあった。東京都の「戦時託児所設置基準」（一九四四年）は「強健ナル身体ノ基礎ヲ作ル」「国民意識、祖先崇敬ノ念ヲ養フ」「自律、協力協和ノ性格ヲ養フ」という方針を打ち出していた。こうして特別保育室においても、異常児なりに国民アイデンティティや時局認識をもった「少国民」としての資質が求められたのである。

これらの実践研究の成果は、一九四三年に愛育会より『異常児保育の研究』として刊行された。この書では、保育環境を適正化し「異常児の住みよい世界」をつくり出すために「特殊幼稚園」の必要性が説かれた。

一九三九年七月、日本心理学会「精神薄弱児研究委員会」は「精神薄弱者保護」の建議運動を展開し、三木もこれに参加した。建議では「人的資源の涵養と共に犯罪の防止並に銃後国民生活の福祉増進」を掲げ、療護院・治療教育院の「幼児部」や「精神薄弱児のための幼稚園」の設置などを要求した。しかし、これらが政策として具体化されることはなく、「特殊幼稚園」も現実のものとはならなかったのである。

障害児家族における育児のまなざし

特別保育室では、母親教育を目的とした母の会が設けられた。そこで、母親たちはお互いに日々の子どもの成長や育児の悩みを交流し、「一人前ニナリマスカシラ」

という「不安」、あるいは「今迄ノ苦シミカラヌケ出ラレタ感ガスル」という心境の変化を語り合った。こうした悩みに対して保姆は、わが子の障害をしっかりと受容すること、そして、将来への不安や焦りから、わが子に過度な要求をすることは避けるべきであり、きょうだいや他の子どもと比較することなく、あくまでも子どもの成長と幸福を最優先して育児に取り組むことの重要性を母親たちに伝えたのである。

一九三〇年代以降、補助学級卒業後に高等小学校等への進学が増加する。とはいえ、障害が重度の場合、依然として進学や就労は困難であり、家族の保護を受けながら、家事や家業の手伝いとして家庭に留まらざるをえない状況が続いた。こうしたなかで、知的障害児の母親は「何とか一人前に仕立て、自活の道だけは開いてやりたい」、「どうにかして人様までとは行かないまでも、日々の暮らしに差支へないまで、わからせてやりたい」（久保寺、四〇一頁）という切実かつささやかな願いをもち、さらに「親亡き後」への不安を抱えていた。

特別保育室の母親たちも同じ思いであっただろう。そうした母親の意識をいっそう育児へと向かわせ、母親の自発的な意志を保育の資源として活用したところに特別保育室の実践の特徴がうかがえる。保育の課題や価値を一方的に強制することなく、母親の教育意識に働きかけることで主体性を引き出し、専門的知見をふまえて、わが子の成長や育児をめぐる問題の解決方法を具体的に示す。そして、母の会の取り組みを通して不安やあきらめに揺れる気持ちを和らげ、愛情と意識を育児へと集中させることが求められたのである。

ここで注目したいのは、母親たちの自発性のありようである。当時、障害児家族の言説のなかには、わが子への教育の目標や期待を時局認識や国家目的に重ねて語るものも少なくなかった。しかし、特別保育室の母親の育児の意思や心構えは、戦時動員の思想や国家的母性によって称揚されるというより、わが子の日々の成長と育児に苦悩や喜びを見いだすなかで立ち上げられ、それを相互に承認し合う親密圏によって支えられていたのである。

特別保育室の母親たちの語りは一面において、総力戦体制下における障害児の育児と保育が「国の子ども」「国の母」という公的な存在に押し上げられた地点ではなく、あくまでも母親と「わが子」の私的な関係と空間におけるものだったのではないか。この母親たちが、時局の求める国家的母性からどれだけ排除されていたのかを知るには、障害児を抱える母親の家庭や地域での生活経験がいっそう明らかにされる必要がある。しかし、総力戦体制下の女性たちに向かってさまざまに向けられた「報国」のかけ声は、障害児を抱えて「何とか一人前に」と願う母親たちには十分に届かなかったのではないか。

「教育家族」とはいえ、わが子のよりよい育児や学歴獲得を通じての社会的成功が望まれない障害児の母親にとって、何とか独り立ちできるだけの能力を身につけさせること、そのために教育の価値や理論を積極的に受容し、育児の責任意識を内面化していくことは、総力戦遂行や人的資源涵養という国家や社会の目的に呼応するものではなく、わが子の幸福な日常と将来に対する希望や不安へとまっすぐに収斂していくものであった。総力戦体制をめぐって、障害児を「国の子ども」へと引き上げるべく展開された政策言説や保育実践のなかにあって、母親たちがわが子に社会的なまなざしを向けること、すなわち社会的存在として障害児を発見することはなかったのである。

戦時社会政策における障害児問題の位置

愛育研究所の「異常児保育」は、人的資源論のもとで「幼児時代の異常児」が「国家の為に生き得る」ということを具体化するひとつの試みであったといえるが、戦時社会政策としての有用性と地位を高めるには至らなかった。人的資源論にはヴァリエイションがあるが、その多くは重化学工業化を契機に生産力の拡充と国民生活の向上を図ろうとする生産力理論を基盤とした。しかし、「人口政策確立要綱」（一九四一年）を中心とする民族増強政策、保健医療体制の構築をめざす「健民健兵」政策が次々と登場し、それらは人的資源論と鋭く対立しながら、生産力拡充政策の展開を阻害していく。こうして、「異常児の住みよい世界」は家族の自発的意思によって与えられたにすぎなかった。結局、総力戦体制下における障害児の育児と保育は、社会が引き受けるべき問題に引き上げられることなく、家族がその責任を負わねばならない領域にとどまったのである。

一方、国民の健康・体力管理と修錬を柱とする「健民健兵」政策においては身体・健康面から弱者の保護・教育が進められた。国民学校令（一九四一年）によって、障害児や身体虚弱児の「養護学校」・「養護学級」が学校制度にビルトインされ、養護学校・学級には「養護訓導」が原則配置となった。しかし、依然として「瘋癲《ふうてん》白痴又ハ不具癈疾」を事由とする就学猶予・免除規定が残されており、この時期急増したのは、身体虚弱児学級がほとんどであった。一九四二年度の設置状況をみると、一六八二学級のうち、身体虚弱児学級が一六一六学級（六四八九一名）に対して、知的障害児学級はわずか六六学級（一〇三九名）にすぎない。これは「健民健兵」政策として当然の結果といえるが、養護学級の増加という現象自体が栄養状況の悪化と健康改善の体制基盤の脆弱さの現れでもあった。さらに養護訓導を置く国民学校も全国でわずか一割弱にとどまった（一九四三年時点で、二万一〇〇〇校のうち一三〇〇校）。そして、戦局の悪化とともに養護訓導が従軍看護婦として多く召集される事態となり、銃後で子どもの健康・体力管理を担うべき養護訓導が戦場に赴かねばならないという矛盾を露呈させたのである。

これまで、戦時下の障害児問題に関する歴史研究では、戦後の民主主義や人権の価値と対比するかたちで、障害児の差別的処遇や極限的な生存状況、その背景にある総力戦体制や天皇制国家がもつ差別・排除の構造に対する鋭い批判がなされてきた。こうした研究状況こそ、戦時下の障害児が置かれた状況の厳しさの反映でもある。その実態はまだ未解明な部分が多く、実証研究の蓄積が求められていることも確かである。

しかし、障害児の包摂と排除の構造はそう単純ではないし、そのなかで障害児とその家族が生きることをどのように要求し、そのためにいかなる戦略を選び取ってきたのかがさらに明らかにされる必要がある。したがって、これまで明らかにされてきた戦時下の障害児をめぐる象徴的な言説や事象だけではなく、それらが日常の生活経験とどのようなつながりをもちながら、障害児の生存や生活を成り立たせていたのかを丹念にみていくことが求められる。

このことを多面的に明らかにするためにも、総力戦体制がもつ包摂と排除の一般的特質をおさえつつ、当時声高に叫ばれた「障害児も国家や社会の役に立つ」ということが、いかなる表象や言説を生み出し、人びとの日常においてどのように具体化されたのかについて、政策と現実の矛盾も含めた実際の経験として描き出される必要があるだろう。

（河合隆平）

引用・参考文献

河合隆平『総力戦体制と障害児保育論の形成――日本障害児保育史研究序説』緑蔭書房、二〇一二年。

久保寺保久『八幡学園叢書・特異児童を護れ』一九四〇年。

三井登「養護訓導の制度化に関する試論」『帯広大谷短期大学紀要』第四九号、二〇一二年、五八～五九頁。

高岡裕之『総力戦体制と「福祉国家」――戦時期日本の「社会改革」構想』岩波書店、二〇一一年。

美濃口時次郎『人的資源論』八元社、一九四一年。

あとがき

本書は、日本史、ヨーロッパ史、イスラム史、法制史など多様な分野の研究者が、出生以前の胎児や出生直後の乳児も含めた子どもの「保護と遺棄」のあり方を歴史的に読み解くという主題に取り組んだ論文集である。「保護」と「遺棄」は、一見すると相反する二律背反の事柄のようにみえるかもしれない。しかし、「保護」と「遺棄」の関係はそう単純ではない。第一章でも述べているように「保護と遺棄」という主題は、子どもの生と死といった子どもの生存や成長・発達のありかたと家族・社会・国家との関係、そしてその歴史的変化を、「保護」と「遺棄」という二つの異なる角度から、また両者の関係性に着目しつつ複眼的にアプローチするために選びとられた。

本書が扱った時代はおもに近世から現代であるが、なかには古典古代から二一世紀までのきわめて長期的なスパンのもとに論じたものもあり、「保護と遺棄」のどの側面、どの時代を取り上げるかは、各執筆者に委ねられている。それだけ「保護と遺棄」を主題とする分析は新しい試みである。同時に、「保護と遺棄」の問題は多様な問題と関わらせて論じられるべき広がりを持つ。というのも「保護と遺棄」は、子ども史や家族史の問題であるだけでなく、いのちや生存、福祉、ジェンダー、統治権力、公共空間、「保護と遺棄」に介在する選別行為の合法性という法的基準、さらには医療・バイオテクノロジーまでをも含みこむ問題だからである。

そのため、「保護と遺棄」を共通の主題としつつ、専門領域も、対象とする時代や国も異にする執筆者がそれぞれの関心から選び取った課題と方法は多岐にわたる。しかし、それらが、単なる多様なアプローチの集積、悪くすると分散に終わってしまわないために本書では、一方では「捨て子」を中心に据え一点に収斂させ、他方では「保護と遺棄」の射程の広がりを問うという、両面からのアプローチを試みた。そのようにして一書にまとめたことによって、近世から現代にいたる「保護と遺棄」の連続、非連続も含めたダイナミクスや「保護と遺棄」が内包する多元性、その重層的な相互の関係性を提示できたのではないかと思う。

最後に本書の成り立ちにふれておきたい。本書は比較教育社会史研究会が二〇〇三年から二〇一〇年にかけて刊行してきた『叢書・比較教育社会史』全七巻に続く「展開篇」全三巻の一つである。その母体となったのは、二〇〇六年一一月、比較教育社会史研究会のなかに新しく立ち上げられた「保護と遺棄の子ども史」という部会である。以来、年二回の研究会で議論を積み上げてきたが、その内容は、「「子ども」の保護・養育と遺棄をめぐる学際的比較史研究」（日本学術振興会科学研究費補助金（挑戦的萌芽研究）中間報告書（研究代表者・橋本伸也、二〇一一年六月。以下のサイトで、もととなったディスカッション・ペーパを閲覧可能である。http://kgur.kwansei.ac.jp/dspace/handle/10236/3511、http://kgur.kwansei.ac.jp/dspace/handle/10236/7193）としてまとめられている。

本書はこの研究会での議論を通して企画された。本書を編むにあたって考慮したことは二つある。一つは、『叢書・比較教育社会史』全七巻を中心的に担った世代を編者に、それに続く世代を執筆者に加え、両者の協力のなかで、今まで蓄積してきた成果を世に問うこと、二つには、対象とする時代や地域に広がりを持たせつつ、「保護と遺棄」を主題に、各時代や地域に切り込むことで、「保護と遺棄」の歴史性を浮かび上がらせることである。

そのため執筆の過程では、世代間の協力が新しい研究成果として結実することを意図し、原稿をいったん提出してもらったあとも、編者と執筆者の原稿をめぐるやり取りを通してより充実した内容とすることに留意した。若手の方たちが、編者のコメントに誠実に応答し自分の論文を再考し修正していくプロセスに関わることは、編者にとっては、貴重な学びの場でもあった。なぜなら、一つの論文が生み出されていく制作の現場に深く関わることは、とりもなおさず自分自身の論文に向かう姿勢やその内容を見直す機会になると同時に、初心にかえって自分の立ち位置や視点、史料読解の方法を改めて問い直す過程に他ならなかったからだ。この本が、そうした世代間の協力で生み出されたこと、また、そうした世代間継承の姿勢は、比較教育社会史研究会発足の原点を準備してくださった望田幸男先生から、私たち編者が学んだ姿勢でもある。心から感謝申し上げたい。

とはいえ、やり残したことも数多くある。研究会を基盤としたため、韓国、中国など、「保護と遺棄」という観点からは興味深いアジアをフィールドとする論稿を準備することができなかった。また新たな部会を発足させた二〇〇六年以降、日本社会のなかで進行してきた貧困と格差の広がりといった生存をめぐる厳しい状況や社会のひずみと子どもとの関係をどう考えるか、そして二〇一一年、多くのいのちが瞬時に失われた東日本大震災と原発事故以降、より深刻さと複雑さを増す子どものいのちと成長・発達という問題にどう向き合ったらよいのか、そうした問いが、私たち一人ひとりの研究者につきつけられている。それに答えるには、真摯な思索とさらなる模索が求められる。こうした状況の中で、「保護と遺棄」を主題とする模索の書である本書が、さらに新たな課題と議論の広がりを産みだすきっかけになればと願っている。

なお、本書は、冒頭にふれたように比較教育社会史研究会をもとに企画され、産みだされた。研究会の場に参加して貴重な意見を寄せてくれた皆様に改めて感謝したい。また、本書刊行にあたっては、新シリーズ刊行を認めてくださった図書出版・昭和堂と編集部長の鈴木了市氏、そして新しい部会の立ち上げの段階から本書の企画に至るまで尽力してくださった、元編集部の松尾有希子さん、編集実務にあたってくださった昭和堂の神戸真理子さんに、この場を借りて感謝申し上げる。

二〇一四年三月六日

沢山美果子

［付記］本書は日本学術振興会二〇〇九〜二〇一一年度科学研究費補助金挑戦的萌芽研究「「子ども」の保護・養育と遺棄をめぐる学際的比較史研究」（研究代表者・橋本伸也、研究課題番号二一六五三〇八七）による研究成果の一部である。

や・ら・わ行

な行

は行

ま行

た行

さ行

索　引

あ行

か行

主な業績:『ジェンダーの法史学——近代ドイツの家族とセクシュアリティ』(勁草書房、2005 年)。『ジェンダーの比較法史学——近代法秩序の再検討』(編著、大阪大学出版会、2006 年)。『講座ジェンダーと法 第 1 巻　ジェンダー法学のインパクト』(共編著、日本加除出版、2012 年)。『権力と身体(ジェンダー史叢書 第 1 巻)』(共編著、明石書店、2011 年)。

中野智世(なかの・ともよ)　第 8 章
生年:1965 年、横浜市生まれ
所属:成城大学文芸学部准教授
主な業績:*Familienfürsorge in der Weimarer Republik. Das Beispiel Düsseldorf*, Droste Verlag, 2008.『近代ヨーロッパの探究 15　福祉』(共編著、ミネルヴァ書房、2012 年)。『歴史のなかの障害者』(共著、法政大学出版局、2014 年)。

北村陽子(きたむら・ようこ)　視角と論点③
生年:1973 年、愛知県生まれ
所属:愛知工業大学基礎教育センター准教授
主な業績:『反核から脱原発へ——ドイツとヨーロッパ諸国の選択』(共著、昭和堂、2012 年)。『歴史の場——史跡・記念碑・記憶』(共著、ミネルヴァ書房、2010 年)。「第二帝政期ドイツにおける「母性保険」構想の発展と限界」(『社会科学』第 42 巻第 1 号、2012 年)。

高岡裕之(たかおか・ひろゆき)　第 9 章
生年:1962 年、奈良県生まれ
所属:関西学院大学文学部教授
主な業績:『総力戦体制と「福祉国家」』(岩波書店、2011 年)。『「生存」の東北史』(共編著、大月書店、2013 年)。『シリーズ戦後日本社会の歴史 1　変わる社会、変わる人びと』(共編著、岩波書店、2012 年)。

河合隆平(かわい・りゅうへい)　視角と論点④
生年:1978 年、福井県生まれ
所属:金沢大学人間社会研究域学校教育系准教授
主な業績:『総力戦体制と障害児保育論の形成——日本障害児保育史研究序説』(緑蔭書房、2012 年)。「発達を問うことの歴史性と発達保障論の課題」(『人間発達研究所紀要』第 26 号、2013 年)。「戦時下における小溝キツと「異常児保育」——保育記録にみる障害児保育実践の誕生」(『幼児教育史研究』第 5 号、2010 年)。

2010年)。

中村勝美(なかむら・かつみ) 第3章
生年:1971年、広島県生まれ
所属:広島女学院大学人間生活学部准教授。
主な業績:『子ども学のすすめ』(共著、佐賀新聞社、2012年)。『西洋の教育の歴史を知る――子どもと教師と学校をみつめて』(共著、あいり出版、2011年)。「イギリスにおける保育制度の過去と現在――歴史的多様性を踏まえた統合的保育サービスの構築」(『西九州大学・佐賀短期大学紀要』第37号、2007年)。

岡部造史(おかべ・ひろし) 第4章
生年:1968年、埼玉県生まれ
所属:熊本学園大学社会福祉学部准教授
主な業績:『教養のフランス近現代史』(共著、ミネルヴァ書房、2015年)。『近代ヨーロッパの探究 15 福祉』(共著、ミネルヴァ書房、2012年)。『文献解説 西洋近現代史3 現代の欧米世界』(共著、南窓社、2011年)。

江口布由子(えぐち・ふゆこ) 第5章
生年:1974年、東京都生まれ
所属:高知工業高等専門学校総合科学科准教授
主な業績:『ハプスブルク史研究入門』(共著、昭和堂、2013年)。『圏外に立つ法/理論――法の領分[おしごと]を考える』(共著、ナカニシヤ出版、2012年)。『グローバル秩序という視点――規範・歴史・地域』(共著、法律文化社、2010年)。

山﨑和美(やまざき・かずみ) 第6章
生年:1972年、山形県出身
所属:横浜市立大学学術院国際総合科学群人文社会科学系列准教授
主な業績:『イスラーム 知の遺産』(共著、東京大学出版会、2014年)。「女子教育と識字――「近代的イラン女性」をめぐる議論とナショナリズム」(『歴史学研究』第873号、2010年)。「イランにおける女子近代教育の発展と女子教育に関する言説」(『イスラム世界』第73号、2009年)。

三成美保(みつなり・みほ) 第7章
生年:1956年、香川県生まれ
所属:奈良女子大学研究院生活環境科学系教授

編者紹介

橋本伸也（はしもと・のぶや）　序

生年：1959 年、京都市生まれ

所属：関西学院大学文学部教授

主な業績：『帝国・身分・学校――帝制期ロシアにおける教育の社会文化史』（名古屋大学出版会、2010 年）。『エカテリーナの夢　ソフィアの旅――帝制期ロシア女子教育の社会史』（ミネルヴァ書房、2004 年）。『ロシア帝国の民族知識人――大学・学知・ネットワーク』（編著、昭和堂、2014 年）。『福祉国家と教育――比較教育社会史の新たな展開に向けて』（共編著、昭和堂、2013 年）。

沢山美果子（さわやま・みかこ）　第 1 章・第 2 章

生年：1951 年、福島県生まれ

所属：岡山大学大学院社会文化科学研究科客員研究員

主な業績：『近代家族と子育て』（吉川弘文館、2013 年）。『江戸の捨て子たち――その肖像』（吉川弘文館、2008 年）。『性と生殖の近世』（勁草書房、2005）。『出産と身体の近世』（勁草書房、1998 年）。

執筆者紹介

岩下　誠（いわした・あきら）　視角と論点①

生年：1979 年、栃木県生まれ

所属：青山学院大学大学院教育人間科学研究科准教授

主な業績：『福祉国家と教育――比較教育社会史の新たな展開に向けて』（共編著、昭和堂、2013 年）。『子どもの世紀――表現された子どもと家族像』（共著、ミネルヴァ書房、2013 年）。『教育思想史』（共著、有斐閣、2009 年）。

金澤周作（かなざわ・しゅうさく）　視角と論点②

生年：1972 年、大阪府生まれ

所属：京都大学大学院文学研究科准教授

主要業績：『チャリティとイギリス近代』（京都大学学術出版会、2008 年）、『海のイギリス史――闘争と共生の世界史』（編著、昭和堂、2013 年）、『英国福祉ボランタリズムの起源――資本・コミュニティ・国家』（共編著、ミネルヴァ書房、2012 年）、『人文学への接近法――西洋史を学ぶ』（共編著、京都大学学術出版会、

保護と遺棄の子ども史

2014年 6月20日　初版第1刷発行
2016年11月30日　初版第2刷発行

編　者　橋本伸也
　　　　沢山美果子

発行者　杉田啓三

〒606-8224　京都市左京区北白川京大農学部前
発行所　株式会社　昭和堂
振替口座　01060-5-9347
TEL（075）706-8818／FAX（075）706-8878

　印刷　亜細亜印刷

ISBN978-4-8122-1414-5

叢書〈比較教育社会史〉全７巻

身体と医療の教育社会史

望田幸男・田村栄子 著　本体３８００円

ネイションとナショナリズムの教育社会史

望田幸男・橋本伸也 編　本体３８００円

国家、共同体、教師の戦略

教師の比較社会史

松塚俊三・安原義仁 編　本体４０００円

帝国と学校

駒込武・橋本伸也 編　本体４２００円

実業世界の教育社会史

〔二〇一六年内に電子版販売開始予定〕

望田幸男・広田照幸 編

女性と高等教育――機会拡張と社会的相克

香川せつ子・河村貞枝 編

識字と読書――リテラシーの比較社会史

松塚俊三・八鍬友広 編

叢書〈比較教育社会史・展開篇〉全３巻

福祉国家と教育　比較教育社会史の新たな展開に向けて

近現代の教育・学校の展開をめぐる国家と社会の関係性を、福祉国家の変容と関連づけて構造的に取り出すことを試みる。

広田照幸・橋本伸也・岩下誠 編　本体４２００円〔好評重版出来〕

保護と遺棄の子ども史

「保護と遺棄」という観点から、子どもの生存・成長・発達のあり方と家族・社会・国家との関係にアプローチし、歴史的変化を読み解く。

沢山美果子・橋本伸也 編　本体４２００円〔好評重版出来〕

近代・イスラームの教育社会史

オスマン帝国からの展望

オスマン帝国を中心に、中東・イスラーム地域における教育のありかたの探求を試みるとともに、ヨーロッパ中心史観の克服をも目指す。

秋葉淳・橋本伸也 編　本体４２００円

教育支援と排除の比較社会史――「生存」をめぐる家族・労働・福祉

家族・福祉・労働という「生存」に関わる領域で行われた、社会的弱者に対する教育支援とそれが孕む排除性に焦点を当てた歴史研究。

三時眞貴子・岩下誠ほか 編　本体４２００円

ロシア帝国の民族知識人――大学・学知・ネットワーク

ロシア帝国期における諸民族の民族意識の形成・発展、社会変動においての彼らの役割を捉えるとともに、ロシア帝国の複合性を垣間見る。

橋本伸也 編　本体６０００円

昭和堂〈価格税抜〉

http://www.showado-kyoto.jp